本书得到以下资助：

■ 2015年度浙江省哲学社会科学规划后期资助课题（15HQZZ011）

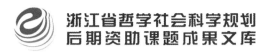浙江省哲学社会科学规划
后期资助课题成果文库

顾客角色外行为研究

Guke Juesewai Xingwei Yanjiu

范 钧 等著

中国社会科学出版社

图书在版编目(CIP)数据

顾客角色外行为研究／范钧等著. —北京：中国社会科学出版社，
2016.12

ISBN 978 - 7 - 5161 - 7975 - 8

Ⅰ.①顾… Ⅱ.①范… Ⅲ.①消费者行为论 - 研究 Ⅳ.①F036.3

中国版本图书馆 CIP 数据核字(2016)第 074849 号

出 版 人	赵剑英	
责任编辑	刘晓红	
责任校对	周晓东	
责任印制	戴 宽	

出 版	中国社会科学出版社	
社 址	北京鼓楼西大街甲 158 号	
邮 编	100720	
网 址	http://www.csspw.cn	
发 行 部	010 - 84083685	
门 市 部	010 - 84029450	
经 销	新华书店及其他书店	

印 刷	北京君升印刷有限公司	
装 订	廊坊市广阳区广增装订厂	
版 次	2016 年 12 月第 1 版	
印 次	2016 年 12 月第 1 次印刷	

开 本	710×1000 1/16	
印 张	16.5	
插 页	2	
字 数	273 千字	
定 价	62.00 元	

凡购买中国社会科学出版社图书，如有质量问题请与本社营销中心联系调换
电话：010 - 84083683

前　　言

顾客角色外行为是基于角色视角对顾客行为的重新审视，它开创了顾客行为研究的新细分领域，主要包括顾客公民行为和顾客不当行为。当今市场中，顾客早已突破其原有角色，他们深入参与到企业生产和服务的各个环节，成为企业关键的"合作生产者"，对企业绩效产生至关重要的影响。顾客公民行为作为顾客角色外行为的重要一面，其积极作用已深受企业认同。部分企业已成功地借助顾客公民行为，帮助其改善生产经营活动、提高服务质量、提升企业绩效。顾客不当行为则是顾客角色外行为的另一面，它具有较强的突发性和危害性。一旦处理欠妥，便会导致场面失控。小则恶言相向、扰乱秩序；大则肢体冲突、敌我对立。顾客不当行为的负面影响并不仅仅局限于商业领域，某些恶性的顾客不当行为事件甚至会成为严重的社会问题，引起全社会的高度关注。

顾客角色外行为研究目前仍处于起步阶段，但就其发展趋势来看，已日益受到学界的关注和重视，显示出具有巨大的研究空间和潜力。已有相关研究主要集中于对顾客角色外行为概念、分类及影响因素等问题的分析和论述，但总体仍较为零散化和碎片化，系统性的持续研究仍显不足。且大多以理论分析为主，结合我国实际及特定情境下的实证研究也相对较为匮乏。本书在理论上对顾客角色外行为进行了系统化梳理，厘清了顾客角色外行为的整体研究思路，构建了顾客角色外行为的主要分析框架。并采用实证方法，从多个视角出发，剖析了各种不同情境下顾客公民行为、顾客不当行为的形成机制。因此，本书在理论上对顾客角色外行为研究的不断深化和拓展，具有积极的促进作用，对后续研究也有一定的参考价值；在实践上为企业如何有效激发顾客公民行为、科学预防和管理顾客不当行为，提供了一定的思路借鉴和理论指导。

本书共分九章。第一章为导论部分，提出了本书的研究背景、研究意义、研究内容、研究方法和总体结构。第二章为顾客角色外行为理论分析，对顾客公民行为、顾客不当行为的概念、影响因素及行为结果，进行了较系统的归纳和梳理，并提出了未来可能的研究方向。第三章为计划行为理论和顾客公民行为研究，构建了顾客公民行为形成机制的 TPB 模型，探讨了基于 TPB 的顾客公民行为形成路径。第四章为服务公平性和顾客公民行为研究，以网络购物为研究情境，分析了服务公平性的四个维度如何通过心理契约对顾客公民行为产生影响。第五章为顾客参与和顾客公民行为研究，选取旅行社团队游为研究对象，分析并验证了顾客参与对顾客公民行为的促进效应。第六章为顾客心理授权和顾客公民行为研究，从顾客心理授权视角出发，进一步剖析了顾客公民行为的形成机制。第七章为网络互动和顾客公民行为研究，将研究情境拓展到虚拟品牌社区，从组织社会化视角出发，分析并验证了虚拟品牌社区互动对顾客公民行为的影响机制。第八章为服务设计缺陷和顾客不当行为研究，结合"医患关系"这一热点问题，运用实验方法，验证了医院服务设计缺陷是引发顾客（患者）不当行为的重要因素。第九章为服务失误归因和顾客不当行为研究，从归因理论出发，分析并验证了社会距离、顾客知识对服务失误归因及顾客不当行为意向的影响机制。

本书是我主持的 2015 年度浙江省哲学社会科学规划后期资助课题（15HQZZ011）"顾客角色外行为研究"的最终研究成果。这些成果大多已发表在《管理评论》、《外国经济与管理》、《商业经济与管理》等学术期刊上，其中有 3 篇被人大复印资料《市场营销（理论版）》全文转载，这次整理成书时进行了一定的扩充、修改和完善。

本书的完成要感谢我的研究生林帆同学，从本书的文献收集、整理成稿、修改完善到最终出版，他都为之付出了大量的努力。同时还要感谢浙江工商大学工商管理学院顾春梅教授及她的研究生郑海哨同学，以及我的研究生孔静伟、邓丰田、汤锦旦、付沙沙、林磊山、邱宏亮、葛米娜、潘健军、梁号天、王小梅、林东圣等同学，他们参与了与本书内容相关的大量研究工作。感谢浙江工商大学营销与商务管理研究团队的李颖灏副教

授、楼天阳副教授、侯旻老师、左金水老师及所有团队成员，本书相关研
究成果的取得，正是得益于全体团队成员的共同努力。感谢浙江省哲学社
会科学规划办公室为本书提供的后期资助，也要感谢中国社会科学出版社
为本书出版所付出的辛勤劳动。

范　钧

浙江工商大学

2016 年 12 月

目　　录

第一章

导　论

第一节　研究背景和意义

一　现实背景

21 世纪以来，服务业已迅速成长为推动经济和社会发展的重要力量，成为各个国家国民经济中不可或缺的组成部分。目前，全球服务业增加值占国内生产总值（GDP）比重已达到 60% 以上，主要发达国家则达到 70% 以上。[①] 可以说，全球经济已经迈入服务经济时代，服务业大发展已成为全球经济社会发展的基本态势。世界各国纷纷将政策扶持重点转向服务业，并向该领域投入大量资源，以期借助其强劲的发展势头，带动本国经济的新一轮增长。

在服务经济时代，我国服务业发展势头迅猛。统计数据显示，2014 年上半年，我国服务业增加值达 12.54 万亿元，占国内生产总值的 46.6%。[②] 服务业增加值的增速，已连续 6 个季度超过 GDP 和第二产业的增速，成为我国吸纳就业人数最多、增加值占比最大的产业。但总体而言，我国的服务业仍处于发展阶段，与发达国家的差距依旧十分明显。如何完成由量向质的转变、实现从发展阶段向发达阶段的跨越，是摆在我国服务业面前的重大难题。

服务业的本质是对顾客需求的满足。为提升竞争力、在市场中求得生存和发展，服务企业愈加注重对顾客需求的把握和响应。它们积极地将目标顾客纳入服务产品的生产和传递过程，以期达到对顾客服务需求的全方

[①]　http://www.hg1988.com/detailed_ fw.asp? id =452955，沪赣促进网，2013 - 10 - 02。

[②]　http://www.022net.com/2014/8 - 7/423973172992295.html，人民网，2014 - 08 - 07。

位了解，及对顾客服务消费行为的更深入认知。在服务消费过程中，顾客不仅仅简单地扮演着普通消费者的角色，他们还时常是服务企业创意的提出者、免费的宣传者和负责任的监督者等。他们关于产品和服务的意见和建议，是企业改进生产和管理、提高服务效率、获取竞争优势至关重要的来源之一。IBM、微软、戴尔、谷歌、腾讯等 IT 巨擘，先后创建了 IBM Rational、Microsoft Live Lab、Dell 在线社区、Google Labs、腾讯实验室。借助虚拟实验室这一平台，从顾客端获取创意灵感，已成为他们始终走在创新前沿的不二法门。巨头们的成功，让顾客公民行为的价值得到行业内的普遍认可。顾客已被视为企业的"合作生产者"、"兼职员工"，顾客资源也成为企业具有战略意义的重要资源。

但与此同时，顾客角色外行为不仅仅包括对企业有利的公民行为。调查显示，顾客在服务消费过程中，还会表现出诸多出乎企业意料的不当行为，如插队、喧哗、顺手牵羊、辱骂服务人员等。此类顾客角色外行为严重扰乱正常消费秩序、影响服务员工的工作状态、降低服务效率，给服务企业造成了严重损失。近年来，顾客不当行为呈现出愈演愈烈的趋势，其爆发范围更广、性质更严重、负面影响更大。在某些领域俨然已成为严重的社会问题，引起了全社会的高度关注。如在医疗服务领域，据不完全统计，我国每年被殴打受伤的医务人员已超过 1 万人，73.33% 的医院出现过病人或其家属殴打辱骂医务人员的现象。① 仅 2013 年，就发生了具有全国影响的暴力伤医事件 16 起。② 航空服务业则是另一个重灾区，肢体冲突在各大机场时有发生。如此种种的顾客不当行为严重破坏社会稳定，对文明社会与和谐社会建设进程造成不同程度的负面影响。

顾客角色外行为虽已引起服务企业的高度重视，但企业在激发顾客公民行为、预防和管理顾客不当行为等方面却显得力不从心。究其原因，很大程度上是因为缺乏对顾客角色外行为的系统性认知，对顾客公民行为、顾客不当行为的形成机制也认识不足。本书对顾客角色外行为的研究，正是基于这一现实背景。

---

① http://www.jyb.cn/opinion/gnjy/201407/t20140702_588525.html，中国教育新闻网，2014-07-02。

② http://finance.chinanews.com/jk/2014/02-20/5859505.shtml，中新网，2014-02-20。

二 理论背景

顾客行为历来是营销学领域的一个研究热点，如顾客重购、溢价购买、推荐和积极口碑等。其中推荐、积极口碑是顾客购买行为之外的行为，与顾客重购、溢价购买等在行为性质上存在较大差异。但这种差异长期内未引起学界重视，存在一定的理论滞后现象。近年来，随着顾客角色外行为的现实影响日渐凸显，学界对顾客角色外行为也给予越来越多的关注和重视。

Gruen（1995）、Groth（2001）根据顾客参与服务生产过程时扮演的"组织员工"或"兼职员工"角色，将组织行为理论引入顾客行为研究，把顾客行为划分为角色内行为和角色外行为。借鉴组织公民行为理论，他们提出了顾客角色外行为中的顾客公民行为（customer citizenship behavior）概念。Bettencourt（1997）、Groth（2001）、Rosenbaum 和 Massiah（2007）、Yi 和 Gong（2006，2008a，2008b）、Bove 等（2008）等国外学者对顾客公民行为的构成、影响因素及行为结果进行了理论上的探讨。国内学者谢礼珊等（2008）将顾客感知公平性引入顾客公民行为研究，并验证了二者之间的作用关系。

对顾客不当行为的研究兴起于 20 世纪 70 年代，Mills 和 Bonoma（1979）提出了偏差顾客行为（deviant consumer behavior），但当时并未引起学界关注。在 20 世纪 80 年代，对顾客不当行为的研究基本处于停滞状态。自 Fullerton 和 Punj（1993）提出异常顾客行为（aberrant customer behavior）后，顾客不当行为再次进入了学者们的视野。Zemke 和 Anderson（1990）、Muncy 和 Vitell（1992）、Bitner（1994）、Huefner 和 Hunt（2000）、Lovelock（1994，2001）、Gill 等（2002）、Jones 和 Groenenboom（2002）、Fullerton 和 Punj（1993，2004）、Harris 和 Reynolds（2003，2004）、Chu 和 Murrmann（2006）、Bailey 和 McCollough（2010）等国外学者，就顾客不当行为的内涵、分类、前因和后果，开展了一定的理论和实证研究。国内学者刘汝萍和马钦海（2010）对国外顾客不当行为研究进行了回顾和展望；邬金涛和江盛达（2011）分析了服务公平性对顾客不当行为的具体影响；费显政和肖胜男（2013）就同属顾客对顾客不当行为的反应问题进行了探索性研究，并归纳出五种主要的反应类型。

从已有研究来看，国内外关于顾客角色外行为的研究，总体仍呈现出较为零散化和碎片化的特征，研究的系统性和持续性也相对不强，结合我国实际及特定情境下的实证研究也相对偏少。顾客角色外行为的概念、分类及影响因素研究，虽已逐渐引起诸多国内外学者的关注，但对其具体形成机制的理论和实证研究仍显不足，尚有待进一步细化和深入。

三　研究意义

在市场高度细分的今天，顾客在服务业企业市场活动中的地位和作用已成为业界共识。顾客已成为服务企业具有战略意义的重要资源，是企业把握市场机会、获得竞争优势的关键所在。而卓有成效地利用顾客资源，其核心在于通过对顾客角色外行为的管理和引导，鼓励更多的顾客参与到与企业的合作生产中，激发顾客角色之外的公民行为，以帮助服务企业更透彻地了解目标市场、更好地把握市场动向、更准确高效地开展针对性的营销活动。同时，企业还应高度重视顾客不当行为的预防和管理，以尽可能地避免因顾客不当行为而使企业陷入被动局面并丧失竞争优势。因此，积极推动顾客角色外行为管理工作，对服务企业尤为重要和迫切。

反观我国服务企业目前的顾客角色外行为管理现状，仅有少数企业意识到顾客角色外行为的重要性，将顾客角色外行为管理工作纳入日常管理工作，并将其置于突出位置。大部分企业对顾客角色外行为存在认知上的严重不足，更遑论对顾客角色外行为的有效管理。即使是那些意识到顾客角色外行为重要性的服务企业，也因缺乏必要的理论指导和经验借鉴，而未能实现对顾客角色外行为的有效管理。现实中的迫切需求，开始引起学术界的关注和重视，中外学者也已开展对顾客角色外行为的研究工作，并取得了一定的研究成果。但由于起步相对较晚，现有的理论研究仍较为离散且不够深入，尚未形成一个完整的分析框架和理论体系；同时也无法为服务企业的顾客角色外行为管理实践，提供足够的科学指导和思路借鉴。

本书系统梳理了顾客角色外行为的已有相关研究，厘清了顾客角色外行为的整体研究思路，并指明了未来的研究方向。在此基础上，本书还从多个理论视角出发，对不同情境下顾客角色外行为形成机制问题，进行了较系统的理论和实证研究。因此，本书对顾客角色外行为理论研究的不断深化和拓展，具有积极的促进作用，对后续研究也有一定的参考价值。本书通过细致的研究工作所提出的研究结论和管理启示，还能使我国服务企业对顾客角色外行为形成更加全面深刻的认知，并为服务企业在经营实践中如何有效激发顾客公民行为、科学预防和管理顾客不当行为，提供了一定的思路借鉴和理论指导。

第二节　研究内容和方法

一　研究内容

本书以顾客角色外行为为主要研究对象，对国内外已有顾客角色外行为相关研究，进行了系统的文献回顾和总结梳理。在此基础上，对顾客角色外行为的两个重要组成部分（顾客公民行为和顾客不当行为），开展了较为深入的理论和实证分析。并从多个理论视角出发，分别揭示了不同情境下，顾客公民行为或顾客不当行为的具体形成机制。本书先对顾客角色外行为理论进行了较为系统的整体性分析，再以七个专题的方式，对顾客角色外行为的形成机制进行了多角度的理论分析和实证研究。其中前五个专题主要针对顾客公民行为，后两个专题主要针对顾客不当行为。七个专题的研究内容主要如下：

（1）计划行为理论和顾客公民行为。根据计划行为理论，态度、主观规范和知觉行为控制是影响顾客公民行为意向的主要因素，并据此构建顾客公民行为形成机制的 TPB 整合模型。其中顾客公民行为态度的形成可用社会交换机制来解释，以服务公平性、顾客收益和顾客信任为前因；主观规范的形成可用社会认同机制来解释，以品牌认同为前因；知觉行为控制的形成可用社会学习机制来解释，以顾客社会化为前因。

（2）服务公平性和顾客公民行为。以 B2C 网络购物为研究情境，基于公平理论和心理契约理论，提出了服务公平性、心理契约与顾客公民行为的关系模型，及各变量间具体作用关系的研究假设。通过对 312 位有过网络购物经历顾客的问卷调查和统计分析，对各研究假设进行验证，厘清了服务公平性、心理契约和顾客公民行为之间的作用关系，并为 B2C 网站的运营和管理提供了一定的理论指导和思路借鉴。

（3）顾客参与和顾客公民行为。结合已有研究，将顾客公民行为分为朝向组织、朝向服务人员和朝向其他顾客的公民行为三类，提出了顾客参与、顾客满意、顾客公民行为的关系模型和研究假设。根据国内游客对旅行社团队游服务普遍不满的现状，结合服务业顾客的参与特征，进行了大样本问卷调查和统计分析，对研究假设进行了验证；并从顾客参与角度，探讨了提高顾客满意的对策及顾客满意所带来的价值。

（4）顾客心理授权和顾客公民行为。以培训业顾客为研究对象，从顾客心理授权视角探讨顾客公民行为的形成机制，构建了顾客参与、顾客心理授权、顾客公民行为的关系模型。通过对培训行业中420个样本顾客的问卷调查和结构方程模型分析，验证了理论模型中各变量间的关系假设，揭示了顾客心理授权在顾客公民行为形成过程中的关键作用，并为培训企业更好地激发顾客公民行为提供了思路借鉴。

（5）网络互动和顾客公民行为。结合当前品牌虚拟社区成为企业与顾客互动平台的发展趋势，建立了网络互动、顾客组织社会化和顾客公民行为间的关系模型。结合品牌虚拟社区中的网络互动情境，对关系模型进行实证检验和修正，从而探明品牌虚拟社区中网络互动对顾客公民行为的具体影响机制；并为品牌虚拟社区管理者及企业如何科学管理网络虚拟环境下的顾客公民行为，提供了一定的建议和参考。

（6）服务设计缺陷和顾客不当行为。针对当前医患冲突频发、患者不当行为较为常见的现实，将顾客角色外行为理论和服务管理理论应用于医院管理实践。在构建医院服务设计缺陷、患者消极消费情感和患者不当行为意向关系模型基础上，对266位被试进行实验研究和多元回归分析，验证了医院服务设计缺陷对患者不当行为的影响机制，以及患者消极消费情感的中介作用。并提出了通过完善医院服务环境、服务流程和服务补救设计，来缓解患者消极消费情感和不当行为意向的管理启示。

（7）服务失误归因和顾客不当行为。将归因理论引入顾客不当行为意向研究，从归因视角出发分析服务失误模糊情境下，社会距离、顾客知识对失误归因及顾客不当行为意向的具体影响作用，并探讨了内外控人格特质的调节效应。通过理论分析、假设提出和情境实验验证，从归因视角揭示了服务失误模糊情境下顾客不当行为意向的形成机制，并为服务企业如何预防和避免顾客不当行为提供一定的思路借鉴。

二　研究方法

本书在研究方法上，特别注重理论和实证分析相结合，定性和定量分析相结合。即通过定性的理论分析，构建起理论框架和概念模型，并提出相应的研究假设；通过定量的实证分析，如大样本问卷调查、情境实验等来获取研究数据，并进行统计分析和假设验证，为研究结论提供科学依据。

（1）理论分析。本书首先通过广泛的文献阅读和资料分析等手段，全面了解顾客角色外行为的发展现状和趋势，及国内外顾客角色外行为相关理论和实证研究的主要进展，为进一步开展研究工作提供思路借鉴和理论支撑，并提炼出富有理论价值和实践意义的关键研究问题。在此基础上，把握发展脉络、厘清研究思路、明确本书的主要研究内容。再分为七个专题，运用计划行为理论、公平理论、心理契约理论、心理授权理论、顾客参与理论、组织社会化理论、消费情感理论和归因理论，来分析网络购物、旅行社团队游、网络虚拟品牌社区、医院患者服务、服务失误等多样化情境下的顾客角色外行为。通过归纳演绎和逻辑推理，分别构建相应的概念模型，提出相关研究假设，留待实证分析检验和修正。最后通过对理论推演和实证检验结果的综合分析和深入探讨，总结各个专题的主要研究结论，并提出相应的管理启示。

（2）实证分析。为得出更科学合理的结论，本书根据实际研究需要，分别采用大样本问卷调查和实验方法两种手段来获取实证研究数据，并运用多种分析方法对数据进行统计分析，来对各专题中的研究假设和理论模型进行检验和修正。使用大样本问卷调查法时，先根据理论分析结果，设计初步测量量表及调查问卷；再通过专家学者访谈和小样本测试结果，对问卷进行修改和完善，形成正式调查问卷；问卷调查完成后，对所获样本数据进行描述性分析，运用探索性因子分析和验证性因子分析，对测量量表的信度和效度进行检验；并运用多元回归或结构方程模型分析，对各变量间的因果关系假设进行验证，对概念模型进行适当修正，从而为研究结论和管理启示提供实证依据。

采用实验方法时，先设计出实验研究所需的场景组合及相应的调查问卷；再通过征询专家学者意见、小规模访谈样和预实验等方法进行修正和完善，确立正式实验场景组合和相关问卷，形成正式实验材料；招募被试并完成实验后，对所获数据进行操纵性检验，验证各变量在不同水平下的操纵有效性；并运用因子分析等方法，对测量量表的信度和效度进行检验；运用方差分析、多元回归分析等方法，对变量间的关系假设进行验证；最后根据实验结果，得出相应的研究结论和管理启示。

三　本书结构

本书共分为九章。第一章为导论部分，主要提出了本书的研究背景、研究意义、研究内容、研究方法和总体结构；第二章为顾客角色外行为理论，主要对顾客公民行为、顾客不当行为的概念、影响因素及行为结果等，进行了较系统的归纳和梳理，并提出了未来可能的研究方向；第三章为计划行为理论和顾客公民行为，主要构建了顾客公民行为形成机制的TPB 模型，探讨了基于 TPB 的顾客公民行为形成路径；第四章为服务公平性和顾客公民行为，以网络购物为研究情境，分析了服务公平性各维度如何通过顾客心理契约对顾客公民行为产生影响；第五章为顾客参与和顾客公民行为，选取旅行社团队游为研究对象，分析并验证了顾客参与对顾客公民行为的积极效应；第六章为顾客心理授权和顾客公民行为，主要从顾客心理授权视角出发，以培训业顾客为实证对象，进一步剖析了顾客公民行为的形成机制；第七章为网络互动和顾客公民行为，将研究情境拓展到虚拟品牌社区，主要从组织社会化视角出发，分析并验证了虚拟品牌社区互动对顾客公民行为的影响机制；第八章为服务设计缺陷和顾客不当行为，结合"医患关系"这一热点问题，运用实验研究方法，分析并验证了医院服务设计缺陷，是导致顾客（患者）产生不当行为意向的重要因素；第九章为服务失误归因和顾客不当行为，主要从归因理论出发，分析并验证了服务失误模糊情境下，社会距离、顾客知识对服务失误归因及顾客不当行为意向的影响机制。

第二章

顾客角色外行为理论

第一节　顾客公民行为

长期以来，在消费者行为研究领域，往往将顾客购买行为、重复购买行为及购买之外的顾客行为（如品牌推荐、良好口碑等），视为同种性质的行为结果变量，而较少关注它们之间的差异。但 Gruen（1995）、Groth（2001）等学者，借鉴组织行为学中的组织公民行为概念，将顾客行为细分为角色内行为和角色外行为，他进一步提出了顾客公民行为（customer citizenship behavior）的概念。目前，顾客公民行为作为顾客角色外行为的重要组成部分，已开始引起国内外学者的关注和重视。本节在系统梳理和分析国外顾客公民行为研究相关文献基础上，阐述了顾客公民行为的概念和主要构成，概括了已有对顾客公民行为形成机制的相关研究成果，归纳了顾客公民行为的主要影响因素，并对顾客公民行为的未来研究方向进行了展望。

一　顾客公民行为的概念及构成

（一）顾客公民行为的概念

组织行为理论认为，员工与组织之间的行为关系可以分为成员关系（membership）、角色表现（role - performance）和角色外行为（extra - role behavior）三类（Scholl，1981）。Gruen（1995）认为，在市场营销学领域中，顾客与企业之间也存在三种类似的行为关系：成员关系指顾客与企业之间的关系状态，具体包括维持和结束两种关系状态；角色表现包括配给购买份额（allocated purchase share）和顾客投机行为（opportunistic behaviors），前者与企业绩效呈正相关，而后者与企业绩效呈负相关；角色外行为包括顾客对企业形成良好口碑、顾客和企业合作生产等行为。Gruen

（1995）采用公民行为（citizenship behavior）这一概念来描述顾客角色外行为，他指出顾客角色外行为是那些有利于组织或具有建设性意义，并被组织所重视的顾客行为，但并非顾客角色本身所需要的或所要求的。Groth（2001）依据顾客参与服务生产过程所扮演的"组织员工"或"兼职员工"角色，把顾客行为分为顾客合作生产（customer coproduction）行为和顾客公民行为（customer citizenship behavior，CCB）。其中顾客合作生产行为指在服务生产传递过程中顾客为享受服务所必须具有的且为服务组织所期望的行为；而顾客公民行为则不是生产或服务得以成功传递的必需行为，但总体上来说是有益于组织的，且是顾客自发的随意行为。本书在整理顾客公民行为相关研究文献的基础上，归纳了顾客公民行为的相关称谓和概念界定（参见表2.1）。

表 2.1　　　　　　　　　　　　　顾客公民行为的相关称谓与概念

研究者（年份）	称谓	概念
Gruen（1995）；Ahear、Bhat-tachary 和 Gruen（2005）	公民行为（citizenship behavior）	有利于组织或具有建设性意义，并被组织所重视的顾客行为，但并非顾客角色本身所需要的或所要求的
Bettencourt（1997）；Rosen-baum 和 Massiah（2007）	顾客自发行为（customer voluntary performance）	顾客自主决策的、对企业本身有益或有助于提升服务质量的行为
Groth（2001，2005）；Yi 和 Gong（2006，2008a，2008b）	顾客公民行为（customer citizenship behavior）	不是生产或服务得以成功传递的必需行为，但总体上来说是有益于组织的，且是顾客自发的随意行为
Bove 等（2009）	顾客组织公民行为（customer organizational citizenship behaviors，customer OCBs）	服务生产或传递本身并无要求的，面向组织、服务对象或其他顾客的且是有益于组织的顾客自发行为，顾客往往需要在时间、精力、体力和心理等方面付出成本

资料来源：笔者根据相关文献整理。

　　综上所述，本书将顾客公民行为界定为：顾客购买或消费行为之外的，非服务生产或传递本身所要求的，且是顾客自发的，对组织、员工或其他顾客均有利的行为。顾客公民行为主要包含以下特征：①它是组织本身没有要求的行为；②它是顾客自发、自愿的行为；③它会对组织、员工和其他顾客产生积极影响。

　　（二）顾客公民行为的构成

　　对顾客公民行为的主要构成，目前比较流行的主要有三维度、五维度和八维度三种分类方法。Bettencourt（1997）通过总结以往有关顾客行为的研究成果，提出顾客公民行为有三种不同的表现形式，并分别对应顾客的不同角色：①忠诚——企业推销者，指顾客加强与维护企业的推销活动，进行良好口碑传递；②合作——共同生产者，指顾客遵守或配合企业规则，顾客行为成为企业活动的一部分；③参与①——企业咨询顾问，指顾客通过抱怨或建议等反馈，能够帮助企业改善服务质量。Groth（2001）通过访谈、Q－Sort技术归类和交叉验证方法，对209名大学生的网络购物行为进行了调查研究，并提炼出顾客公民行为的三个维度：①推荐，即顾客向家人、朋友或同事等所认识的人推荐企业的产品或服务；②向组织反馈，即顾客参与企业的调查活动、向组织建议等行为；③帮助其他顾客，即顾客帮助其他顾客搜寻产品信息、解释如何正确使用产品或服务等行为。虽然Groth（2001）的观点仅来自对网络服务业的实证分析，但同时也得到了Yi和Gong（2006，2008a）对健身、教育行业的验证和支持。

Rosenbaum和Massiah（2007）在Bettencourt（1997）的研究基础上，借鉴服务质量中的移情性维度，拓展研究了顾客公民行为的构成。他们认为顾客如同员工一样，既有可能为他人利益着想而由心底自发地产生关心或帮助他人的公民行为（移情性），也有可能出于社会责任感而表现出关心或帮助他人的公民行为（责任性）。因此，Rosenbaum和Massiah（2007）认为顾客公民行为包括忠诚、合作、参与、移情性和责任性五个维度。Bove等（2009）在前人基础上更详细、深入地探讨了顾客公民行为的构成，并提出了顾客公民行为的八个维度模型：①良好口碑，指不存在商业意图的顾客，与他人之间进行的有益于组织的沟通行为；②关系展示，指顾客通过个体或产品的有形展示，向他人表明自己与企业的关系；③参与企业活动，指参加企业会议或企业发起的其他活动，如市场调查等；④仁慈性，指在交易过程中顾客友好的、慈善的行为，包括容忍、耐心、礼貌等；⑤灵活性，指顾客适应自己控制能力之外的情形的意愿；⑥服务提升建议，指顾客向企业提供有关提升服务的想法或建议，且这种想法或建议并非源于顾客不良的服务体验；⑦顾客意见，指当有问题发生时，顾客直接的抱怨和反馈行为，以使组织有机会纠正这些问题，从而得以保持其声誉或维持与顾客的良好关系；⑧管辖其他顾客，指顾客会观察其他顾客的行为，并适时做出反应（包括对其他顾客的投机行为的制止）

---

① 此处的"参与"不同于服务过程中的"顾客参与"，它仅指顾客的建议反馈行为。

以确保其他顾客行为的合理性。

二　顾客公民行为的形成机制

交换视角和动机视角，是分析顾客公民行为形成机制的常见视角。交换视角以社会交换理论（social exchange theory）和资源交换理论（resources exchange theory）为基础；动机视角则从顾客与服务人员的关系利益出发，来分析顾客公民行为背后可能的动机。

（一）交换视角下的顾客公民行为形成机制

社会交换理论对组织公民行为的解释，已经得到了学界的广泛认可。基于此，Bowen（1990）、Groth（2005）将社会交换理论延伸到消费者行为研究领域，并借此来解释顾客公民行为的形成机制。社会交换理论的"互惠原则"认为，个体朝向另一个体的行为，是基于对个体自身所获价值的反应。顾客常常将其与服务组织（企业）之间的关系视为社会交换，顾客公民行为正是顾客感受到从服务组织中受益，并由此产生回报责任感时，所表现出来的一种回报方式。顾客对社会交换关系的认知，会激发其良好口碑、建议等形式的公民行为（Bagozzi，1995）。

资源交换理论则将人与人之间进行交换的资源，划分为爱、地位、信息、金钱、商品和服务六种形式（Rosenbaum 和 Massiah，2007）。这六种形式的资源又可从具体性和特殊性两个维度加以区分：具体性维度指资源的有形性程度，如具体的商品，它对应着符号性的信息；特殊性维度指与个体紧密相关的资源的价值，如人们会与特定的人交换"爱"，通常会与不认识的人交换"金钱"，它对应着普遍性的信息。资源的具体性和特殊性越相似，发生交换的可能性就越大，如得到"爱"的人会更倾向于以"爱"而非"金钱"的形式回报他人。由此可见，顾客公民行为是一种兼具符号性和特殊性的资源，属于"爱"的形式。当顾客在服务过程中感受到服务组织或服务人员社会支持（social support）等形式的"爱"时，公民行为就是顾客向服务组织或服务人员表达（交换）"爱"的一种方式。

（二）动机视角下的顾客公民行为形成机制

动机理论指出，探索行为背后的动机会有助于我们理解行为的产生。Bove 等（2009）的研究发现，与组织行为学中"员工与上级关系会影响组织公民行为"一样，服务人员作为与顾客交换过程中的焦点，会对顾客公民行为产生影响。他们从顾客与服务人员关系利益的角度出发，指出顾客公民行为的形成主要受利己动机（self‐serving motive）和利他动机（altruistic or other serving motive）的影响。利己动机源于对回报的期望，即顾客通常认为如果对服务人员的态度好一点，服务人员的服务将会更好；或过去已得利益，即如果顾客想将来继续接受此服务人员的服务，那么他势必会对服务人员好。利他动机是指顾客真实地期望提升服务人员的福利，这大多数源于顾客对服务人员的移情作用。在下列情形中，顾客的利他动机表现得更加突出：①顾客具有慈善、和蔼的性格特质；②顾客曾有类似服务行业的从业经历；③顾客与服务人员具有某种紧密的情感关系（如血缘关系、朋友、熟人）。Gruen（1995）也曾表达过与利益驱动顾客公民行为相类似的观点，他认为顾客向企业建议或参与企业活动虽然不会令顾客直接收益，但有可能由于企业发展或服务改进而间接受益。同样，顾客的利他动机也会通过服务人员服务水平的提高，而使顾客间接受益。因此，在动机视角下，顾客公民行为是顾客在希望自己未来能够获益或希望提升服务人员福利的情况下，所表现出来的一种有益于服务组织或服务人员的行为。

（三）两种视角下的观点比较

交换视角强调顾客公民行为受已完成交换中顾客所获取价值的驱动。其中社会交换理论指出获取价值是顾客公民行为产生的前提；而资源交换理论则进一步明确了顾客在获取何种形式的资源时，才更有可能产生顾客公民行为。动机视角则强调顾客公民行为同时受到顾客自身和他人未来利益的驱动。两种视角对顾客公民行为形成机制的解释，均包含了顾客的利益驱动行为。但同时也存在一定差异，主要表现在以下两个方面：一是在关注内容上，动机视角还同时关注了顾客受他人利益驱动的情形；二是在时间维度上，交换视角着眼于过去，动机视角则着眼于未来（参见图2.1）。简言之，两种视角既有区别又有联系，是相互补充的关系，它们共同丰富了顾客公民行为形成机制的理论分析体系。

三　顾客公民行为的影响因素

关于顾客公民行为的影响因素，归纳起来主要涉及关系质量、服务公平性、顾客感知的社会支持及员工公民行为四个方面。

（一）关系质量

已有研究指出了满意、信任和承诺对顾客公民行为的影响，本书将这

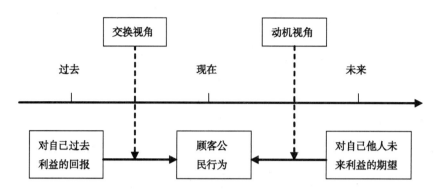

图2.1　两种视角下的顾客公民行为形成机制比较

些因素统称为关系质量。顾客满意作为顾客公民行为的重要预测变量，已得到广泛的验证与支持。Bove等（2009）的研究表明，顾客对服务人员的仁慈性信任会显著影响顾客公民行为，仁慈性信任还与可靠性信任一起通过顾客忠诚而影响顾客公民行为。Bettencourt（1997）认为无论是对组织还是对服务人员的承诺，均对顾客公民行为有显著正向影响。

（二）服务公平性

服务公平性主要包括结果公平性、程序公平性和交互公平性三部分。结果公平性是顾客对服务结果公平程度的主观判断，主要从成本、服务数量和服务质量三个方面来评判；程序公平性是顾客对服务组织的决策程序和决策方法公平程度的主观判断，如服务人员对待顾客特殊要求的反应、服务效率、顾客所花的等待时间等；交互公平性是顾客对与服务人员交互公平程度的主观判断，如服务人员是否友好、客观、诚实、礼貌、耐心等。顾客感知到的公平性一方面会直接影响顾客公民行为；另一方面还会通过顾客承诺和积极情感等中介变量间接影响顾客公民行为（Yi和Gong，2006，2008a）。

（三）顾客感知的社会支持

社会支持已被广泛应用于心理学、社会学、公共卫生、流行病学等领域的研究，其在企业—顾客关系研究中也已开始得到应用（Kang和Ridgway，1996）。生活节奏加快、工作繁忙等原因，使人们的交往范围日益狭窄，难以获得足够人际交流和充分社会支持；而第三地点（third place），即除家庭和工作以外的公共场所，尤其是商业交往已成为人们寻求社会支持的一个重要来源（Rosenbaum，2006）。顾客对商业交往的期望已超出传统的商业意图，他们不再只为满足消费需求，同时也在寻求社会支持。当顾客与服务提供者之间的言语或非言语交流，有助于提升顾客的感知控制、增强顾客自尊或加强顾客与他人的社会关联感时，社会支持便产生了（Adelman 和 Ahuvia，1995）。顾客感知的社会支持对品牌推荐、良好口碑等形式的顾客公民行为，会产生显著的正向影响（Adelman 和 Ahuvia，1995；Rosenbaum 和 Massiah，2007）。

（四）员工公民行为

Yi 和 Gong（2008b）根据服务利润链理论，分析了员工行为对顾客行为的具体影响。研究结果显示，员工公民行为会通过顾客满意、顾客承诺而对顾客公民行为产生积极影响。员工公民行为和顾客公民行为的关系路径可表示为：员工公民行为→顾客满意→顾客公民行为；或员工公民行为→顾客满意→顾客承诺→顾客公民行为。其中，员工公民行为→顾客承诺和员工公民行为→顾客公民行为的直接路径系数并不显著。

四　顾客公民行为的研究展望

顾客公民行为可以为服务组织带来一系列的积极效应，如提高组织整体绩效、帮助组织树立形象、降低组织营销成本等。但总体而言，顾客公民行为研究目前仍处于起步阶段，相关理论体系还不够完善，实证研究也有待进一步开展。因此，深入研究顾客公民行为，具有重要的理论意义和实践价值。未来研究可重点关注以下三个方面：

（一）顾客公民行为的构成研究

已有研究对顾客公民行为的维度划分尚存在一定分歧，后续研究有必要采用理论和实证研究相结合的方法，进一步明确顾客公民行为的具体构成。此外，东西方顾客在不同文化背景下的消费行为具有较大差异。因此，开展对顾客公民行为的跨文化研究，特别是中国文化背景下的实证研究，也具有较大的学术价值。与此同时，互联网已在现代商业活动中展现了非凡的力量，并成为商业模式创新的关键要素。因此，对现实环境和互联网环境下顾客公民行为构成的比较研究，也是一个值得考虑的重要研究方向。

（二）顾客公民行为影响因素的系统研究

除前文所述的影响因素外，组织相关因素、企业—顾客关系因素、顾客个体因素等，也可能会对顾客公民行为产生不同的影响。深入探讨这些因素，将有助于完善顾客公民行为的理论框架。其中组织相关因素主要包括服务质量、企业形象、品牌形象等；企业—顾客关系因素主要包括短期交易和关系维持等相关因素，如顾客感知价值、消费情感、关系类型等；在顾客个体因素方面，人口统计变量和性格特征等因素对顾客公民行为的影响，也值得进一步探讨。此外，探明互联网环境和现实环境下，顾客公民行为影响因素的差异，对顾客公民行为的理论研究和管理实践也具有重要意义。

（三）顾客公民行为结果变量的实证研究

顾客公民行为对服务组织（企业）的经营绩效、企业形象等，均会产生直接或间接的影响。如顾客推销行为能为服务企业吸引新顾客、降低企业营销成本；良好的口碑可以促进企业良好形象的树立；建议反馈则有利于企业充分了解顾客需求并改进服务质量等。但现有研究大多从理论角度进行阐释，缺乏实证研究的有效支持。因此，对顾客公民行为与企业绩效、企业形象等结果变量关系的实证研究，也有待持续进行。

第二节　顾客不当行为

长期以来，在"顾客是上帝"、"顾客永远是对的"等观念和服务宗旨指导下，对顾客行为的研究较多关注于组织如何提高顾客满意度和忠诚度。近年来，顾客公民行为（customer citizenship behavior）、顾客不当行为（customer badness behavior）等对服务组织绩效有显著影响的顾客角色外行为（extra - role behavior）研究，开始引起越来越多的关注。范钧等（2009）的研究指出，顾客公民行为能给组织带来一系列的正面效应。与此相对应的是，顾客不当行为则会给组织带来诸多负面效应。已有研究发现，顾客不当行为不仅会影响服务组织的形象及服务人员的效率，同时还会影响其他顾客对服务的满意度等。目前，顾客不当行为研究虽已引起学界关注，但相关研究仍较为缺乏。为推动顾客不当行为研究的不断深入，本书在系统梳理国内外已有研究基础上，对顾客不当行为的定义、分类及表现形式进行了归纳整理，从服务组织、服务人员、顾客自身和其他顾客等角度论述了顾客不当行为的前因后果，总结了顾客不当行为的防范建议，并对未来研究进行了展望。

一　顾客不当行为的定义、分类及表现形式

（一）顾客不当行为的定义

国外学者对顾客不当行为的界定有一个发展过程，并存在多种类似的称谓和定义表述（参见表2.2）。早期学者如 Mills 和 Bonoma（1979）提出了偏差顾客行为（deviant consumer behavior）概念，强调的是顾客在服务消费中表现出的不适当行为或行为与已有的社会规范相冲突，但并没有指出这种行为可能带来的后果；Fullerton 和 Punj（1993）提出了异常顾客行为（aberrant customer behavior）概念。之后，又有学者先后提出顾客逆向行为（dysfunctional customer behavior）、顾客不当行为（customer badness behavior）等概念，并从各自的角度对此类顾客行为进行了界定。

表2.2　　　　　　　　　　顾客不当行为的不同称谓和定义

研究者（年份）	称谓	定义
Mills 和 Bonoma（1979）	偏差顾客行为（deviant consumer behavior）	在零售商店中发生的社会认为不适当或与以前接受的社会规范相冲突的行为
Fullerton 和 Punj（1993）	异常顾客行为（aberrant customer behavior）	在消费过程中，顾客违反普遍接受的行为规范，并且破坏正常消费秩序的行为
Lovelock（1994）	蛮横顾客行为（jaycustomer behavior）	故意破坏组织的服务并给组织和其他顾客造成恶劣影响的行为
Hoffman 和 Bateson（1997）	不合作顾客行为（uncooperative customer behavior）	以自我为中心，对于不喜欢的员工或其他顾客进行辱骂，或使用计谋以逃避付款的行为
Huefner 和 Hunt（2000）	顾客报复行为（consumer retaliation behavior）	想获得一种心理上的公平而进行的一种攻击性的行为
Yi 和 Gong（2006）	顾客不当行为（customer badness behavior）	会对组织、服务人员或其他顾客造成不良影响的、顾客自私的带有攻击性的行为

资料来源：笔者根据相关文献整理。

（1）是否造成伤害视角。Lovelock（1994）认为蛮横顾客行为是故意破坏组织的服务，并给组织和其他顾客造成恶劣影响的行为。Harris 和 Reynolds（2003）将顾客逆向行为定义为以故意或无意、公开或隐蔽的行为方式，扰乱服务接触功能的行为。上述定义均强调顾客不当行为对服务组织和同属顾客造成伤害，但该视角下的定义并未得到学界的广泛认同。如国内学者刘汝萍和马钦海（2010）认为在大多数情况下，很难界定顾客不当行为是否造成伤害及伤害程度如何，且服务企业与实施不当行为的顾客会采用不同的标准，对同一不当行为造成的伤害进行评判。

（2）是否违反社会规范视角。Fullerton 和 Punj（1993）将违反消费情

境中广为接受的行为规范的顾客称为异常顾客。Fullerton 和 Punj（2004）将顾客异常行为改称为顾客不当行为，并将其定义为违反消费情境中广为遵从的行为规范，并且破坏正常消费秩序的行为。该定义的关注重点主要在于顾客是否违反行为规范，一旦顾客的某一行为被视为违反消费情境中的行为规范，就属于不当行为。由于行为规范是相对客观的标准，以之为准的定义就不存在对顾客不当行为判定的模糊性，因而较有实际可操作性。目前，该定义得到了学界的普遍认可。

（3）其他视角。随着研究的不断深入，顾客个体特征、顾客动机、影响对象等因素，逐步融入顾客不当行为的定义之中。如 Hoffman 和 Bateson（1997）强调实施不当行为的顾客具有以自我为中心的特点；Huefner 和 Hunt（2000）的研究说明顾客不当行为的主要动机是想要获得一种公平感。

综上所述，本书将顾客不当行为定义为：顾客在接受服务的过程中，违反普遍接受的行为规范，扰乱正常的服务秩序，并对服务组织、服务人员或其他顾客造成不良影响的、自私的、带有攻击性的行为。顾客不当行为有三个主要特征：一是违反行为规范；二是产生负面影响；三是带有一定自私目的和攻击性。

（二）顾客不当行为的分类

国外已有研究主要从顾客特征、行为性质、行为朝向对象和行为动机等视角出发，对顾客不当行为进行了多种分类（参见表2.3）。如 Hoffman 和 Bateson（1997）根据顾客特征差异，将顾客不当行为分为利己主义型、辱骂型等五种类型；Lovelock（2001）等学者按照行为性质不同，将顾客不当行为分为偷窃型、破坏规则型等五种类型；Fullerton 和 Punj（2004）根据行为朝向对象不同，将顾客不当行为分为朝向服务人员的不当行为、朝向其他顾客的不当行为等五种类型；Harris 和 Reynolds（2004）等学者根据行为动机差异，将顾客不当行为分为补偿型、不受欢迎型、财产滥用型、服务人员型等八种类型，其中服务人员型指曾有或现有过服务人员经历的顾客，为获取经济利益而蓄意破坏服务接触的行为。由于从行为朝向对象视角来划分顾客不当行为，能较好地揭示各种行为之间的区别与内在联系。因此可在 Fullerton 和 Punj（2004）的研究基础上，将顾客不当行为划分为朝向服务组织的不当行为、朝向服务人员的不当行为和朝向其他顾客的不当行为三类。

表 2.3　　　　　　　　　　　　顾客不当行为的划分类型

研究者（年份）	划分视角	行为类型
Bitner 等（1994）；Rose 和 Neidermeyer（1999）；Hoffman 和 Bateson（1997）	顾客特征	利己主义型、辱骂型、暴力殴打型、大声喧哗型、蛮横型
Moore（1984）；McShane 等（1993）；Lovelock（2001）	行为性质	偷窃型、破坏规则型、好战型、内讧型、赖账型
Fullerton 和 Punj（2004）	行为朝向对象	朝向服务人员的不当行为、朝向其他顾客的不当行为、朝向商品的不当行为、朝向组织财产的不当行为、朝向组织实体和电子环境的不当行为
Harris 和 Reynolds（2004）；Huang（2008）；Yi 和 Gong（2008）	行为动机	补偿型、不受欢迎型、财产滥用型、服务人员型、报复型、辱骂型、暴力型、性猎取型

资料来源：笔者根据相关文献整理。

　　除上述几种视角外，另有学者分别对具体行业的顾客不当行为，展开了较为深入的实证研究。其中旅游业、酒店业和餐饮业等，是研究者们比较关注的行业。Grove 和 Fisk（1997）通过对旅游行业中同属顾客不当行为的研究，提出顾客不当行为可以分为协议事件和社交事件两大类。协议事件是指同属顾客的行为违反了协议期望，如插队、打架、喧哗等；社交事件是指同属顾客不恰当的社交性行为所引起的心理不愉悦事件，如同属顾客的冷漠或缺乏人情味等。Gill 等（2002）列举了酒店业中的顾客不当行为，如偷窃客房物品、支付房费时的信用卡欺诈等。Jones 和 Groenenboom（2002）总结了三类主要的酒店业顾客不当行为，包括暴力型、财产型、毒品型。Witham（1998）揭示了餐饮业中爆发频率较高的顾客不当行为，其中男性顾客的不当行为主要有使用污言秽语、性别歧视、贬低前台服务人员以获得自尊等；女性顾客较常见的不当行为主要包括无理由退餐或拒绝埋单、暴怒乱扔东西等。

　　此外，还有学者针对普遍意义上的顾客不当行为进行了总体性分类。Lovelock（1994）基于特定的服务情境，开创性地提出六种类型的不良顾客，主要包括蓄意破坏企业财物者、不付费的流氓、针对服务人员的好战者、与同属顾客或其家人争吵的家庭同谋、无经济能力的游手好闲者、违反消费准则的违规者。Bitner 等（1994）在 Lovelock（1994）基础上，进一步指出不当顾客的另外三个类型：破坏同属顾客服务体验的醉酒顾客、对服务人员举止蛮横的不合作顾客、侮辱服务人员或同属顾客的傲慢型顾客。国内学者刘汝萍等（2009）把顾客不道德行为概括为如下几类：主动获利行为、被动获利行为、无害行为、侵权等。

（三）顾客不当行为的具体表现形式

（1）偷窃服务组织和其他顾客的财物。偷窃是顾客不当行为的常见表现形式之一，它会给服务组织和其他顾客带来直接经济损失。Moore（1984）从犯罪和临床心理学视角出发，从个人人格缺陷来解释这些行为。Bernstein（1985）将偷窃行为分为五类，分别为专业型偷窃者、冲动型偷窃者、酗酒型偷窃者、习惯型偷窃者和有偷窃癖好者。McShane 和 Noonan（1993）采用聚类分析方法，将商店行窃行为者分为以下四种：叛乱分子（rebels）、反动分子（reactionaries）、神秘的偷窃分子（enigmas）和不坚定的偷窃分子（infirms）。Huefner 和 Hunt（2000）发现偷窃并不是顾客不当行为一种单独的表现形式，而是与其他行为共同构成顾客经常表现的报复行为，如故意给予组织负面口碑、攻击组织员工及蓄意破坏和毁灭组织的财产设施等。

（2）辱骂、殴打服务人员和其他顾客。辱骂、殴打也是顾客不当行为的常见表现方式。Bitner 等（1994）利用关键事件分析法对一线服务人员进行调查，发现在某些特定情况下，顾客会对一线服务人员表现出粗鲁和苛刻的行为，甚至通过言语和肢体攻击服务人员或其他顾客。Rose 和 Neidermeyer（1999）在研究顾客不当行为的表现形式时，得出与 Bitner 等（1994）一致的结论，并指出顾客不当行为首先体现在情绪状态上，如气愤、伤心等，随后转化为对服务人员或其他顾客的语言攻击和直接、间接的身体攻击。2004 年英国的一项调查显示，一线服务人员每隔 3.75 天就会受到一次顾客的言语攻击，每隔 15 天就会受到一次人身威胁，每隔 31 天就会受到一次暴力攻击。

（3）蓄意破坏服务组织的规则和财物。顾客有时会出现故意破坏组织规则、不服从组织管理（如插队等）、破坏组织设施及散布电脑病毒破坏组织数据库等不当行为，并对组织形象等造成负面影响。Bitner 等（1994）的研究表明确实存在这样的"问题顾客"，他们具体表现为故意破坏组织设施进而影响组织整体服务氛围，不与组织合作或违反组织规则，故意破坏组织的广告以减少对消费者的吸引等。

（4）其他顾客不当行为。如对服务组织的恶意评价、不合理的抱怨、联合抵制服务组织及其产品等行为。某些顾客由于不满意组织的服务或产品，会擅自改变原有服务流程或产品设计，从而可能导致一些组织无法预见的不良后果。还有些顾客为了金钱利益，向服务组织提出不合理的抱怨并要求得到补偿。这些行为既会给组织带来财产等损失，也可能影响其他顾客的正常消费行为。

二　顾客不当行为的前因后果及其防范

（一）顾客不当行为的前因

综合国内外已有研究，本书主要从社会、服务组织、服务人员、顾客自身和顾客互动五个方面来解释顾客不当行为的产生原因。

（1）社会原因。伴随着市场经济的发展和企业规模的不断扩大，顾客与企业之间形成了权利的天然不对等，从而使得顾客与企业间的心理距离不断拉大，顾客的消费需求也往往因为权利不对等而无法得到完全满足。那些无法通过常规手段满足自身需求，且公德心和责任感较为缺失的顾客，就会把不当行为视作一种寻求刺激和公平的途径。他们往往只关注自身利益需求的满足，而忽视自身不当行为所造成的消极后果。此外，顾客从不当行为中所获利益高于被发现时所受的惩罚，也是导致顾客不当行为发生的重要原因之一。

（2）服务组织原因。Huefner 和 Hunt（2000）根据归因理论，解释了顾客不当行为是顾客对组织服务不满意的回应；Yi 和 Gong（2008）从服务公平性角度，解释了顾客不当行为的发生原因。顾客不当行为的产生不仅与其所感受到的服务质量有关，还与服务失败和服务补救有关。顾客在服务失败中遭受到的损失越大，不公平感就越强烈，就越可能做出不当行为来挽回损失或发泄情绪。与此同时，服务环境过于拥挤或顾客长时间排队、环境温度不适宜、背景音乐不为顾客所喜欢和环境整体设计不吸引消费者等环境因素，也是导致顾客不当行为发生的重要原因。此外，由于服务组织一直强调"顾客是上帝"、"顾客永远是对的"等观念和服务宗旨，对顾客不当行为过于容忍，在一定程度上也提高了顾客不当行为的发生频率。

（3）服务人员原因。顾客在接受服务过程中与一线服务人员直接接触，服务人员的不当行为举止、粗暴态度和低劣服务技能等不当行为表现，会直接损害顾客对服务组织的印象，从而可能导致顾客不当行为的发生。Yi 和 Gong（2008）通过实证研究，发现服务人员对顾客的不公平对待会直接降低顾客满意度，进而促使顾客产生不当行为。与此同时，社会学习理论认为，个体的行为是其内外部因素复杂相互作用的产物，它既受到直接经验的影响，也受到观察学习的影响。在服务过程中，顾客经常会观察、学习他人的行为，服务人员的不当行为也会直接引发顾客的模仿。

（4）顾客自身原因。Fullerton 和 Punj（1993）将顾客不当行为的产生原因主要归结为顾客的性格特点和行为倾向。顾客的性别、年龄、职业、经济状况、教育程度、个性特征、道德水平、冒险倾向、未满足的愿望、对组织态度和以前购物经验等因素，都会影响其不当行为的发生。如偷窃服务组织或其他顾客财物的行为，就与顾客个人经济状况和道德水平密切相关；而有些顾客的好战、易冲动等性格，则可能更容易导致与服务组织、服务人员或其他顾客发生冲突、争吵等不当行为的发生。

（5）顾客互动原因。根据社会学习理论，顾客在服务过程中表现出的不当行为，也会引发其他顾客的观察、学习和模仿。与此同时，顾客往往认为来自其他顾客的评价，比来自服务组织或服务人员的建议更为可信。当顾客因对服务不满而向其他现场顾客述说时，通常会得到其他顾客的同情、支持和响应，并容易诱发顾客群体抱怨或不当行为。尤其当顾客不当行为是由服务失败等原因导致时，很可能出现"多米诺骨牌效应"，引起其他顾客的效仿。此外，顾客之间的冲突也是顾客不当行为的诱因之一。

（二）顾客不当行为的后果

顾客不当行为的后果，主要表现为对服务组织、对服务人员和对同属顾客三类对象的消极影响。

（1）对服务组织的影响。主要有直接和间接经济损失：直接经济损失包括受损财产修复费用、法律诉讼成本、保险费用、顾客补偿费用的增加及资产损失等；间接经济损失包括组织形象受损、人力资源成本增加，以及服务效率、组织绩效、顾客满意度、忠诚度和员工留职率的降低等。

（2）对服务人员的影响。主要体现在生理、心理和工作态度三个方面：生理方面主要指服务人员受到顾客攻击行为而导致的身体伤害等；心理方面主要指服务人员的气愤、忧伤、害怕等情绪反应，及低人一等、自卑、焦虑等心理感受；工作态度方面主要指服务人员工作满意度、积极性、对组织情感依赖、道德感和控制感的降低等。

（3）对同属顾客的影响。个别顾客的不当行为会破坏整个服务组织的环境氛围，降低服务人员的服务效率，从而影响其他顾客的消费情绪和服务感知，给其他顾客带来负面的服务体验和消费经历。且由于社会学习行为的存在，个别顾客的不当行为还可能"传染"给其他顾客。

（三）同属顾客对顾客不当行为的反应

（1）同属顾客反应类型研究。关于同属顾客对顾客不当行为的反应研究，目前仍处于探索性阶段。国内学者范广伟等（2013）通过深度访谈和开放式问卷调查等实证研究，将同属顾客对顾客不当行为的反应划分为劝阻、理解、赞同、退出、报复、建设性讨论、同情员工、发泄和投诉9个维度。费显政和肖胜男（2013）则运用关键事件法和扎根理论，同时结合我国情境将同属顾客的反应模式划分为5个大类别和12个子类别。5个大类别包括助纣为虐、随波逐流、袖手旁观、见义勇为和舍己助人，分别代表负面、中立、正面的反应模式。在此基础上，进一步对每一个大类进行细分，最后得到12个子类别（参见表2.4）。

（2）同属顾客反应类型的影响因素。同属顾客采取何种方式应对顾客不当行为，主要受到特定消费情境中不良顾客、中心顾客、其他同属顾客、一线员工、企业等参与主体的特征信息的影响，这些特征信息包括人口统计学特征、心理特征、行为特征、社会特征等（费显政和肖胜男，2013）。人口统计学特征信息主要包括性别、年龄、学历等；心理特征信息主要包括性格、情绪、内外控人格等；行为特征信息主要包括个人经验、长期习惯、顾客不当行为的恶劣程度等；社会特征信息主要包括顾客规模、关系质量、规范标识等。上述因素会影响同属顾客对互动效果的评估及对互动责任的判断，进而影响同属顾客在应对顾客不当行为时的策略取舍。

表2.4　　　　　　　　　同属顾客反应模式的概念和范畴

编号	范畴	概念	定义
1	助纣为虐	利益驱动型	受到不良顾客提供的金钱利益或者自己反应行为可能带来的利益驱动，中心顾客为顾客不当行为的实施提供便利和帮助
		情感驱动型	受到不良顾客方面的熟人关系、相同群体和特殊情况等主客观因素的影响，驱使中心顾客为不当行为的开展提供支持
2	随波逐流	立竿见影型	中心顾客受到不良顾客的显著影响，在服务现场立刻模仿顾客不当行为，即模仿行为发生在同一时间和同一场所
		潜移默化型	受不良顾客行为模式的冲击，中心顾客逐渐放松了自己在顾客不当行为方面的道德约束，在不同的时间或不同的服务场所对顾客不当行为进行模仿

续表

编号	范畴	概念	定义
3	袖手旁观	释放型责备	在面对顾客不当行为时，中心顾客表现出向同伴或其他同属顾客抱怨的反应行为，且抱怨行为没有被不良顾客察觉
		压抑型责备	采取压抑型责备反应模式的中心顾客，将克制自己的消极情感，选择在内心谴责顾客不当行为，而没有对其他人表露
		谅解型	在行为表现上，中心顾客没有与不良顾客产生互动；在情感动机上，中心顾客对不良顾客持谅解态度
4	见义勇为	一线员工主导型	遇到不良顾客时，有些顾客不会参与其中，而是发挥干预"导火索"的作用，让工作人员介入，采取举措协调劝阻顾客不当行为
		激烈同属顾客主导型	为了制止顾客不当行为，中心顾客在互动过程中与不良顾客发生了直接冲突，分为语言表现和行为表现两种表现方式
		温和同属顾客主导	在双方互动过程中，温和型反应模式没有引起冲突，且对不良顾客的负面影响较小
5	舍己助人	情有可原型	受到不良顾客个人特征的影响，中心顾客会采取应对策略帮助不良顾客，并对其表示谅解
		息事宁人型	在处理顾客不当行为时，中心顾客的反应行为促进了不当行为的实施，但其初衷是解决问题，而不是帮助不良顾客
6	互动效果评估	互动成功概率	中心顾客对自己采取的应对策略取得成功的概率做出的主观评价和估量
		互动结果预期	中心顾客对自己采取的应对策略给自己、不良顾客、其他同属顾客和一线员工带来影响的预期
7	互动责任判断	互动责任大小	在面对顾客不当行为时，依据事件客观属性，中心顾客对于自己是否应该采取某种应对策略的责任意识的内在判断
		互动责任比较	通过与其他互动责任主体，如其他同属顾客、一线员工在某些方面的比较，中心顾客对自己应该实施互动的责任水平的主观感和判断
8	不良顾客特征	人口统计特征	身份是指人际交往中识别个体差异的标志和象征，比如学生和社会人士，乘客和乘务员
		心理特征	—
		行为特征	在服务接触过程中，顾客不当行为对其他参与主体造成损失的大小
		社会特征（关系程度规模）	关系程度是指中心顾客感知的，不良顾客和自己之间的关系联结和情感强度，比如双方之间是好朋友或都是消费者
9	中心顾客特征	人口统计特征	—
		心理特征	—
		行为特征	既往经验是指中心顾客具备与顾客不当行为相似的经验，比如自己曾经也占过座或插过队
		社会特征	规模是指与中心顾客在同一服务场所消费的同伴数量的多少
		位置特征	

续表

编号	范畴	概念	定义
10	其他同属顾客特征	人口统计特征	—
		行为特征	—
		社会特征	—
		位置特征	空间位置是以不良顾客的位置坐标为参照点，同属顾客距离该坐标的空间距离的远近
11	一线员工特征	人口统计特征	—
		行为特征	—
12	社会特征	社会特征	社会规范标识，指在服务经历中，能够唤醒顾客社会规范意识、影响顾客社会规范行为的各种标识（刘汝萍等，2010）顾客不当行为的普遍程度，指顾客不当行为在各种不同消费行业和服务场合，而不是在某个特定企业或服务场合，发生可能性的大小（Huang 等，2010）
		服务特征	服务质量期望，指顾客对企业或机构提供服务质量水平的预期

资料来源：费显政和肖胜男（2013）。

（四）顾客不当行为的防范

已有相关研究主要从服务组织角度出发，在具体实践操作层面提出了以下三个方面的顾客不当行为防范措施。

（1）提高对顾客不当行为的认识。管理者要认识到顾客并非永远正确，在特定服务情境下，顾客不当行为是客观存在的，且会给服务组织、服务人员或其他顾客带来负面影响；顾客不当行为同时也并非不可防范，管理者可采取某些必要的措施，来强化对顾客的管理和监督，并高度重视顾客抱怨和服务补救，减少顾客不当行为的发生。

（2）为顾客提供良好的服务环境和方便快捷的服务流程。如服务组织应保持服务场所的干净整洁，选择合适的背景音乐，形成良好的服务消费氛围；在服务流程设计和服务设施布局上更多地考虑顾客需求，增加服务窗口以减少拥挤排队等情况的发生；积极宣扬顾客中的好人好事和科学的消费行为，发挥榜样作用，激励顾客公民行为，减少顾客不当行为。

（3）加强对服务人员的培训。服务组织应通过培训等手段，提高服务人员的综合素质、服务知识技能和服务态度，为顾客提供高质量的服务；同时不断提高服务人员的应变能力，强化服务补救意识，积极应对顾客抱怨，及时处理顾客矛盾，公平对待每个顾客，将顾客不当行为化解在萌芽状态。

三　顾客不当行为的研究展望

从已有研究来看，顾客不当行为研究已在国内外逐步兴起，但总体而言并未形成完整的理论体系，相关的实证研究也较为匮乏。未来研究可在以下三个方面进一步深入。

（一）顾客不当行为的维度及形成机制研究

已有研究虽已从多个不同视角对顾客不当行为进行了初步分类，但大多基于顾客不当行为的具体表现形式，缺乏理论深度和科学验证。因此，进一步明确顾客不当行为的维度结构，是后续研究中的一项基础性工作。与此同时，在对顾客不当行为影响因素做深入分析基础上，运用社会学习等相关理论来解析顾客不当行为的形成机制，也是一个有待研究的重要问题。此外，已有研究大多基于实体服务情境，网络服务情境下的顾客不当行为研究也有待进一步开展。

（二）顾客不当行为的实证研究

已有研究大多以理论分析为主，相关实证研究也存在研究视角和取样范围过于单一、样本容量偏少等问题，缺少有较强科学性和说服力的实证支持。基于我国文化背景下的实证研究则更为罕见，国外已有理论在国内的适用性尚未得到足够的实证检验。因此，有必要通过更为广泛、科学的实证研究，对顾客不当行为的影响因素、作用路径及结果变量等进行深入的剖析和验证。

（三）顾客不当行为的防范和转化研究

顾客不当行为会对服务组织、服务人员和其他顾客等产生直接或间接的负面影响。因此，深入研究服务组织如何通过建立科学的防范和管理机制，以减少顾客不当行为的发生及损害，具有重大的现实意义。此外，在探明顾客不当行为与顾客公民行为的关系基础上，如何实现从顾客不当行为向顾客公民行为的转化，也是一个令人兴奋的研究课题。

第三章

计划行为理论和顾客公民行为

第一节　不同视角下的顾客公民行为

一　时间视角下的顾客公民行为

根据行为发生的时间，可将顾客公民行为分为服务接触中和服务接触后两类。前者主要包括参与、合作、对服务人员表现仁慈性、帮助管辖其他顾客等，这些行为使服务传递能够更好地进行，从而增加顾客自身和其他顾客对服务质量的感知和满意度（Plymire，1993）。如在团队旅游中，顾客通过帮助导游管理其他顾客而获得更好的服务体验（Kelley 等，1992）。发生在服务接触后的顾客公民行为，则主要表现为反馈、推荐、良好口碑、关系展示等。由于这些行为与服务传递过程相脱离，顾客一般不能从行为本身获得直接利益，但能够获得企业奖励、社会赞许和自我满足等间接利益。

二　动机视角下的顾客公民行为

借鉴 Rioux 和 Penner（2001）、Finkelstein（2006）等学者对组织公民行为的研究思路，可从动机视角出发，将顾客公民行为分为利己动机和利他动机两大类（参见表 3.1）。利己动机下的顾客公民行为可进一步细分为纯粹利己动机和自我服务动机两类。纯粹利己动机主要基于顾客对提高自身服务质量、获得企业物质奖励等外在报酬的期望，以互惠行动为主要表现形式，如参与、合作等。自我服务动机主要基于顾客的自我利他主义（ego – altruism），即顾客通过帮助他人、制止他人不当行为、自我约束等利他行为，来降低自身紧张或焦虑感，并获得自我价值实现、精神上的满足或社会赞许等内部报酬。

表 3.1　　　　　　　　　　　动机视角下的顾客公民行为

动机		行为表现	动机产生的根源	顾客公民行为
利己	纯利己	互惠	对外在报酬的期望	合作、参与等
	自我利他	利他	对内在报酬的期望	帮助管辖他人、自我约束等
利他	偿还	利他	社会规范	推荐、口碑等
	纯利他	利他	社会规范	仁慈、帮助他人等

资料来源：笔者自行设计。

利他动机下的顾客公民行为则以社会规范为主要产生根源，以有利于其他顾客或服务人员为主要目的，并可进一步细分为偿还动机和纯利他动机两类。偿还动机主要源于互惠规范、公平规范等社会规范，即顾客为回报以往受惠或补偿他人损失而实施的公民行为，如顾客享受了超值服务后向他人推荐等。纯粹利他动机主要源自共情（感知他人的情感和幸福），以需要帮助的他人（企业）利益为根本目标，主要表现为仁慈、帮助他人等（Batson 和 Oleson，1990）。

三　行为对象视角下的顾客公民行为

根据行为对象差异，可将顾客公民行为分为朝向其他顾客、朝向企业和朝向服务人员三类（参见图 3.1）。朝向其他顾客的公民行为主要包括口碑、推荐和帮助、管辖其他顾客等；朝向企业的顾客公民行为包括参与

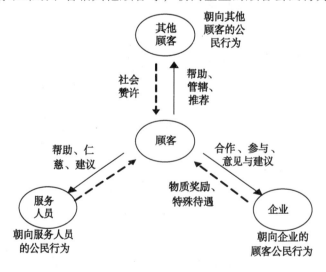

图 3.1　行为对象视角下的顾客公民行为

企业活动、关系展示、提供反馈意见和建议等；朝向服务人员的顾客公民行为包括仁慈性（容忍、耐心、礼貌等友好行为）和灵活性（适应自身控制能力之外情形的意愿）等（Hartline 和 Ferrell，1996；Bettencourt，1997；Rosenbaum 和 Massiah，2007；Bove 等，2008）。无论顾客公民行为的朝向对象是谁，最终的结果都是对服务企业有利的。

第二节　基于 TPB 的顾客公民行为形成路径

作为一个新兴的研究领域，已有对顾客公民行为的研究主要涉及概念界定、维度划分（Gruen，1995；Groth，2005）、影响因素（Yi，2008），顾客社会化和关系结合方式（谢礼珊等，2008）等。但顾客公民行为是多个行为概念的集合，受到多种因素的共同影响，已有研究对顾客公民行为形成机制的深入研究尚较为欠缺。根据计划行为理论（TPB），个体的行为（behavior）受其行为意向（behavior intention）的直接影响，而行为意向则受个体对行为态度（attitude）、主观规范（subjective norm）和知觉行为控制（perceived behavioral control）的共同影响，其中知觉行为控制还对行为有直接影响。

一　态度和顾客公民行为

（一）态度及其对顾客公民行为意向的影响

态度是指个人对某项行为所保持的正面或负面的感觉，行为意向则体现了个人对于某项特定行为的实施意愿。态度会影响行为意向，个体对某特定行为所持有的态度越积极，则执行该行为的意向就越强烈（Ajzen，2002）。因此，顾客对公民行为的态度对其行为意向有重要影响。态度又具有多重性，Fishbein（1995）和 Ajzen（2002）区分了对行为的"具体态度"和对行为标的物的"一般态度"两种不同的倾向态度。在顾客公民行为中，具体态度即顾客对公民行为的态度，对顾客公民行为意向有直接影响；一般态度包括顾客对其他顾客、企业和服务人员等公民行为标的物的态度，这些态度对公民行为意向没有直接影响，但会通过影响顾客对公民行为的具体态度而间接作用于公民行为意向。

（二）顾客公民行为态度形成的社会交换机制

社会交换理论是用来分析社会行为有赖于相互强化，而得以持续发展的一种社会心理学理论（Blau，1964）。根据社会交换理论，顾客公民行为在本质上是一种互惠的社会交换行为。顾客对公民行为态度的形成，主要源于对行为社会交换结果的不同预期。当顾客预期能从公民行为中获得实际利益或自我满足和社会赞许时，就会对公民行为持积极的态度。此外，当顾客从之前的购买行为或公民行为中已经获得超出期望的利益时，也会出于一种回报的责任感而对公民行为持积极态度。与此同时，顾客对公民行为标的物（企业、服务人员或其他顾客）的积极态度，如对企业的信任感和对服务人员的正面情绪反应等，也会提高其对行为社会交换结果的预期，进而增强对公民行为的积极态度。与此同时，公平原则作为社会交换理论中的一个重要原则，对顾客公民行为态度形成也有重要影响。不公平或不合理的回报预期，往往导致顾客对公民行为的消极态度。

（三）影响顾客公民行为态度形成的具体因素

（1）顾客收益。顾客从公民行为中获得的收益可分为短期收益和长期收益两类。短期收益是顾客直接从公民行为本身中所获得的利益，包括企业服务质量的提高和可能提供的物质奖励等（Kelley 等，1992；Yi，2008）。如企业奖励提供意见和建议的顾客，向填写问卷调查表的顾客发放小礼品等。长期收益是顾客从公民行为引发的"关系"基础中获得的利益，包括信心利益（提高顾客满意，减少交易成本等）、社会利益（与服务人员的良好关系等）和特殊待遇利益（获得企业打折、优惠和定制化服务等）。短期收益能增强顾客对公民行为的积极态度，并激发纯利己动机和偿还动机下的顾客公民行为；长期收益能增强顾客对企业或服务人员的积极态度，并激发自我服务动机和纯利他动机下的顾客公民行为。

（2）顾客信任。顾客信任作为一种正面的认知或情感，主要包括顾客对服务企业的信任和对服务人员的信任两个层面，且两个层面之间会产生一定的相互影响。由于一般态度会影响具体态度，顾客对行为标的物的信任能够促进其对公民行为积极态度的形成。当顾客认为服务企业或服务人员可信赖而有责任心时，就会进一步确信自己的公民行为会得到企业或服务人员的回报，其对公民行为的态度也就越积极。

（3）服务公平性。服务公平性主要包括与公民行为相关的公平性和与公民行为无关的公平性两类。前者作为一种事后体验，指的是顾客实施公民行为之后是否获得公平合理的回报，它会影响顾客对以后的公民行为的态度。如当参与某个抽奖活动时，顾客发现企业有造假行为，就不会有继续参与企业类似活动的积极态度。后者即一般意义上的服务不公平性，如不公平的价格、不平等的服务对待等，它会影响顾客对服务企业或服务人员的一般态度，进而影响对公民行为的态度（Oliver 和 Swan，1989a，1989b；Maxwell，2002）。

二　主观规范和顾客公民行为

（一）主观规范及其对顾客公民行为意向的影响

个体的行为决策会受到来自重要的他人或团体的影响，这种个体采取某项特定行为所感受到的社会压力即主观规范（Ajzen，2002）。主观规范主要包括个人规范和社会规范两类。其中个人规范是指自我认同或道德规范；社会规范包括描述性规范和指令性规范。描述性规范是对个体重要的他人的行为规范，是个体对于他人是否执行某种行为的感知；指令性规范是对个体重要的他人认为个体应该执行或不执行的行为规范。在顾客公民行为中，个人规范主要体现在个人道德水平上，即顾客个体的道德水平越高，就越容易产生基于纯利他动机和偿还动机的公民行为意向；社会规范则主要体现在企业价值观和行为规范上，即企业价值观和行为规范越得到顾客的认同，就越容易激发对企业有利的顾客公民行为意向（Terry 等，1999）。

（二）顾客公民行为主观规范形成的社会认同机制

顾客公民行为主观规范中的个人规范的形成，主要源于顾客的教育水平、人格特性等个体因素；而社会规范的形成，则可以用社会认同机制来解释。社会认同理论认为，个体通过社会分类和自我归类，将自我纳入某一类别的群体之中，对自己所属的群体产生认同感，进行自我定型并将符合群体的特征赋予自我（Tajfel 和 Turner，1985）。在顾客社会规范形成过程中，当顾客通过服务接触或接受媒体宣传等途径，逐步产生对服务企业的认同感之后，就会不自觉地将自己视为企业相关群体的成员，积极向外界展示自己与企业的关系，并将有利于激发公民行为意向的企业价值观和行为规范赋予自身。

（三）品牌认同对顾客公民行为主观规范的影响

品牌认同是顾客对于品牌产生的一种强烈的情感联系和归属感的心理状态，它反映了顾客感知到的品牌形象、概念或内涵与消费者自我概念的一致性程度。品牌认同不仅有助于顾客重购行为等角色内行为的发生，同时还是影响顾客公民行为主观规范形成的主要因素（Yi，2006）。企业及其产品和服务的品牌形象承载着企业价值观和特定文化，当品牌形象及其内涵与顾客持有的价值观相一致时，顾客就会对企业产生强烈的认同感和归属感，主动地遵循企业相关群体的社会规范，由此形成顾客公民行为的主观规范，并产生向他人推荐、传播正面口碑等以提升企业利益为目标的顾客公民行为意向。

三　知觉行为控制和顾客公民行为

（一）知觉行为控制及其对顾客公民行为意向和行为的影响

顾客公民行为知觉控制是指顾客对自身是否具有实施公民行为能力的一种信念，它反映的是顾客对促进或阻碍实施顾客公民行为的特定因素（如个人过去的经验、预期的阻碍等）的感知，包括内部控制信念和外部知觉控制信念两个维度（Ajzen，2002）。知觉行为控制不仅会影响顾客实施公民行为的意向，还会直接影响顾客公民行为的实施。当顾客认为自身掌握的资源与机会越多、所预期的阻碍越少，则对公民行为的知觉控制就越强，对公民行为的意向和行为也更加强烈。如在服务接触中，当顾客具备相关知识或对自身能力较自信时，其服务容忍度、向服务企业提供建议或帮助其他顾客的意向和行为就会增强。

（二）顾客公民行为知觉控制形成的社会学习机制

社会学习理论中的自我效能概念，能够较全面地分析顾客公民行为知觉控制的形成机制。根据社会学习理论，自我效能的形成主要受五种因素影响，即行为的成败经验、替代性经验、言语劝说、情绪唤起和情景条件。在顾客公民行为知觉控制的形成过程中，行为的成败经验即顾客之前实施公民行为所获得的信息或直接经验，如顾客之前实施公民行为的成功经验会提高顾客对后续行为的信心；替代性经验指顾客能够通过观察其他顾客的公民行为而获得关于自身实施可能性的认识；言语劝说包括他人暗示、说服性告诫、建议、劝告及自我规劝等，它会改变顾客对公民行为的知觉控制水平；情绪唤起即顾客自身情绪和生理状态，如顾客的积极情绪会提高其对公民行为成功的预期水准；情景条件即服务接触场景，如当顾客进入一个陌生而易引起焦虑的服务场景中时，会降低其对实施公民行为的信心。

（三）顾客社会化对公民行为知觉控制形成的影响

顾客社会化程度是影响顾客公民行为知觉控制形成的主要因素。顾客的社会化程度越高，则其对公民行为的知觉控制就越强烈。通过观察服务人员或其他顾客的行为、模仿和强化学习、接受培训、人际交往等社会化活动，可以使顾客获得与实施顾客公民行为相关的知识和技能，提高对实施公民行为的自我可能性认识，并由此增强顾客公民行为的意向和行为。如在团队旅游中，接受过一定急救知识培训的游客，在出现突发情况时会表现出较强的为其他游客提供帮助的信心、意向和行为。顾客社会化程度可通过训练、诱导、组织文献、环境暗示（标识、信息手册等）、服务演示（预览）及服务人员或其他顾客的榜样作用等途径来得到提高（Kelley，1992）。

第三节　顾客公民行为形成机制的 TPB 模型

一　TPB 整合模型的构建

　　基于上述从态度、主观规范、知觉行为控制三个方面，对顾客公民行为形成路径的理论分析，本章构建了顾客公民行为形成机制的 TPB 整合模型，来系统阐述顾客公民行为的形成机制和影响因素（参见图 3.2）。

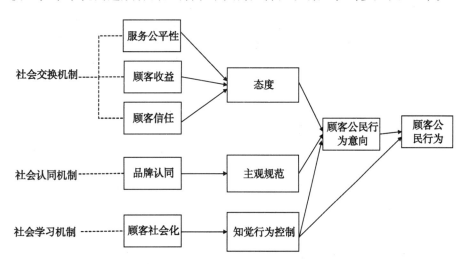

图 3.2　顾客公民行为形成机制的 TPB 模型

　　在该 TPB 整合模型中，顾客对公民行为的态度、主观规范和知觉行为控制是影响公民行为意向的主要因素。其中顾客公民行为态度的形成可以用社会交换机制来解释，以服务公平性、顾客收益和顾客信任为前因；主观规范的形成可以用社会认同机制来解释，以品牌认同为前因；知觉行为控制的形成可以用社会学习机制来解释，以顾客社会化为前因。而顾客公民行为意向作为顾客对公民行为的采行意愿，对公民行为的实施有直接影响。顾客对公民行为的意向越强烈，就会愿意付出更大的努力去实施公民行为。与此同时，顾客公民行为的实施还受到顾客对公民行为知觉控制的直接制约。即使顾客有很强烈的公民行为意向，但其自身如果缺乏相应的信心和能力，顾客公民行为也往往很难发生。

二　模型价值和研究展望

在对顾客公民行为进行界定和分类基础上，本章以计划行为理论为主要分析工具，对顾客公民行为的形成机制及其影响因素进行了较系统的阐述，并构建了相应的 TPB 整合模型。该模型的构建有助于我们更全面地了解顾客公民行为发生的全过程及深层原因和内在逻辑，并充分认识到服务公平性、顾客收益、顾客信任、品牌认同和顾客社会化等因素对顾客公民行为发生的重要影响。从而对顾客公民行为研究的不断深入有较大的理论借鉴意义，对企业如何完善顾客管理并提升服务质量也有较大的实践参考价值。

但与此同时，本章仅提供了一个从计划行为理论来分析顾客公民行为形成机制的基本理论框架。在后续研究中，模型中各变量间的具体作用关系尚有待进一步深入分析，模型的科学性和普适性也需要通过实验研究、大样本调查等实证方法来进行有效检验。

第四章

服务公平性和顾客公民行为

第一节　服务公平性和心理契约理论

一　服务公平性理论

（一）服务公平性的维度

有关服务公平性的主要构成，学界目前还存在一定的分歧。大多数学者认为，服务公平性主要包括结果公平、程序公平和交互公平三个维度，这三个维度既相互区别又相互联系（Clemmer 和 Sciders，1996；Bowen等，1999；Bies，2001）。也有学者认为，交互公平仅仅是程序公平的一部分，服务公平性只应该包括结果公平和程序公平两个维度（Austin，1979）。Greenberg（1993）把信息公平作为一个独立的维度，从互动公平中分离出来，并将其定义为是否给当事人传达了应有的信息（如解释和说明等）。更有学者提出，服务公平性是一个单维概念，三类服务公平性实质上是同一个概念（Cropanzano 和 Ambrose，2001）。Clemmer 和 Sciders（1996）针对四类服务业企业，研究了顾客等待服务中的公平性问题。他们的实证研究结果表明：顾客在评价服务公平性时，既评估消费结果公平性（结果公平性），也评估服务过程公平性（程序公平性）和他们与服务人员交往的公平性（交互公平性）。其中结果指顾客接受服务之后获得的利益；程序指企业采用的服务方针和方法；交往指服务过程中顾客与服务人员之间的交往和沟通。伊亚敏（2009）通过对十一大类服务业 1650 名顾客的实证研究，提出了一般服务消费环境下顾客服务公平性感知的三个维度，即结果公平性、过程公平性和交互公平性。以下详述之。

（1）结果公平性。早期的公平性研究主要关注结果公平性。结果公平性也称为分配公平性，指的是顾客对服务结果公平程度的一种主观判

断，即对企业为自己提供的服务结果是否公平的看法。Morten 和 Deutsch
（1985）认为结果公平性（分配公平性）主要指利益和代价的分配是否公
平。Oliver（1988）、Swan（1989）的实证研究表明，在服务管理领域内，
结果公平性是影响顾客与企业之间关系的一个重要因素。公正、平等和符
合需要，是国内外学者在实证研究中最常采用的三个指标。"公正"指顾
客在服务交往中的投入应该与其得到的利益相当；"平等"指每个顾客应
该得到相同标准的服务结果；"符合需要"指顾客在消费中获得的利益应
该满足他们的需要。Clemmer（1996）指出，顾客经常根据服务价格、服
务数量、服务正确性和服务卓越性，来评估服务的结果公平性；Leventhal
（1998）认为平等和符合需要是结果（分配）公平性的两个基本原则。根
据平等原则，交易的各方无论投入多寡，都应当得到相等的分配结果；符
合需要原则指各方都应按照自己的合法需要获得相应的回报。

　　（2）过程公平性。服务过程公平性也称程序公平性，是指顾客对获
得某一结果的服务过程的公平程度的评价。20 世纪 70 年代以来，学界开
始在司法、教育等多个领域，研究程序公平性及其相关影响。美国社会学
家 Thibant 和 Walker（1975）首先在司法环境中研究决策过程公平性如何
影响人们的感知和行为，他们最主要的观点是人们不仅关心决策结果的公
平性，而且非常关心决策程序的公平性。Leventhal（1998）认为公平的决
策程序应该符合以下六个原则：决策程序一致性、决策者没有偏见、决策
者在决策过程出错时能及时纠正、决策信息准确无误、决策者兼顾各方利
益、根据社会公认的道德准则进行决策。美国学者 Austin（1979）指出，
公平性不仅包括结果公平性，而且还包括获得这一结果的过程和方式的公
平性。Robert（1984）指出，人们通常相信公平的决策过程会带来公平的
结果。Clemmer（1996）指出，顾客经常从自己等待服务的时间、等待服
务的程序、企业满足顾客的特殊要求、服务效率、服务承诺、服务差错六
个方面，来评估服务的程序公平性。Seiders 和 Berry（1998）通过一致性、
信息准确性、可纠错性、符合道德、无偏袒五个要素，来计量服务的程序
公平性。

　　（3）交互公平性。交互公平性是指顾客对服务人员如何对待自己的
看法。在早期的公平性理论中，通常把过程和方式公平性都称作"程序公
平性"。Lovelock（1996）在《服务营销》一书中指出：虽然购买者主要
对最后的结果感兴趣，但在整个传递服务的过程中，服务人员对待顾客的

态度也会对顾客满意度产生重要影响。Bies 和 Joseph（1986）在研究人际互动方式与公平感的关系时，提出了互动公平概念，并将其定义为"在执行程序时所受到的人际对待"。人际互动公平强调诚实、尊重和公正，是人际交流中的重要公平性标准。人们既关心交换程序公平性，也关心他人在决策和交换过程中，对待自己的态度和行为的公平性（即交互公平性）。Cropanzano 和 Ambrose（2001）探讨了程序公平与交互公平之间的关系，并认为程序公平与交互公平虽然可以被看作是一个维度，但涉及了"制度"和"社会交往"两个方面。Bies（2001）的案例分析，证明了交互公平应该从程序公平中独立出来。

（4）信息公平性。信息公平性是指服务企业使用充分的信息，向顾客详细解释企业的服务过程和服务内容。Bies 等（1988）指出，充分的信息包括充分的原因和真诚的交流两个方面。在企业决策过程中，信息公平性发挥着对决策进行说明、传达的作用。虽然有学者认为信息公平性实质上是交互公平性中的一部分，但大部分学者认为信息公平是不同于其他三类公平的一个独立维度。Shapiro 等（1994）的研究表明，沟通者类型与解释的全面性之间并没有直接联系，前者指交互公平性，后者指信息公平性，即交互公平性与信息公平性间不存在显著关系。Greenberg 和 Cropanzano（1997）也认为信息公平性在作用上与交互公平性明显不同。Colquitt（2001）对公平性研究文献的元分析（meta – analytic）结果显示，服务公平性可分为结果公平、程序公平、交互公平和信息公平四个维度，并可用"公正无偏"、"详细"、"合理"、"及时"和"符合需要"五个要素来计量。Bies 和 Shapiro（2002）的现场实验研究表明，受到负面结果的员工如果获得了合理的解释，会比其他受到同样结果的员工更容易视决策过程为公平的。国内学者詹志方（2006）、张艳清和张秀娟（2007）、谢礼珊等（2007，2008）也均认同将服务公平性分为结果公平、程序公平、交互公平和信息公平四个维度的合理性。

（二）服务公平性理论研究现状

近年来，服务公平性在服务营销实践中的重要性，引起了学界的关注和重视。由于服务补救和顾客满意之间的重要关系，诸多中外学者分析了顾客对服务补救的感知和评价过程，并运用公平理论对不同服务环境下的服务公平性问题，进行了深入的理论和实证研究（参见表4.1）。

Thiban 和 Walker（1975），研究了程序公平性对顾客满意度的影响，并指出顾客对第三方决策程序公平性的评价，会显著影响其对决策结果的满意度。Mowen 和 Grove（1983）对轿车市场的研究发现，顾客感知公平对其满意度和未来行为购买意向均有显著影响。Greenberg（1990）认为，在决策结果不尽如人意的情况下，程序公平性能减轻顾客对结果的不满意程度。Sdeders 和 Berry（1998）指出，公平性是顾客信任企业的必要条件，感知不公平会破坏顾客对企业的信任，而公平性待遇则会对顾客信任产生积极影响。Tax 和 Brown（1998）的实证研究发现，顾客在评估服务补救时，首先会判断企业的补救行为是否公平，并进而影响其满意度。Ruyter 和 Wetzels（2000）对美发店、餐馆、百货店和银行四类服务企业的研究也发现，顾客感知的服务公平性会影响其对企业的信任度和满意度。

表 4.1　　　　　　　不同服务环境下服务公平性的主要研究内容

学者	研究内容
Huppertz 等（1978）	消费过程中的因素比如价格、服务、顾客等待时间等对于感知公平与顾客满意的影响
Mowen 和 Grove（1983）	顾客在轿车市场上的感知公平对于其满意和未来行为购买意向都具有显著的影响
Clemmer（1996）	顾客在正常服务环境中感知的服务结果公平性和程序公平性对顾客的行为意向有显著的直接影响
Thompson 和 Vivien（1999）	服务程序公平性对顾客的再购意向有显著的直接影响
温碧燕等（2002，2003，2004，2005）	服务公平性对顾客满意和顾客未来的行为意向有显著的影响，也对顾客信任感、顾客的忠诚感有直接或间接的影响
詹志方和甘碧群（2006）	旅行社服务公平感的各个维度对关系质量有显著影响
郭贤达等（2006）	顾客感知的服务公平性的三个维度均通过顾客满意度和顾客情感承诺对顾客拥护意向产生影响
毛明霞（2007）	顾客感知的结果公平性、程序公平性和交互公平性都对顾客推荐意愿有正向影响，其中交互公平性的影响最大
韩小芸等（2007，2008）	服务公平性的各维度对顾客感知的服务质量、满意感、信任感和顾客情感有直接或间接的影响
范秀成和杜建刚（2008）	服务公平性会通过服务质量、感知价值对顾客满意产生间接影响
伊亚敏（2009）	正常服务消费环境下顾客感知的三类公平均显著影响顾客感知价值和满意度

资料来源：笔者根据相关文献整理。

国内学者温碧燕等（2002，2003，2004，2005）对银行业、航空业、餐饮业和博物馆等服务业的实证研究，表明了服务公平性对顾客满意和顾客未来行为意向有显著的影响，同时对顾客信任度和顾客忠诚度也有直接或间接影响。郑秋莹和范秀成（2006）整合公平理论和期望理论，分析了不同服务失误背景下，顾客对服务补救的评价及相应的态度和行为意向。毛明霞（2007）对高档商务酒店的实证研究表明，顾客感知的结果公平、程序公平和交互公平均对顾客推荐意愿有显著正向影响。范秀成和杜建刚（2008）的研究发现，服务公平性会通过服务质量、感知价值对顾客满意产生间接影响。曹礼和（2008）对酒店业的研究表明，服务公平性对顾客感知价值和顾客满意度有直接正向影响。韩小芸等（2007，2008）的研究发现，服务公平性各维度对顾客感知的服务质量、满意度、信任度和顾客情感有直接或间接影响。伊亚敏（2009）的实证研究也发现，顾客感知的三类服务公平性均会显著影响顾客感知价值和满意度。赵占波等（2009）验证了服务补救质量对顾客感知价值、满意和信任的正向影响；其中大客户对服务补救过程中的"互动公平"最为重视，公众客户则更强调"结果公平"。金晓彤等（2009）对移动通信服务业的研究发现，感知公平的三个维度对顾客抱怨处理满意度均有直接的正向影响，并由此而影响顾客忠诚。

二　心理契约理论

（一）心理契约的内容和结构

心理契约是一种复杂的心理结构，具有主观性、个体性、动态性和社会性特征，且受个人、组织、经济、政治和文化因素影响。对心理契约的内容和结构，同时存在二维和三维两种划分方式。MacNeil（1985）认为契约关系包括交易型和关系型两种成分。Rousseau（1990）认为心理契约可分为交易型契约和关系型契约两类，前者以经济交换为基础，表现出具体的、基于物质利益的特征；后者以社会情感交换为基础，强调双方的相互尊重、忠诚和信任，它包含了一系列宽泛、主观和长期协议。Rousseau和Parks（1993）认为心理契约虽然存在较大的个体性和特异性，但总体可分为交易型和关系型心理契约两大类。Robinson等（1994）验证了心理契约中存在交易和关系两个共同因子，交易因子更多关注具体明确的、经济基础上的交互关系；关系因子更多关注广泛的、长期的、未来发展和社会情感等方面的交互关系。Robinson和Morrison（1997）、Tsui（1997）、Millward和Hopkins（1998）的研究，均验证了心理契约中交易因素和关系因素的存在。陈加洲等（2003）对中国企业员工与组织之间的心理契约研究，也发现了类似的两个因素，并将之命名为现实责任和发展责任。

Rousseau 和 Tijorimala（1996）的实证研究则显示心理契约由三个维度构成：交易维度、关系维度和团队成员维度。其中交易维度和关系维度与二维说中的概念类似；团队成员维度则是指员工与组织（团队）之间重视人际支持与关怀，强调良好的人际环境建设。Lee 和 Tinsley（1999）对中国香港和美国工作团队的研究，也表明心理契约由关系、交易和团队成员三个维度构成。李原（2002）认为中国企业员工的心理契约由规范型责任、人际型责任和发展型责任三个维度构成，规范型责任表现为企业给员工提供经济利益和物质条件，员工遵规守纪完成基本的工作要求；人际型责任表现为企业给员工提供人际环境和人文关怀，员工也为企业创造良好的人际环境；发展型责任表现为企业为员工提供更多的发展空间，员工则自愿在工作中付出更多努力。

（二）营销学领域的心理契约研究

心理契约理论也适用于企业与外部顾客间的交换关系（Roehling，1996）。Blancero 和 Ellram（1997）指出，心理契约不仅可以在组织内部的密切关系中发展，还可以扩展至组织外部的营销关系中。营销学领域的中外学者也已开展对心理契约理论的研究，特别是进入 21 世纪后，心理契约理论开始应用于顾客和供应商之间的关系研究，并提出了顾客心理契约概念（参见表 4.2）。但与组织行为学领域相比，营销学领域的心理契约研究总体上仍有待深入，相关研究文献数量也相对偏少。

（1）国外相关研究。Lusch 和 Brown（1996）较早在组织行为学之外的领域探讨心理契约，并强调了渠道成员是如何相互理解他们彼此间的义务。Roehling（1997）指出，心理契约概念既可以描述组织内部雇员的工作关系，也可以用来一般化地描述个人之间、个人与组织之间及组织之间的交换关系，如顾客与供应商、房东与租户、咨询员与客户、夫妻、师生等。Blancero 和 Ellram（1997）将心理契约用于战略伙伴关系研究，他们认为心理契约是双方对互惠的感知，是一个可以用来考察战略供应商伙伴关系的理论框架，其中互惠性是心理契约的关键要素之一。如在"顾客—供应商"关系中，供应商努力工作满足顾客的服务期望和要求，然后期望能从这些顾客中得到持续的业务。Anderson 和 Narus（1990）、Morgan 和 Hunt（1994）指出，战略供应商伙伴关系就是建立在相互期望、相互受益和持续关系期望基础上的互惠关系。这其实就蕴含着心理契约，只不过没有使用心理契约概念而已。Cardy 等（2000）认为，企业（雇员）会与顾客之间发展重要的心理契约。Llewellyn（2001）指出，心理契约是交易伙伴对他们关系的条款、条件的一种没有言明的协议。Eddleston 等（2002）指出，服务人员与顾客之间，存在着从非连续的交易契约到长期的关系契约。在服务接触中，服务人员与顾客之间形成交易契约，顾客期望获得服务人员达到一定水平的绩效和表现，如礼貌和友好的服务、努力和高效的工作等。

表 4.2　　　　　　　　　　　营销学领域的心理契约研究

学者	研究内容
Anderson 和 Narus（1990）	战略供应商伙伴是建立在相互期望、相互利益和持续关系期望基础上的互惠关系
Roehling（1997）	心理契约可以一般化地用来描述许多关系，如顾客与供应商之间、房东和租户之间、夫妻之间、师生之间等
Blancero 和 Ellram（1997）	心理契约也能够投射到其他关系中，包括买方与供应商之间的关系，是一个可以用来考察战略供应商伙伴的理论框架
Cardy 等（2000）	企业（雇员）会与顾客之间发展重要的心理契约
Llewellyn（2001）	从内部服务角度，考察了服务传递是如何受到内部顾客与供应商的心理契约的支撑的
Eddleston 等（2002）	顾客接触人员也面临着与顾客的许多心理契约，存在着从非连续的交易契约到长期的关系契约
龙玉祥（2005）	品牌是企业与顾客之间的一种心理契约，品牌塑造的过程就是企业与顾客心理契约的构建过程
罗海成等（2005，2006）	验证了心理契约在营销情境中的存在，界定了心理契约的概念内涵，开发了相应的测量量表，并建立了心理契约与顾客信任、顾客忠诚等之间的关系模型
王静一（2007）	界定了顾客心理契约的概念，提出了从内生和外生变量的识别上去判断顾客期望是否属于心理契约
翟森竞等（2008）	在显性契约、关系契约的基础上，引入了心理契约维度，指明了心理契约与渠道关系中的感知不公平存在相关性
范钧和杨丽钗（2009）	顾客心理契约的形成是一个随服务消费情境变化的动态过程，包括心理契约建立初期、中期和后期三个阶段，其形成受广告、口碑、服务质量、服务公平性和售后服务等因素的影响

资料来源：笔者根据相关文献整理。

（2）国内相关研究。龙玉祥（2005）指出，品牌是企业与顾客之间的一种心理契约，品牌塑造的过程就是企业与顾客心理契约的构建过程。

罗海成等（2005，2006）验证了心理契约在营销情境中的存在，心理契约可以理解为"顾客对企业许诺的义务或责任的感知或信念"，并构建了心理契约与顾客信任、顾客承诺、顾客忠诚之间的关系模型。王静一（2007）界定了顾客心理契约的概念，提出了从内生和外生变量的识别上去判断顾客期望是否属于心理契约。邱溆（2008）将组织行为学中的心理契约概念应用到营销学领域，认为心理契约是建立在企业承诺基础上的顾客期望，企业对消费者做出履行承诺的过程构成了心理契约的建立、维护和调整过程，企业可通过对这一过程的管理来赢得顾客满意和忠诚。翟森竞等（2008）重点探讨了渠道关系中的感知不公平，并在显性契约、关系契约基础上引入了心理契约维度，指出了心理契约与感知不公平间的相关性。范钧和杨丽钗（2009）将心理契约拓展至服务企业与顾客之间的关系上，认为顾客心理契约的形成是一个随服务消费情境变化的动态过程，包括心理契约建立初期、中期和后期三个阶段，其形成受广告、口碑、服务质量、服务公平性和售后服务等因素的影响。

三　服务公平性、心理契约和顾客公民行为

（一）服务公平性和心理契约

心理契约同时涉及雇主许诺的关系义务和雇员方的感知，它将雇佣双方紧紧黏在一起，是员工与组织之间一种隐含的、未公开说明的期望（Guzzo 和 Noonan，1994）。社会交换与公平性是心理契约的基础，因为社会交换意识与公平感知支配着员工心理契约的形成与发展（张媚迪和李富田，2009）。对顾客心理契约而言，一种能够形成双方持续交换关系建立的前提，就是顾客与企业之间的交换必须是互惠而公平的。顾客和企业作为营销活动中的交换双方，均追求一种投入与产出比的平等，即互惠互利、达到公平，使双方都拥有相对平衡的心理状态。当存在不公平交换现象时，如企业为谋取利益而从事非公平交易，利用信息不对称欺诈顾客等，顾客的不公平感将使交换无法继续。Rousseau（1995）指出，心理契约强调的是双方之间的"关系"。顾客对服务过程、服务结果和服务人员态度和行为的公平性感知，会影响他们的心理契约。在服务消费过程中，顾客期望得到服务企业和服务人员的公平对待。如果企业的服务程序是合理的，服务人员是尊重他们的，顾客就会认为服务符合自己的期望，进而会产生与服务企业之间的心理契约，形成长期交易关系。公平是心理契约

形成的关键变量，顾客感知到服务企业对其回报的公平性，会影响其心理和行为（Flood 等，2001）。

此外，服务公平性各维度还会对顾客信任、顾客满意、关系质量等产生积极影响，并由此而强化顾客心理契约。Goodwin 和 Ross（1989）的研究发现，服务人员诚信待客、礼貌待客、为顾客着想、关心顾客利益（交互公平）等行为，都能够提高顾客满意度。Seider 和 Berry（1998）的实证研究表明，服务人员对顾客的有效沟通和耐心服务（交互公平）会提高顾客满意度。詹志方和甘碧群（2006）对旅行社的实证研究发现，服务公平感各维度对关系质量有显著影响。郭贤达等（2006）对电信业的实证研究发现，顾客感知的服务公平性三个维度（结果公平性、程序公平性和交互公平性）均会通过顾客满意和顾客情感承诺，而对顾客拥护意向产生影响。

（二）心理契约和顾客公民行为

在组织行为学中，心理契约和组织公民行为的关系研究已较为深入。Turnley（2003）、罗秋明（2009）的研究发现，心理契约是影响组织公民行为的重要变量，心理契约的履行程度对组织公民行为有积极的预测作用，且员工对组织没有履行义务的归因（故意或无意）也会影响员工工作表现。在营销学领域，心理契约和顾客公民行为关系的针对性研究并不多见。Berry 和 Parasuraman（1991）、Arnould 和 Price（1993）证实了与企业保持良好关系的顾客，不但会继续购买企业的产品和服务，而且会主动发布有利于企业的口碑宣传并为企业介绍新顾客。从社会交换理论来看，顾客公民行为是顾客受益于企业后，基于回报责任感而表现出的一种回报方式。顾客对其与企业社会交换关系的认知，会影响诸如口碑、建议等形式的顾客公民行为。顾客公民行为的自发性和灵活性，决定了它是超越书面和正式契约规定的，并由此体现了其形成基础与心理契约的一致性。从动机理论来看，顾客公民行为的形成主要受利己动机和利他动机影响（范钧和孔静伟，2009）。顾客公民行为的主要动机，源自于心理契约所包含的顾客对未来回报（即未来服务人员可能履行的责任）的预期，正是这种预期对顾客公民行为产生了激励作用。

此外，心理契约体现了顾客对服务企业的积极情感，它与顾客满意、顾客忠诚（关系质量）有着密切的关系，并由此而影响顾客公民行为。心理契约与顾客忠诚均包含有认知和情感因素，心理契约意味着企业向顾客许诺了明确的利益或功能之外的效用，如人际友谊、情感交流等社会和情感价值（郭慧和钟胜，2009）。顾客得到了与企业未来交换的心理保证，也有助于其与企业建立起一种社会和情感的纽带，这种纽带无疑会有助于激发顾客公民行为。

（三）服务公平性和顾客公民行为

服务公平性和顾客行为之间存在着密切的联系。Maxham 和 Nemmcy（1997）的实证研究显示，补救性服务公平对顾客的口头宣传和再购买意向，存在显著的直接和间接正向影响。Berry（2005）在 On Great Service 一书中指出，那些诚实公正的企业会给顾客留下深刻印象，他们很可能会再次光临，并积极向亲友推荐。Groth（2005）指出，服务企业对待顾客的公平程度会影响顾客公民行为。Bove（2008）对理发店、药店、医院三类服务企业的实证研究显示，服务人员的投入和友善程度（与交互公平有关），对顾客公民行为有显著的直接或间接正向影响。Yi 和 Gong（2008）的研究结果显示，顾客感知的结果公平性、程序公平性和交互公平性，会通过顾客情感而对顾客公民行为产生间接影响。金立印（2005）对教育培训业的实证研究表明，顾客感知的结果、程序和交互公平性，均对顾客公民行为有直接或间接的正向影响。谢礼珊等（2007）对网络服务业的实证研究显示，顾客感知的结果、程序、交互和信息公平性，均会通过顾客满意而间接影响顾客公民行为，其中信息公平性对顾客公民行为还有直接影响。

（四）网络购物情境下的相关研究

在网络购物情境下，顾客通过远程交易方式购买产品或服务时，往往很难控制交易过程和交易结果，其购买风险高于实体性交易，公平性问题也因此而尤为突出。Mary 和 Bies（2003）研究了网络企业服务公平性对顾客隐私风险感知的影响；Oliver 和 Shor（2003）探讨了顾客对网络企业定价公平性的看法，而价格公平是结果公平的重要内容。Holloway（2005）验证了网络企业服务补救中，结果公平性对顾客满意、口碑传播可能性和再购意向的影响。申文果（2008）对旅行社网站的实证研究表明，在 B2C 电子商务环境中，服务公平性仍然是影响顾客满意的重要因素，且顾客对服务程序公平性的关注度高于结果公平性。Gove 和 DeMatteo（2000）、Eddleston 和 Kidder（2002）均认为，电子商务企业（雇员）也能够与网络消费者之间发展心理契约。能否与顾客建立、保持良好的心理契约，是决定网络企业能否成功的关键因素之一。很多在实体性交易中由企业提供的服务，在网络购物情境下需要顾客自己完成。互联网的特性决定了企业需要与顾客开展更多的互动，让顾客参与到整个服务传递过程中来，且顾客的意见与建议（顾客公民行为）还会对其他顾客的购买行为产生重要影响（Groth，2005）。

第二节　服务公平性和顾客公民行为的实证分析

一　模型构建和假设提出

（一）网络购物中的顾客公民行为

20 世纪 90 年代以来，随着互联网和信息技术的快速发展，各种购物网站不断涌现，越来越多的顾客开始习惯网络购物这一新型购物方式。特别是进入 21 世纪以后，随着电子商务技术的不断成熟优化和网民数量的急剧膨胀，网络购物在我国得到了爆发性增长，已进入了人们的日常生活。任何现实中存在的商品和服务，都有可能被陈列在"网络货架"上，供消费者选择。通过互联网，消费者可以购买到各种各样的产品和服务，现实中的各种购物行为已被迅速地移植到了网络上，并成为每时每刻都在进行的日常消费行为。且随着社会生活节奏加快，网络服务的便利性将使网络购物获得更大的发展空间。Kuttner（1998）指出，互联网正日益接近一个完美的市场。但与此同时，企业间的竞争也从传统市场上转移到了互联网，网络信息的即时性又使买方能够充分地比较商品价格，从而导致了更为激烈的竞争和脆弱的顾客忠诚（Stepanek，1999）。总体来看，目前我国主要 B2C 网站的顾客渗透率和忠诚度偏低。如何通过强化网络服务和客户关系来提升市场竞争力，已成为我国大多数购物网站面临的共同问题。

目前，网络购物情境下的顾客消费行为和顾客服务，已成为网络营销和服务管理领域的重要研究课题。其中网上服务传递过程中的顾客与服务员工的关系问题，也已开始引起学者关注（Hoffma 和 Novak，1996）。但如何正确界定顾客和购物网站在网上服务提供过程的前期、中期和后期所扮演的具体角色，还有很大的研究空间（Groth，2005）。在网络购物中，顾客公民行为能为购物网站带来巨大的经济效益和社会效益。充分激发顾客的公民行为，是购物网站在激烈的市场竞争中脱颖而出的重要途径。首先，顾客愿意向他人推荐该购物网站、主动为购物网站做有利的口碑宣传，有助于提高网站的知名度和美誉度，并降低营销成本、促进新市场开拓；其次，顾客公民行为有助于购物网站获得更多有价值的反馈信息，提高服务质量和运营效率；最后，顾客公民行为还能为其他顾客提供有效的购物参考意见。因此，本节从服务公平性和心理契约出发，重点分析 B2C 购物网站顾客公民行为的影响因素，以进一步深化网络购物情境下的顾客公民行为研究；并探索发现购物网站激发顾客公民行为的有效途径，为我国 B2C 购物网络如何进一步提升市场竞争力和盈利能力，提供一定的参考与借鉴。

（二）概念界定

（1）服务公平性的概念界定和维度划分。结合已有研究，本书将顾客感知的服务公平性定义为：顾客对购物网站提供的服务是否公平的感知。关于服务公平性的维度划分，谢礼珊等（2007）认为在网络服务环境中，顾客虽然不与服务人员面对面接触，但可以通过在线答疑、即时通信工具等方式与服务人员进行交流，因而不能忽略交互公平性。此外，在网络购物过程中，顾客对信息的搜集、整合和比较，是网络消费决策的一个重要步骤。与此同时，网络的虚拟性使顾客不能实际触摸到商品，并由此加大顾客在网络交易中的感知风险。因此，在网络购物情境下，为顾客提供充分的信息和详尽的解释以降低其感知风险，是购物网站的重要服务功能，即信息公平性也是服务公平性的重要维度。据此，本书沿用 Colquitt（2001）、Bies 和 Shapiro（2002）、谢礼珊等（2007，2008）、申文果（2008）等学者的观点，将网络购物情境下的服务公平性分为结果公平、过程公平、交互公平和信息公平四个维度。

（2）心理契约的概念界定和维度划分。本书主要参考罗海成（2005）的观点，将心理契约界定为：顾客对企业许诺的义务或责任的感知或信念。它和组织行为学中的心理契约一样，也存在交易型心理契约和关系型心理契约两个维度。在网络购物情境下，从顾客个体角度来理解，心理契约主要体现在顾客对购物网站承诺的理解，是顾客对购物网站履行其承诺的一种主观期望。交易型心理契约意味着购物网站向顾客许诺了较为明确的利益，当顾客感知到这些契约能够得到成功履行时，根据社会交换理论，他们将会做出相应的回报。即顾客对与该购物网站维持未来交易关系形成心理上的认可，再加上时间、精力等转换成本因素，进而与购物网站形成持续性承诺关系，甚至是忠诚关系。关系型心理契约意味着购物网站向顾客许诺了功能性效用之外的效用，当顾客在交易过程中获得了购物网站的尊重、友谊和关心，感知到这些心理契约能够实现时，就会愿意与企业建立起一种社会、情感性纽带和情感性承诺。

（3）顾客公民行为的维度。如前所述，本书将顾客公民行为定义为：顾客购买或消费行为之外的，非服务生产或传递本身所要求的，且是顾客自发的，对组织、员工或其他顾客均有利的行为。对于顾客公民行为的维度划分，Mertens 和 Murphy（2004）、Groth（2005）、彭家敏和肖悦（2009）均采用三维度划分法。Groth（2005）还指出，由于网络服务需要更多的顾客参与，顾客在网络服务传递过程中能发挥积极作用，并能比传统实体性服务体现出更多的顾客公民行为。谢礼珊等（2007）对旅游网站的实证研究，也验证了顾客公民行为包括推荐、助人和反馈三个维度。据此，本书主要采用 Groth（2005）划分方法，将网络购物情境下的顾客公民行为划分为以下三个维度：主动向企业提供反馈信息、帮助其他顾客、向朋友或家人推荐企业。

（三）假设提出

（1）服务公平性与心理契约的关系假设。Oliver 和 Swan（1989）指出，公平性感知是交易满意中的重要成分。McFarlin 和 Sweeney（1992）的实证研究，验证了顾客公平性感知对心理承诺的正向影响。Clemmer（1993）认为，在将顾客视作通过参与服务生产来共同创造服务经历的"企业部分员工"的前提下，顾客对服务公平性的感知会强化其对企业的心理承诺。Flood 等（2001）指出，公平是影响顾客心理契约形成的关键变量，顾客感知到的服务企业对其回报公平性，将会影响他们对企业的心理契约。当顾客受到了某服务企业的公平对待时，就会对该企业产生较高的介入度和心理承诺（Kacmar 等，1999）。Bowen 等（1999）认为服务组织通过有效管理顾客公平性感知，可以促进顾客对该组织的介入度，进而使顾客形成心理承诺。翟森竞等（2008）对渠道关系的研究，指出了心理契约与感知不公平之间存在相关性。范钧和杨丽钗（2009）认为在服务消费情境中，顾客心理契约的形成是一个动态过程，顾客对服务过程、服务结果和服务人员的态度和行为公平性的感知，将会影响他们对服务企业的心理契约。基于上述理论分析，提出以下研究假设：

H1：服务公平性对心理契约存在正向影响。

H1a：结果公平对交易型心理契约存在正向影响。

H1b：过程公平对交易型心理契约存在正向影响。

H1c：交互公平对交易型心理契约存在正向影响。

H1d：信息公平对交易型心理契约存在正向影响。

H1e：结果公平对关系型心理契约存在正向影响。

H1f：过程公平对关系型心理契约存在正向影响。

H1g：交互公平对关系型心理契约存在正向影响。

H1h：信息公平对关系型心理契约存在正向影响。

（2）心理契约与顾客公民行为的关系假设。Berry 和 Parasuraman（1991）、Arnould 和 Price（1993）等学者的研究发现，与企业保持良好关系的顾客不但会继续购买企业的产品和服务，还会主动为企业做有利的口碑宣传、介绍新顾客，从而使企业获得长期经济利益。Fomell（1992）、Gustafsson 和 Jollllson（2002）也认为，因顾客满意而形成的交易型和关系型心理契约，会激发顾客的向他人推荐等公民行为。张静抒（2006）对承诺营销的研究发现，承诺、信任与心理契约的变化会改变顾客的消费行为。焦燕莉和赵涛（2008）的研究表明，有过多次愉悦情感体验的顾客，会与企业建立起关系型心理契约，从而使顾客产生自发的，对组织、员工或其他顾客均有利的行为。范钧和孔静伟（2009）用社会交换理论和动机理论，分析了心理契约对顾客公民行为的影响。在网络购物情境下，一旦顾客形成了对购物网站承担义务或责任的感知或信念，就会激发其实施网络购买或消费行为之外的，对购物网站有利的公民行为。基于上述理论分析，提出以下研究假设：

H2：心理契约对顾客公民行为存在正向影响。

H2a：交易型心理契约对推荐存在正向影响。

H2b：交易型心理契约对助人存在正向影响。

H2c：交易型心理契约对反馈存在正向影响。

H2d：关系型心理契约对推荐存在正向影响。

H2e：关系型心理契约对助人存在正向影响。

H2f：关系型心理契约对反馈存在正向影响。

（3）服务公平性、心理契约与顾客公民行为的关系假设。Yi 和 Gong（2006）指出，感知服务公平性会使顾客形成积极的情感和承诺，从而对顾客公民行为产生直接或间接影响。Yi 和 Gong（2008）的研究指出，顾客感知的结果公平性、程序公平性和交互公平性，通过顾客情感对顾客公民行为产生间接影响。金立印（2005）对教育培训业的实证研究表明，顾客感知的结果公平性、程序公平性和交互公平性，均对顾客公民行为产生间接或直接的影响。洪崇荣（2005）的研究发现，对服务组织的信任和承诺是影响顾客公民行为的中介变量。谢礼珊（2007，2008）的研究表明，顾客感知的结果公平性、程序公平性、交互公平性和信息公平性，均通过顾客满意感间接影响顾客公民行为。在网络购物情境下，一方面，顾客感知的服务公平性各维度会对顾客公民行为产生直接影响；另一方面，服务公平性还通过影响心理契约等变量，而对顾客公民行为产生间接影响。基于上述理论分析，提出以下研究假设：

H3：服务公平性对顾客公民行为存在正向影响。

H4：心理契约在服务公平性对顾客公民行为的影响关系中起中介作用。

（四）模型构建

在已有相关研究基础上，本书以 B2C 购物网站顾客为实证分析对象，探讨服务公平性各维度与顾客公民行为之间的作用关系，及顾客心理契约在二者之间的中介作用，通过理论分析提出了相关研究假设，并形成了本研究的概念模型（参见图 4.1）。

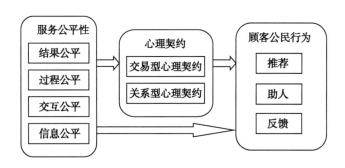

图 4.1 本书的概念模型

二 研究设计和数据获取

（一）变量测量

本书主要涉及服务公平性、心理契约、顾客公民行为三个变量及相应的维度。量表设计主要参考已有相关研究，并结合本书研究目标和研究对象，均采用李克特 5 点量表来测量尺度。

（1）服务公平性的测量。服务公平性包括四个维度：结果公平、过程公平、交互公平和信息公平。结果公平即顾客对服务结果的公平程度的一种主观判断，对企业为自己提供的服务结果是否公平的看法，从超出预期、同等对待、合理收费、满足需要、应该得到的服务五个方面来测量；过程公平即顾客对获得某一结果的服务过程的公平程度的评价，从制度流程合理高效、等待时间合理、灵活服务和及时纠错四个方面来测量；交互公平即顾客对服务人员如何对待自己的看法，从礼貌、尊重、具有专业知识、热心服务、诚实待客五个方面来测量；信息公平即服务性企业使用充分的信息，向顾客详细解释企业的服务过程和服务内容，从应获信息、信息准确、愿意分享信息、沟通和提供解释说明五个方面来测量（参见表4.3）。

表 4.3　　　　　　　　　　　服务公平性测量指标来源

变量	指标	测量指标来源
结果公平	A11—A15	Morten 和 Deutsch（1985）、Oliver（1988）、Swan（1989）、Clemmer 和 Schneider（1996）、Leventhal（1998）
过程公平	A21—A24	Thibant 和 Walker（1975）、Austin（1979）、Folger（1984）、Clemmer（1996）、Leventhal（1998）、Berry（1998）
交互公平	A31—A35	Bies 和 Moag（1986）、Cropanzano 和 Ambrose（2001）、Bobocel 和 Holmvall（2001）、Clemmer（1996）
信息公平	A41—A45	Greenberg（1983）、Bies 和 Shapiro（1987）、Shapiro 等（1994）、Greenberg 和 Cropanzano（1997）、Colquitt（2001）

资料来源：笔者根据相关文献整理。

（2）心理契约的测量。网络购物情境下的心理契约包含了两个维度：交易型心理契约和关系型心理契约。交易型心理契约即以经济交换为基础的契约关系，表现出具体的、基于物质利益的特征，从服务设施、价格优惠或免费服务、提供快捷服务、不强制购买不合适产品（服务）、熟悉购买记录和解释疑问六个方面来测量；关系型心理契约即以社会情感交换为基础的契约关系。关系型契约强调顾客对服务性企业的忠诚、信任，包含了一系列宽泛、主观和长期协议，从承担事故责任、优质服务、尊重、长期保证、关心个人生活和重视友谊关系六个方面来测量（参见表4.4）。

表4.4　　　　　　　　　　　心理契约测量指标来源

变量	指标	测量指标来源
交易型心理契约	B11—B16	Rousseau（1990）、罗海成（2005，2006）
关系型心理契约	B21—B26	

资料来源：笔者根据相关文献整理。

（3）顾客公民行为的测量。顾客公民行为包含三个维度：推荐、助人与反馈。推荐即向朋友或家人推荐企业，从向家人推荐、向同学/同事推荐、通过购物网站推荐、向有兴趣的人推荐四个方面来测量；助人即帮助其他顾客，从向他人介绍、愿意给他人当参谋、愿意告诉他人应注意的问题三个方面来测量；反馈即主动向企业提供反馈信息，从愿意填写顾客意见表、回访时诚恳提供信息、愿主动提意见和反映好的客服人员四个方面来测量（参见表4.5）。

表4.5　　　　　　　　　　　顾客公民行为测量指标来源

变量	指标	测量指标来源
推荐	C11—C14	Groth（2005）
助人	C21—C23	
反馈	C31—C34	

资料来源：笔者根据相关文献整理。

（二）问卷设计

为使调查问卷服务于研究目标，并保证问卷内容的科学性和有效性，调查问卷经过了较为严谨的设计过程。初始问卷设计完成后，根据小样本预调查数据，对问卷进行信度与效度检验，剔除未能通过统计要求的问项；同时根据预调查所获的反馈意见，对问卷结构和问题设计做进一步的修改和完善，形成本书的正式调查问卷。本书所使用调查问卷主要可分为四个部分。第一部分为被调查者的基本个人信息；第二部分为顾客感知购物网站服务公平性的测量；第三部分为顾客心理契约的测量；第四部分为顾客公民行为的测量。问卷调查的具体内容可参见本章附录4.1。

（三）数据获取

本书采用问卷调查法获取研究数据，调查对象为在京东商城、当当网、卓越网、携程旅游等B2C网站上有过购物经历的样本顾客。具体调查方式包括现场调查和网络电子问卷调查两种。实际发放问卷共回收 330 份，剔除无效问卷 18 份，有效问卷 312 份。样本的年龄、学历和收入等分布情况如表 4.6 所示。偏度和峰度分析结果显示，各变量的偏度和峰度绝对值在 2.0 以内，说明研究数据符合正态分布的要求，可以对数据进行后续分析。

表 4.6　　　　　　　　　　　调查样本基本情况描述

描述项	选项	频数（人）	占比（%）
性别	男	139	44.6
	女	173	55.4
年龄	20 岁及以下	63	20.2
	21—30 岁	215	68.9
	31—45 岁	24	7.7
	46 岁及以上	10	3.2
文化程度	高中及以下	10	3.2
	大专	23	7.4
	本科	207	66.3
	硕士及以上	72	23.1
可支配月收入	1000 元及以下	114	36.5
	1000—1999 元	113	36.2
	2000—3999 元	59	18.9
	4000—5999 元	24	7.8
	6000 元及以上	2	0.6

三　统计分析和假设检验

（一）信度分析

根据大样本问卷调查所获的研究数据，对量表进行信度检验。采用 Cronbach's α 系数进行内部一致性检验，结果显示，服务公平性的 α 系数值为 0.959，心理契约的 α 系数值为 0.949，顾客公民行为的 α 系数值为 0.933，总体的 α 系数值为 0.972，均大于 0.7 的参考值（参见表 4.7）。各变量及维度测量量表的信度检验结果显示（参见表 4.8），各变量总的信度均大于 0.8，每个测量问项的 CITC 均大于 0.6，总体上信度系数基本符合0.7的要求，表明本书使用的测量量表具有较好的内部一致性和较高的信度，量表是基本可靠的。

表4.7　　　　　　　　各变量的 Cronbach's α 系数

测量变量	测量项数	Cronbach's α
服务公平性	19	0.959
心理契约	12	0.949
顾客公民行为	11	0.933
总体变量	42	0.972

表4.8　　　　　　　　各变量的 CITC 和信度分析

变量	维度	问项	总体 α 系数	CITC	删除本项后的 α 系数
服务公平性	结果公平	A11	0.926	0.749	0.920
		A12		0.775	0.915
		A13		0.839	0.902
		A14		0.844	0.901
		A15		0.823	0.906
	过程公平	A21	0.903	0.744	0.893
		A22		0.813	0.863
		A23		0.787	0.873
		A24		0.806	0.870
	交互公平	A31	0.938	0.834	0.924
		A32		0.856	0.919
		A33		0.787	0.932
		A34		0.843	0.922
		A35		0.848	0.921
	信息公平	A41	0.915	0.851	0.883
		A42		0.733	0.906
		A43		0.803	0.892
		A44		0.717	0.910
		A45		0.816	0.889

续表

变量	维度	问项	总体 α 系数	CITC	删除本项后的 α 系数
心理契约	交易型心理契约	B11	0.922	0.727	0.915
		B12		0.833	0.900
		B13		0.789	0.906
		B14		0.763	0.910
		B15		0.755	0.911
		B16		0.805	0.905
	关系型心理契约	B21	0.909	0.671	0.903
		B22		0.729	0.895
		B23		0.761	0.890
		B24		0.778	0.888
		B25		0.773	0.889
		B26		0.770	0.889
顾客公民行为	推荐	C11	0.881	0.757	0.841
		C12		0.818	0.818
		C13		0.737	0.849
		C14		0.661	0.878
	助人	C21	0.866	0.733	0.821
		C22		0.763	0.794
		C23		0.736	0.818
	反馈	C31	0.877	0.746	0.838
		C32		0.769	0.829
		C33		0.790	0.821
		C34		0.654	0.881

(二) 效度分析

采用探索性因子分析 (EFA), 来检验测量量表的效度。提取因子前, 先对变量服务公平性、心理契约和顾客公民行为各维度, 进行 KMO 样本充分性测度和巴特利特球体检验。结果显示, 各变量的 KMO 值均大于0.9, 说明各变量间的相关程度较高, 适合做因子分析; 巴特利特球体检验中 χ^2 统计值的显著性概率均为 0.000, 小于 0.01, 球体假设被拒绝, 同样说明各变量间具有一定的相关性, 适合进行因子分析。采用主成分分析法和正交旋转方法，以 0.5 为删除的临界值，对各变量进行探索性因子分析。结果显示（参见表 4.9、表 4.10、表 4.11），所有因子载荷均高于 0.5，且所有同个变量下的测量条款均分布在同一个因子上，表明服务公平性、心理契约和顾客公民行为各个维度的测量问项具有较好的效度，没有需要删除的测量问项。

表 4.9　　　　　　　　　　　服务公平性的因子载荷分析

维度	问项	因子			
		1	2	3	4
结果公平	A11	0.786			
	A12	0.772			
	A13	0.751			
	A14	0.775			
	A15	0.727			
过程公平	A21				0.813
	A22				0.820
	A23				0.770
	A24				0.807
交互公平	A31			0.716	
	A32			0.773	
	A33			0.676	
	A34			0.732	
	A35			0.708	
信息公平	A41		0.762		
	A42		0.651		
	A43		0.770		
	A44		0.824		
	A45		0.715		

表 4.10　　　　　　　　　　　心理契约的因子载荷分析

维度	问项	因子	
		1	2
交易型心理契约	B11		0.769
	B12		0.765
	B13		0.715
	B14		0.822
	B15		0.674
	B16		0.727

续表

维度	问项	因子	
		1	2
关系型 心理契约	B21	0.636	
	B22	0.770	
	B23	0.700	
	B24	0.819	
	B25	0.710	
	B26	0.756	

表 4.11　　　　　　　　顾客公民行为的因子载荷分析

维度	问项	因子		
		1	2	3
推荐	C11	0.866		
	C12	0.847		
	C13	0.744		
	C14	0.643		
助人	C21			0.697
	C22			0.767
	C23			0.764
反馈	C31		0.798	
	C32		0.707	
	C33		0.803	
	C34		0.641	

（三）相关分析

对服务公平性、心理契约和顾客公民行为各维度的相关分析结果显示
（参见表 4.12、表 4.13），服务公平性四维度与顾客公民行为三维度呈中
等程度的相关关系，相关系数在 0.5 左右，其中交互公平与推荐的相关系
数相对最低（0.386）。心理契约两维度与顾客公民行为三维度的相关性
也呈中等水平，其中交易型心理契约与反馈的相关系数最高（0.529）；
交易型心理契约与助人的相关系数最低（0.384）。服务公平性四维度与
心理契约两维度的相关系数大多在 0.5 以上，其中信息公平与交易型心理

契约的相关性最高（0.735）；其次为信息公平与关系型心理契约（0.727）；过程公平与关系型心理契约的相关系数最低（0.453）。

表4.12　　服务公平性、心理契约与顾客公民行为各维度的相关分析

变量	维度	顾客公民行为		
		推荐	助人	反馈
服务公平性	结果公平	0.488 **	0.505 **	0.554 **
	过程公平	0.531 **	0.466 **	0.542 **
	交互公平	0.386 **	0.460 **	0.471 **
	信息公平	0.413 **	0.445 **	0.497 **
心理契约	交易型心理契约	0.469 **	0.384 **	0.529 **
	关系型心理契约	0.425 **	0.471 **	0.459 **

注：** 表示显著性水平 $p < 0.01$（双尾检测）。

表4.13　　　　服务公平性与心理契约各维度的相关分析

变量	维度	心理契约	
		交易型心理契约	关系型心理契约
服务公平性	结果公平	0.672 **	0.713 **
	过程公平	0.510 **	0.453 **
	交互公平	0.559 **	0.653 **
	信息公平	0.735 **	0.727 **

注：** 表示显著性水平 $p < 0.01$（双尾检测）。

（四）回归分析

（1）服务公平性与心理契约的回归分析。以服务公平性为自变量，心理契约为因变量，得到回归模型1（参见表4.14）。服务公平性对心理契约有非常高的影响程度，回归系数为0.768，并且在 $p < 0.01$ 水平上显著。回归模型1的判定系数 R^2 为0.590，表示该回归模型的拟合优度为59%。

表4.14　　　　　　服务公平性与心理契约的回归分析

	标准化回归系数	t	Sig.	F	Sig.	R^2
服务公平性	0.768	21.120	0.000	446.071	0.000	0.590
因变量：心理契约						

构建回归模型2和回归模型3（参见表4.15），验证服务公平性四维度对心理契约两维度的具体影响作用。在服务公平性的四个维度中，过程公平

对交易型心理契约的回归系数为 -0.005，表明是负影响，但其显著性水平为 0.916，在 p < 0.10 水平上不显著，假设 H1b 不成立。交互公平对交易型心理契约的回归系数为 0.110，但其显著性水平为 0.061 > 0.05，假设 H1c 不成立。服务公平性的结果公平和信息公平维度对交易型心理契约有显著正向影响，回归系数分别为 0.266 和 0.461。在服务公平性对关系型心理契约的回归分析中，服务公平性的结果公平、交互公平和信息公平维度对关系型心理契约有显著正向影响，回归系数分别为 0.165、0.155 和 0.536；过程公平对关系型心理契约不存在显著影响，假设 H1f 不成立。此外，回归模型 2 和回归模型 3 的 VIF 值均大于 1 且小于 10；容忍度为 0—1；DW 值分别为 1.935 和 1.707，接近于 2，均符合回归分析的前提要求。

表 4.15   服务公平性各维度与心理契约各维度回归分析

	标准化回归系数	t	Sig.	VIF	Tolerance	DW
因变量：交易型心理契约						
结果公平	0.266	5.096	0.000	2.342	0.427	
过程公平	-0.005	-0.105	0.916	1.797	0.556	1.935
交互公平	0.110	1.879	0.061	3.421	0.292	
信息公平	0.461	8.274	0.000	2.657	0.376	
因变量：关系型心理契约						
结果公平	0.165	2.607	0.010	2.342	0.427	
过程公平	0.001	0.020	0.984	1.797	0.556	1.707
交互公平	0.155	2.190	0.029	3.421	0.292	
信息公平	0.536	8.612	0.000	2.657	0.376	

（2）心理契约与顾客公民行为的回归分析。以心理契约为自变量，顾客公民行为为因变量，构建回归模型 4（参见表 4.16）。心理契约对顾客公民行为有较强的正向影响，回归系数为 0.532，且在 p < 0.01 水平上显著。回归模型 4 的拟合优度为 28.4%。

表 4.16   心理契约与顾客公民行为回归分析

	标准化回归系数	t	Sig.	F	Sig.	R^2
心理契约	0.532	11.077	0.000	122.693	0.000	0.284
因变量：顾客公民行为						

构建回归模型5、回归模型6和回归模型7，验证心理契约两个维度对顾客公民行为的推荐、助人和反馈维度的影响（参见表4.17）。交易型心理契约对顾客公民行为的推荐和反馈均有正向影响，回归系数分别为0.370和0.469，且均在 p < 0.01 水平上显著。但其对助人维度的回归系数为 -0.009，显著性水平为 0.915 > 0.05，假设 H2b 不成立。关系型心理契约对顾客公民行为的三个维度均存在显著正向影响，回归系数分别为0.212、0.478和0.199。

表4.17　　　心理契约各维度与顾客公民行为各维度的回归分析

	标准化回归系数	t	Sig.	VIF	Tolerance	DW
因变量：推荐						
交易型心理契约	0.370	4.192	0.000	3.098	0.323	2.030
关系型心理契约	0.212	3.934	0.000			
因变量：助人						
交易型心理契约	-0.009	0.107	0.915	3.098	0.323	1.833
关系型心理契约	0.478	5.415	0.000			
因变量：反馈						
交易型心理契约	0.469	5.531	0.000	3.098	0.323	1.946
关系型心理契约	0.199	3.736	0.000			

（3）心理契约的中介效应检验。采用 Baron 和 Kenney（1996）的四步法，对心理契约的中介效应进行回归分析检验。第一步，建立服务公平性与顾客公民行为的回归模型8（参见表4.18）。结果显示，服务公平性对顾客公民行为存在显著正向影响，回归系数为0.623，回归模型的拟合优度为38.8%。第二步和第三步前文已做分析，不再赘述。第四步，构建服务公平性、心理契约与顾客公民行为的回归模型9（参见表4.19）。结果显示，服务公平性对顾客公民行为在 p < 0.01 水平上存在显著正向影响，回归系数为0.522；心理契约在 p < 0.05 水平上存在显著正向影响，回归系数为0.126。当引入心理契约这一中介变量时，服务公平性对顾客公民行为的回归系数由0.623下降至0.522，影响有所减弱但依然显著。由此可见，心理契约对服务公平性与顾客公民行为的关系起部分中介作用。

表4.18 　　　　　　　服务公平性与顾客公民行为的回归分析

	标准化回归系数	t	Sig.	F	Sig.	R²
服务公平性	0.623	14.022	0.000	196.626	0.000	0.388

因变量：顾客公民行为

表4.19 　　　　服务公平性、心理契约与顾客公民行为的回归分析

	标准化回归系数	t	Sig.	F	Sig.	R²
服务公平性	0.623	14.022	0.000	196.626	0.000	0.388
引入中介变量						
服务公平性	0.522	7.553	0.000	100.963	0.000	0.395
心理契约	0.126	2.428	0.016			

因变量：顾客公民行为

（五）路径分析和假设检验

根据回归分析结果，删除不显著的路径，并重新运用回归分析，来计算服务公平性、心理契约和顾客公民行为各变量及维度间的路径系数，并检验相关研究假设，结果如图4.2、图4.3和表4.20、表4.21所示。除H1b、H1c、H1f和H2b未得到支持外，其余假设均得到有效验证。

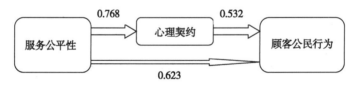

图4.2　整体层面上的变量关系路径

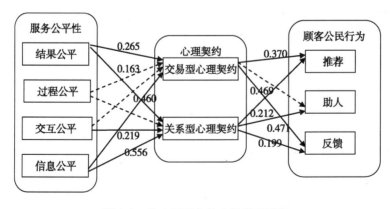

图4.3　维度层面上的变量关系路径

表 4. 20　　　　　　　　　　　删除不显著路径后的回归分析

	标准化回归系数	t	Sig.	VIF	Tolerance	DW
因变量：交易型心理契约						
结果公平	0.265	5.336	0.000	2.572	0.389	1.936
信息公平	0.460	8.306	0.000			
因变量：关系型心理契约						
结果公平	0.163	2.645	0.009	2.116	0.473	1.739
交互公平	0.219	3.559	0.000	3.280	0.305	
信息公平	0.556	9.047	0.000	2.639	0.379	
因变量：助人						
关系型心理契约	0.471	9.390	0.000			1.831

表 4. 21　　　　　　　　　　　假设验证结果

假设	内容	验证结果
H1	服务公平性对心理契约存在正向影响	部分支持
H1a	结果公平对交易型心理契约存在正向影响	支持
H1b	过程公平对交易型心理契约存在正向影响	不支持
H1c	交互公平对交易型心理契约存在正向影响	不支持
H1d	信息公平对交易型心理契约存在正向影响	支持
H1e	结果公平对关系型心理契约存在正向影响	支持
H1f	过程公平对关系型心理契约存在正向影响	不支持
H1g	交互公平对关系型心理契约存在正向影响	支持
H1h	信息公平对关系型心理契约存在正向影响	支持
H2	心理契约对顾客公民行为存在正向影响	部分支持
H2a	交易型心理契约对推荐存在正向影响	支持
H2b	交易型心理契约对助人存在正向影响	不支持
H2c	交易型心理契约对反馈存在正向影响	支持
H2d	关系型心理契约对推荐存在正向影响	支持
H2e	关系型心理契约对助人存在正向影响	支持
H2f	关系型心理契约对反馈存在正向影响	支持
H3	服务公平性对顾客公民行为存在正向影响	支持
H4	心理契约在服务公平性对顾客公民行为的影响关系中起中介作用	支持

第三节   研究结论和管理启示

一   研究结论

（一）网络购物情境下的心理契约和顾客公民行为分别为二维结构和三维结构

本书借鉴罗海成（2005）提出的心理契约维度划分方法，将网络购物情境下顾客对购物网站的心理契约，划分成交易型心理契约和关系型心理契约两个维度。对心理契约测量量表的信度和效度分析结果显示，交易型心理契约和关系型心理契约得到了有效区分。因此，网络购物情境下的心理契约可以认为是一种二维度的结构。本书同时借鉴 Groth（2005）的维度划分方法，将网络购物情境下的顾客公民行为划分成推荐、助人和反馈三个维度。对心理契约测量量表的信度和效度分析结果，验证了 Groth（2005）对顾客公民行为的维度划分，也同样适用于网络购物情境。当顾客主动为购物网站做有利的口头宣传、推荐和鼓励他人购买网站商品时，顾客就成为网站的营销人员；当顾客发挥自己的才智，主动向购物网站指出服务的不足，并提供改善和创新服务的建议时，顾客就成为网站的咨询顾问。在网络购物情境下，顾客公民行为能使购物网站获得更多有价值的反馈信息和建议，并有利于网站提高服务质量和运营效率。

（二）服务公平性对心理契约有显著正向影响

实证分析结果显示，服务公平性对心理契约有显著正向影响。其中结果公平和信息公平对交易型心理契约和关系型心理契约均有显著正向影响。结果公平衡量的是顾客对交换行为中付出与回报是否合理的感知，是顾客进行网络交易的主要目的和各项公平的基础，也是顾客心理契约形成不可或缺的因素。信息提供是网络服务的一大特征和亮点，互联网使信息获取更加丰富和快捷。如果网站能够提供全面、真实可靠和及时的信息，顾客就会更愿意与网站建立并维持长期的良好关系。

交互公平对关系型心理契约有显著正向影响。在网络购物情境下，顾客虽很难对需要购买的产品或服务有直接接触。但顾客可以与网站服务界面发生接触和交互，并与在线服务人员进行文字、语言的交流和互动，这些形式的交互很可能比传统实体环境下的面对面交流更为重要。交易型心理契约以物质为基础；关系型心理契约则以社会情感为基础，包含了网络交易双方的各种情感；而交互公平同样是一个情感互动的过程。因此，交互公平会对关系型心理契约有显著正向影响，对交易型心理契约的影响则并不显著。

过程公平对两类心理契约均不存在显著影响。过程公平主要衡量购物网站的服务流程是否合理等，而 B2C 购物网站对不同顾客群体的服务流程均基本相似，且网络的虚拟性使顾客很难切身体验到网站的管理制度等内容。因此，过程公平对交易型和关系型心理契约均没有显著影响。

（三）心理契约对顾客公民行为有显著正向影响

实证分析结果表明，网络购物情境下的顾客心理契约对顾客公民行为有显著正向影响。当顾客信任一家购物网站，并相信该网站能真心为他们考虑时，就会愿意和他人分享、向他人推荐愉悦的消费经历，并积极向网站提供反馈信息以帮助其进一步提高服务质量。具体而言，交易型心理契约对推荐和反馈有显著正向影响，对助人则无显著影响；关系型心理契约则对推荐、助人和反馈均有显著正向影响。助人行为主要基于个人的道德和价值观，往往与经济利益无关，但带有一定的情感取向，且外部刺激也能促使助人行为的发生。交易型心理契约以个人经济利益为基础，而关系型心理契约则以情感为基础。因此，关系型心理契约对助人行为的激励作用，要明显强于交易型心理契约。

（四）心理契约在服务公平性与顾客公民行为关系中起部分中介作用

实证分析结果表明，心理契约变量的加入，降低了服务公平性对顾客公民行为的直接影响，即心理契约在服务公平性与顾客公民行为关系中存在部分中介效应。服务公平性不仅会对顾客公民行为产生直接促进作用，同时还会通过影响心理契约而对顾客公民行为产生间接促进作用。顾客感知到购物网站的服务公平性后，这些对公平的良好感知会内化为一系列的情感和利益取向，并维系了与购物网站间的短期或长期的关系，从而使顾客更易产生各种公民行为。由此可见，在网络购物情境下，从心理契约视角来分析服务公平性与顾客公民行为的关系，具有一定的合理性。

二　管理启示

本书结合主要研究结论及已有相关研究，就 B2C 购物网站管理者如何通过增加顾客服务公平性感知，来建立与顾客间的良好心理契约关系，并促进顾客公民行为的产生，以提升网站服务质量和市场竞争力，提出以下管理启示。

（一）建立与顾客良好的沟通机制

研究表明，服务公平性、心理契约对顾客公民行为有积极影响作用。服务公平性主要体现在顾客购买网站产品或服务的过程中。顾客对购物网站心理契约的建立和维护，要求网站无时无刻都应将顾客放在第一位，与顾客建立起贯穿于购物网站营销全过程的良好沟通机制，为消费者提供及时、准确、个性化的服务。首先，购物网站应将产品和服务信息高效传递给顾客，顾客把对这些信息的感受和意见反馈给网站后，网站应及时与顾客做进一步沟通，以建立起顾客对网站的归属感、认同感和信任感。其次，购物网站应为顾客提供快捷、方便的沟通渠道，以便及时解决顾客在购买过程中产生的任何问题，使顾客能随时找到问题的解决方案。最后，购物网站要进一步完善售后服务体系，为顾客提供及时、便利的售后服务，这也是使顾客对网站产生归属感和认同感的重要途径。

（二）重视顾客心理契约的过程管理

研究表明，在顾客很难与网站进行面对面交流的网络虚拟环境中，购物网站也能与顾客建立起良好的关系，并形成有利于顾客公民行为发生的心理契约。提高顾客满意度、增加顾客对网站的信任感和承诺水平、培养顾客对网站长期性良好的心理期望，是心理契约形成的重要途径。在网络购物情境下，省时省力、信息便利、产品种类繁多、可替代性强、价格优惠等因素，已在一定程度上成为顾客对购物网站的一种心理预期。因此，购物网站应灵活运用这种心理预期，使顾客形成对网站的前期心理契约；再通过优质的产品和服务，促进顾客形成较为稳定的中期心理契约；最后通过良好的售后服务，来巩固和强化顾客的后期心理契约。特别是在售后服务方面，购物网站可以有以下策略：一是追踪服务策略，购物网站在订单下达后，应始终保持与顾客的沟通，告知订单执行情况，并在订单完成后及时取得顾客的评价；二是情感沟通策略，利用网络信息技术在特定时刻表达对顾客的关心，当某个顾客长期无订单产生时，网站应自动做出反应，向顾客发送适当的促销信息或问候信息；三是逆向物流策略，购物网站应重视产品网下体验的特殊性，设置操作简便的退换货政策。

（三）确保提供丰富准确的产品信息

研究表明，信息公平对顾客的两类心理契约均有较强的显著正向影响。在网络购物的整个过程中，信息起着举足轻重的作用。顾客从产生购买兴趣开始，直至完成整个购买决策，都依赖购物网站所提供的各种信息。由于网络信息的及时性和获取的便利性，使顾客在网络上不仅能实现"货比三家"，甚至能货比百家千家。因此，购物网站要为顾客提供种类丰富而又简洁准确的产品信息，使顾客能方便地比较产品性能、价格，购买到最能满足自身需求的商品。产品信息主要包括产品规格、性能、价格、物流情况等，其中产品价格信息对顾客的网络购买决策有着重大影响。此外，由于顾客对网络商品的了解只能通过图片或文字描述来完成，购物网站所提供的产品信息一定要描述清楚准确，商品的描述语言不能模棱两可。否则当顾客根据自己的理解完成网络购物交易后，发现实际商品与预期不一致，就会产生强烈的不公平性感知。

（四）多渠道管理网络顾客公民行为

在网络购物情境下，顾客公民行为比在传统实体购物情境下更容易发生，并能对网站运营和竞争力获取产生更好的效果。因此，购物网站应充分利用互联网的便利性和即时性，通过多种渠道和手段，尽可能地鼓励和激发网络顾客公民行为。虽然目前大部分购物网站已开始关注顾客购后评价及反馈，但这方面的配套支持还有待进一步加强。购物网站还可建立论坛、留言板、网上聊天室及网络顾客俱乐部等载体，使顾客能够方便地实施推荐、助人和反馈等各种公民行为。同时鼓励顾客对产品和服务的各个方面进行充分的交流互动，积极向他人推荐相关商品，对商品发表建议和评论，帮助其他顾客做出购买决策。此外，购物网站收到顾客反馈信息后，应认真考虑顾客提出的各种建议，采纳其中的合理建议，并给予提出该建议的顾客一定奖励。如在邀请顾客参与评论后，奖励顾客积分或兑换券等，以进一步激发顾客的后续公民行为。

三　研究局限和展望

本章就网络购物情境下，服务公平性对心理契约和顾客公民行为的影响机制，进行了较深入的理论和实证研究。但同时也存在一定的局限性：一是本书的实证分析对象仅限于 B2C 购物网站的顾客，样本选择的单一性影响了研究结论的普适性；二是本书将组织行为学中的心理契约概念及维度划分应用于网络购物情境，虽然其信度和效度得到了有效验证，但其科学性仍有待后续研究的进一步检验；三是本书仅从心理契约视角分析了服务公平性和顾客公民行为关系，而未探讨网站特性、顾客个体特征及顾客满意、信任等其他变量可能的影响作用。在后续研究中，将充分考虑上述问题，就服务公平性和顾客公民行为的关系做进一步的深入研究。

附录4.1　服务公平性和顾客公民行为调查问卷

尊敬的先生/女士：

您好！本问卷旨在服务公平性、心理契约与顾客公民行为关系研究，其中的题目无对错之分，请您根据您的实际情况填写问卷即可，本问卷仅作为学术研究用途，将会严格保密，请您放心填写。感谢您的支持！

×××大学×××学院

说明：B2C 是英文 Business – to – Consumer（商家对客户）的缩写，而其中文简称为"商对客"，它是电子商务的一种模式，也就是通常说的商业零售，直接面向消费者销售产品和服务。这种形式的电子商务一般以网络零售业为主，主要借助于互联网开展在线销售活动。主要的 B2C 网站有卓越网、亚马逊、淘宝商城、京东商城等。

第一部分：您的基本资料

Q1. 请问您有过在 B2C 网站上购物的经历吗？

A. 有（选此项者请继续作答）　　B. 无（选此项者停止作答）

Q2. 性别：A. 男　B. 女

Q3. 年龄：A. 20 岁及以下　B. 21—30 岁　C. 31—45 岁　D. 46 岁及以上

Q4. 文化程度：A. 高中及以下　B. 大专　C. 本科　D. 硕士及以上

Q5. 职业：A. 学生　B. 教师　C. 公务员　D. 公司职员　E. 个体经营者　F. 企业管理人员　G. 其他

Q6. 可支配月收入（学生请按支出）：A. 1000 元及以下　B. 1000—1999 元　C. 2000—3999 元　D. 4000—5999 元　E. 6000 元及以上

Q7. 请问您使用频率最高的网站是以下哪项：A. 卓越网　B. 淘宝商城　C. 凡客诚品　D. 当当网　E. 京东商城　F. NO.5 时尚广场　G. 北斗手机网　H. 携程旅游网　I. 其他

第二部分：基本问题

请根据您对最近一次网络购物的实际经历，逐项回答以下问题，从问题右边选择一个符合您观点的数字，并画"√"，谢谢支持！（1 表示完全不同意，5 表示完全同意，从 1 到 5 同意的程度递增）。

服务公平性	完全不同意→完全同意				
A11 总体来说，我对该网站服务非常满意，超出了我的预期	1	2	3	4	5
A12 与其他顾客相比，我觉得我得到了同等对待	1	2	3	4	5
A13 该网站产品/服务价格合理，不向顾客乱收费	1	2	3	4	5
A14 我在这次消费中获得的利益满足了我的需要	1	2	3	4	5
A15 与我投入的金钱、时间、精力相比，我认为我在该网站得到了应得的服务	1	2	3	4	5
A21 总体来说，我认为该网站管理制度和服务流程合理高效	1	2	3	4	5
A22 该网站能及时为顾客服务，等待时间合理	1	2	3	4	5
A23 该网站能按顾客要求灵活地为顾客服务	1	2	3	4	5
A24 我认为该网站能及时纠正服务工作中的差错，恰当处理购物过程中遇到的问题	1	2	3	4	5
A31 该网站客服人员非常有礼貌	1	2	3	4	5
A32 该网站客服人员尊重我	1	2	3	4	5
A33 该网站客服人员具有丰富的专业知识	1	2	3	4	5
A34 该网站客服人员非常热心地为顾客服务	1	2	3	4	5
A35 该网站客服人员诚实待客，不对顾客进行硬性推销	1	2	3	4	5
A41 该网站提供了我应该获悉的信息	1	2	3	4	5
A42 该网站提供的信息是准确的	1	2	3	4	5
A43 该网站比较愿意与我分享服务有关的信息	1	2	3	4	5
A44 该网站比较关心我对服务的看法，并能够与我沟通	1	2	3	4	5
A45 当我对服务有不解时，该网站提供了比较好的说明	1	2	3	4	5
心理契约	完全不同意→完全同意				
B11 该网站愿意提供简洁、高效的界面，真心考虑我的舒适	1	2	3	4	5
B12 我相信该网站真心把我当熟客看，会给予真正的价格优惠或免费服务	1	2	3	4	5
B13 该网站会提供快捷服务，不愿浪费我的等待时间	1	2	3	4	5

续表

心理契约	完全不同意→完全同意				
B14 该网站不会为赚钱让我购买很贵但不适合的产品/服务	1	2	3	4	5
B15 该网站的客服人员熟悉我的购买记录和我的购买要求	1	2	3	4	5
B16 当我对产品/服务质量有疑问时，该购物网站会真心解释	1	2	3	4	5
B21 一旦出现产品/服务事故，该网站会考虑我的利益，并主动承担责任	1	2	3	4	5
B22 该网站会真心为我提供可靠、放心的优质服务	1	2	3	4	5
B23 该网站的客服人员是真的尊重我，而不是在敷衍	1	2	3	4	5
B24 该网站会对我的产品/服务做出长期的质量和信誉保证	1	2	3	4	5
B25 该网站的客服人员是真心关心我的个人工作和生活	1	2	3	4	5
B26 该网站是真心重视与我的个人友谊关系	1	2	3	4	5
顾客公民行为	完全不同意→完全同意				
C11 我愿向家人推荐该网站	1	2	3	4	5
C12 我愿向同学/同事推荐该网站	1	2	3	4	5
C13 我愿通过该购物网站向其他人推荐该网站	1	2	3	4	5
C14 我愿向对该购物网站产品/服务感兴趣的人推荐该网站	1	2	3	4	5
C21 我愿意向他人介绍自己了解的该网站的产品/服务项目	1	2	3	4	5
C22 我愿给他人当参谋，帮助他选择该网站提供的产品/服务	1	2	3	4	5
C23 我愿告诉其他顾客购买该网站产品时应该注意的问题	1	2	3	4	5
C31 我愿认真填写顾客意见表，以帮助该网站改进服务	1	2	3	4	5
C32 该网站调查顾客意见时，我愿诚恳地提供信息	1	2	3	4	5
C33 我愿给网站提意见，以帮助它做得更好	1	2	3	4	5
C34 我愿向网站反映我认为服务好的客服人员	1	2	3	4	5

问卷到此结束，再次感谢您的合作！

第五章

顾客参与和顾客公民行为

第一节 顾客参与和顾客满意理论

一 顾客参与理论

（一）顾客参与的内涵

由于服务具有消费与生产同时进行的特质，在服务过程中，顾客或多或少存在某种程度上的参与。顾客参与是服务区别于有形产品的重要特征之一。Fitzsimmons（2001）特别强调了服务中的顾客参与，并将服务定义为：一种顾客参与作为共同生产者的、随时间消逝的、无形的经历。顾客在参与服务生产传递过程时，其本身已不再是独立于服务组织之外的单纯消费者，而是成为影响服务质量的重要因素，并进而影响自身的满意度。因此，顾客参与在服务结果中有着举足轻重的地位。由于顾客的参与特征，许多研究者提出顾客在服务生产过程中扮演着组织成员（organizational members）或兼职员工（partial employees）的角色（Mills 和 Morris，1986；Larsson 和 Bowen，1989）。兼职员工即顾客是服务企业在生产过程中的临时参与者，能够担任企业员工的部分职责、分担部分工作，扮演共同生产者（co-producer）的角色（Larsson 和 Bowen，1989）。

在顾客参与的内涵方面，Silpakit 和 Fisk（1985）将顾客参与定义为：顾客智力上、实体上和情感上的努力和投入。智力投入指信息和脑力的投入，如患者向医生提供个人病情。实体投入包括有形物质和体力的投入，前者包括顾客自己在内的、顾客拥有或管理的物质投入；后者则更为常见，如当顾客在快餐店自助配餐时，即会付出一定的体力。当遇到态度冷漠的服务人员时，仍能保持耐心和愉悦，顾客就需要付出感情投入（范秀成和张彤宇，2004）。其他学者的定义也大同小异（参见表5.1），如 Cermak 等（1994）认为顾客参与是与服务生产和传递相关的精神和物质方面的具体行为，以及顾客的努力和卷入的程度。Rodie 和 Kleine（2000）认为顾客参与是指在服务生产和传递过程中，顾客提供的活动或资源，包含心理上、实体上，甚至感情方面的付出。

表5.1   **顾客参与的主要定义**

研究者（年份）	定义
Silpakit 和 Fisk（1985）	顾客智力上、实体上和情感上的努力与投入
Greenwald 和 Leavit（1985）	与服务生产和传递相关的顾客行为
Cermak 等（1994）	与服务生产和传递相关的精神和物质方面的具体行为，顾客的努力和卷入的程度
Kelley 等（1997）	服务过程中顾客提供信息或实质努力等方式的体现
Rodie 和 Kleine（2000）	服务的生产或传递过程中，顾客提供的活动或资源，包含心理上、实体上，甚至感情方面的付出
Claycomb 等（2001）	顾客通过服务自己或与服务人员合作，实际涉入以帮助创造服务价值
Lloyd（2003）	顾客在服务过程中做出的所有贡献，最终将影响他们所接受的服务和服务质量

资料来源：笔者根据相关文献整理。

（二）顾客参与的分类

（1）顾客参与的维度。国内外学者对顾客参与的维度划分尚有一定分歧，同时存在多种不同的划分方式（参见表5.2）。在 Slipakit 和 Fisk（1985）、Rodie 和 Kleine（2000）对顾客参与的定义中，均认为顾客参与主要包括精神投入、体力投入和情绪投入。Kellogg、Youngdahl 和 Bowen（1997）运用"关键事件分析法"，发现顾客参与主要包括事前准备、建立关系、信息交换和干涉行为四种形式。Ennew 和 Binks（1999）的实证研究显示，不管是服务提供者还是顾客的参与均有三个构成要素：信息共享、责任行为和人际互动。Lloyd（2003）把顾客参与分为付出努力、工作认知和搜寻信息三个维度。

表5.2   **顾客参与的维度划分**

研究者	维度	内涵
Silpakit 和 Fisk（1985）	精神投入	顾客在信息和心智上所做的努力
	体力投入	顾客有形和无形的体能劳动
	情绪投入	顾客所投入的感情

续表

研究者	维度	内涵
Kellogg 等（1997）	事前准备	为服务做准备，包括通过寻求指点、研究竞争者和提前到达等行为
	建立关系	与服务提供者建立关系，通过微笑、善意语言、试图了解提供者或呼叫提供者的名字要求提供服务
	信息交换	通过提供和寻求信息来明确服务期望和了解服务情形
	干涉行为	提供负面反馈和干涉个体问题的分析与解决
Ennew 和 Binks（1999）	信息分享	顾客与服务提供者进行信息分享，以保证对方所提供服务能满足顾客的需要
	责任行为	指顾客为服务产品的共同生产者
	人际互动	服务传递过程中顾客与服务提供者的员工的互动，包括信任、可靠、支持、合作配合、灵活性及承诺等人际关系要素
Lloyd（2003）	付出努力	顾客所付出努力，可从精力、时间、坚持程度和智力上的投入来衡量
	工作认知	对工作任务的认知是顾客参与的一部分，顾客所了解到的工作中的步骤、使用该服务的相关知识和难易程度都是顾客参与服务过程的表现
	搜寻信息	顾客为了解服务的需求和自己应该扮演的角色，搜寻信息对帮助顾客建立符合实际的期望起到作用，亦有助于顾客准确了解所需要做的工作
易英（2006）	付出努力	顾客所付出努力，可从精力、时间、坚持程度和智力上的投入来衡量
	工作认知	顾客对工作步骤、相关知识和难易程度的认识
	搜寻信息	顾客搜寻的有关服务的信息，以有利于服务的顺利完成
	人际互动	服务传递过程中顾客主动与服务提供者互动，主要以沟通的态度和结果衡量
王佳欣（2006）	信息搜集	顾客购买或消费服务产品前所付出的信息搜集行为
	参与设计与标准的制定	顾客在接受服务的过程中为能够保证得到自己满意的服务而向服务提供者提出自己的需求和标准
	与员工沟通互动	顾客在接受服务的过程中为了保证自己获得优质的服务而与服务提供者建立友好的关系
	传播口碑	来自顾客身边的人对服务提供者的评价
张若勇等（2007）	合作生产	顾客在服务生产过程中付出的投入，包括智力、实体和情感投入等
	顾客接触	顾客与服务生产环节交互的纵深程度
	服务定制	服务过程中顾客需求的个性化程度

续表

研究者	维度	内涵
望海军和汪涛 (2007)	出席	顾客出现在提供服务的环境
	信息分享	顾客提供信息或建议给提供者或其他顾客
	共同生产	顾客贡献努力、时间或其他资源协助组织创造服务、设计服务内容或执行服务递送的功能
彭艳君和景奉杰 (2008)	事前准备	接受服务之前的准备工作
	信息交流	与员工之间的信息交换
	合作行为	服务过程中的合作行为
	人际互动	顾客与员工之间的人际交往

资料来源：笔者根据相关文献整理。

国内学者主要借鉴国外已有研究，并结合我国服务业实际，对顾客参与进行了维度划分。彭艳君和景奉杰（2008）采用文献归纳法，总结出顾客参与的四个维度，即事前准备、信息交流、合作行为和人际互动。张若勇等（2007）借鉴 Skaggs 和 Youndt（2004）的思路，指出顾客参与主要包括合作生产、顾客接触和服务定制三个方面。望海军和汪涛（2007）借鉴 Binter 和 Zeithaml 等（1997）、Claycomb 等（2001）学者的研究，提出顾客参与可以分为出席、信息分享和共同生产三个维度。易英（2006）借鉴 Lloyd（2003）、Ennew 和 Binks（1999）的观点，将顾客参与划分为付出努力、工作认知、搜寻信息和人际互动四个维度。王佳欣（2006）在饭店服务质量研究中，借鉴 Zeithmal 和 Binter（2004）对消费者行为的分类（需求认知、信息搜集、替代品评价、购买和消费、购后评价）和 Kellogg 等（1997）提出的四种顾客参与形式，将顾客参与分为信息搜集、参与设计与标准的制定、与员工沟通互动、传播口碑四个维度。

（2）顾客参与的程度。Hubbert（1995）从不同服务业特征及服务体验角度出发，根据参与程度的差异，将顾客参与分为以下三类：①低度参与，即顾客只需要参与服务的传递过程，如航空旅行、旅馆住宿等；②中度参与，即顾客需要在服务生产过程中进行一定的投入，如美容、医疗体检；③高度参与，即顾客与企业"合作生产"服务产品，如婚姻咨询、教育培训等（参见表5.3）。

表5.3　　　　　　　　　　　　不同服务体验中的顾客参与程度

低度参与	中度参与	高度参与
服务传递过程需要顾客的出席	服务的生产需要顾客的投入	顾客合作生产服务产品
产品是标准化的	顾客投入可使标准化的服务个性化	顾客积极地参与可支配着个性化的服务
无论任何人购买，服务均会提供	服务的生产，需要顾客的购买	顾客不购买，则服务无法生产
支付可能是顾客唯一投入	顾客投入（信息、实物）是服务生产必需的，但服务是由服务组织提供	顾客投入具有一定的强制性，顾客与企业共同生产服务
举例		
最终消费者：		
航空旅行	理发	婚姻咨询
快餐馆	年度体检	个人培训
旅馆	全服务餐厅	减肥计划
B2B顾客：		
制服清洗服务	广告宣传代理	管理咨询
害虫防治	薪资管理外包服务	行政管理研讨班
室内花草维护	货物运输	计算机网络建立

资料来源：笔者根据相关文献整理。

（三）顾客参与的效应

以往的研究表明，顾客参与是一把"双刃剑"，既有可能对服务绩效或服务组织产生积极效应，同时也可能产生消极效应。

（1）积极效应。顾客参与的积极效应主要表现在其对服务生产、服务质量、服务人员和服务市场四个方面的影响：①顾客作为一种生产资源，参与服务的共同生产，付出努力、时间和其他资源，执行部分服务传递的功能，从而能有效地减少员工工作量、降低生产成本，并提高组织生产力和生产效率（李琛，2008）。②顾客参与有助于服务组织提供符合顾客特定需要的个性化服务，提高实际的服务质量；顾客参与带来的心理利益（体验利益和感知控制），还可以强化顾客的感知服务质量（范秀成和张彤宇，2004）。③顾客参与能增加服务人员的社会支持感和控制感，从而降低员工工作压力，增进员工身心健康，并提高员工工作满意度和工作绩效（汪涛和望海军，2008）。④顾客参与有利于服务企业开拓新的利基市场，同时提高顾客忠诚度和顾客保留意愿，并为服务附加价值的创造提供了便利条件（Rodie 和 Kleine，2000）。

（2）消极效应。尽管顾客参与会给服务组织带来较大的积极效应，但同时也可能会带来一定的消极效应。Bitner 等（1994）、Mohr 和 Bitner（1995）指出，顾客参与是导致顾客不满并对服务企业产生消极影响的可能来源之一。一方面，顾客参与中的不当行为，如过度参与、干涉员工正常工作、谩骂员工、不合作或违反企业规定等，会引发员工的沮丧情绪和压力感；另一方面，顾客也可能成为自身不满的来源因素，如顾客从参与行为中得到的利益低于自身期望时，就会导致其对服务企业的不满。此外，对顾客参与过程中不当行为的处理，需要组织额外的资源，并由此导致成本上升；顾客自身专业知识和技能的不足，也会影响其参与的积极效应，甚至会降低组织服务绩效。因此，顾客参与并非总是有利于服务组织和顾客自身的，其所产生的负面效应也同样不容忽视。

（四）顾客参与的管理

由于顾客参与对服务绩效及服务组织的影响存在着两面性，服务组织有必要对顾客参与进行科学管理，以发挥其对组织的积极作用。在顾客参与的管理中，对员工的传统管理方法不适合用于顾客。如"解雇"一名没有价值的顾客缺少一定的现实性，同时还可能会导致服务组织负面的公共形象，或使组织面临潜在的法律诉讼。从已有文献来看，顾客参与的管理方法主要包括交易成本模型、服务类型划分、顾客社会化和参与动机管理四个方面。

（1）交易成本模型。Bowen 和 Jones（1986）基于交易成本模型分析，为组织如何管理顾客参与行为提供了指导。该模型指出，顾客参与程度依赖于绩效模糊性（performance ambiguity）和目标相合性（goal congruency）。绩效模糊性即一方评价另一方绩效的困难度（如对律师和汽车修理工的绩效评价）；目标相合性即在具有差异和不相合目标的顾客与服务提供者之间，建立平等协议的困难度。当绩效模糊性和目标相合性越高时，服务组织可以寻求的顾客参与程度也会越高；反之，顾客参与程度就会越低。

（2）服务类型划分。Goodwin（1988）提出了划分服务类型的理论框架，即按照顾客数量及服务提供者与顾客间的承诺水平来划分服务。该理论指出，当多种类型的顾客在一起时，顾客之间就会成为彼此学习的榜样。此时，顾客与服务提供者之间的承诺水平越高，顾客学习新行为的动机就越强，顾客的参与程度也会越高。而当承诺水平较低，且服务是一对一传递时，顾客社会化（customer socialization）的难度就会较大，并因此而降低顾客的参与程度。

（3）顾客社会化。Kelley 等（1992）、Rodie 和 Kleine（2000）将顾客社会化作为管理顾客参与能力的重要因素。顾客社会化是指顾客为完成其在服务生产或传递过程中所承担的角色，而学习必需的价值观、信念、行为和技能的历程。组织说明书、环境提示、服务演示、观察其他顾客、设定服务传递要求等，是服务组织实现顾客社会化的主要手段。

（4）参与动机管理。动机对人的行为起着激活、指向和续动的功能。动机能激发一个个体产生某种特定的行为，继而引导并使个体行为维持一定的时间和强度。在顾客参与方面，服务组织可以通过外部刺激、服务过程便捷化、增加顾客感知控制等方法，来有效管理顾客的参与动机（Rodie 和 Kleine，2000；Groth，2001）。如银行告知顾客使用柜台服务需要收取一定的费用，就是在进行引导顾客使用自动取款机的外部刺激。

二　顾客满意理论

（一）顾客满意的内涵

对顾客满意的研究，最早可以追溯到 20 世纪 60 年代中期。顾客满意能为企业带来较强的竞争优势和较高的市场占有率，因而被视为是市场营销的重要目标之一，并成为营销实践者和理论研究者的长期关注焦点。总体而言，已有对顾客满意的研究主要可分为性质视角、范畴视角和过程结果视角三个视角（易英，2006；杨毅，2007；白琳，2009）。

（1）性质视角。在性质视角下，顾客满意包括认知性观点、情感性观点和综合性观点。认知性观点强调满意是顾客对产品或服务的预期与实际绩效之间的权衡。Westbrook（1980）认为顾客满意是顾客对实际产品获得与购买前期望进行比较的认知评价过程。Cardotte 等（1987）认为顾客在购买产品或服务之前，会根据过往经验建立一套标准，当购买使用后的评价与购买前建立的标准比较时，会产生正向或负向的不一致，并由此而影响顾客满意度。情感性观点则强调满意是顾客的一种情绪反应。Oliver（1981）指出，顾客满意是一种短暂性的情绪反应，这种反应来自顾客的购买经验。Cronin 和 Taylor（1992）认为顾客满意是在特定使用情形下，根据对所使用产品或服务的认知，而产生的立即性情绪反应。综合性观点则是对认知性和情感性观点的复合。Oliver（1993）认为影响顾客满意或不满意的主要因素，既有认知也有情感。

（2）范畴视角。在范畴视角下，顾客满意主要包括特定性满意和整体性满意两类。其中特定性满意是指顾客对某次具体交易的满意感（Bitner，1990；Bolton 和 Drew，1991；Cronin，1992）；而整体性满意则是指顾客对其所有购买和消费经验的全面性衡量，是在过去经验的基础上所形成的一种整体性态度（Sharam 等，1999）。

（3）过程结果视角。在过程结果视角下，对顾客满意的定义基本可以归纳为两类：一种观点是将顾客满意作为一种过程，如 Giese（2001）将顾客满意定义为顾客对所接受的产品或服务过程进行评估，以判断是否能达到他们所期望的程度；另一种观点则将顾客满意作为一种消费活动或经历的结果，如 Churchill 和 Surpenant（1982）认为顾客满意是一种购买和使用产品的结果，它是由顾客比较预期结果的报酬与投入成本所产生。

（二）顾客满意的研究模型

（1）期望不一致模型。Oliver（1980）提出了顾客满意的期望不一致模型。该模型认为顾客满意是一个个体对某一产品或服务的可感知效果，与他对这一产品或服务的期望值相比较后，所形成的愉悦或失望的感觉状态。Olvier（1980）提出影响顾客满意的三个重要因素。一是顾客对产品或服务的期望，它是顾客在购买前预期产品或服务所能达到的绩效。二是顾客对产品或服务的感知绩效，它是指顾客在购买后对产品或服务实际绩效的感知。三是期望与绩效的不一致，即顾客购买前对产品或服务的期望，与购买后实际绩效之间的差距。当感知绩效符合顾客期望，顾客既不会满意也不会不满意；当感知绩效超过顾客期望，顾客就会满意；感知绩效低于顾客期望，顾客就会不满意。

（2）感知绩效模型。在期望不一致模型提出之后，部分学者提出了异议。Swan 和 Martin（1981）认为，期望与感知绩效的比较对顾客满意并没有显著影响。Churchill 和 Surpenant（1982）的研究也表明，对某些产品或服务而言，感知绩效与期望之差对顾客满意程度没有显著影响。为此，一些学者在 Oliver（1980）的理论基础上，去除了富有争议的感知绩效和期望之差，而保留了感知绩效和期望两个重要因素，形成了顾客满意的感知绩效模型。在该模型中，顾客对产品或服务的感知绩效是顾客满意的主要预测变量，但同时顾客期望对顾客满意也会产生重要影响。

（3）消费体验模型。Woodruff（1983）提出了顾客满意的消费体验模型，并强调消费体验是影响顾客满意的最主要因素。顾客的消费体验可分为体验型消费和功能型消费两类，其中体验型消费是指顾客以追求自身情感感受和愉悦等体验为目标的消费模式；功能型消费是指顾客以商品属性与功能满足其消费需求为目标的消费模式（晏国祥，2006）。与仅从认知角度分析顾客满意的期望不一致模型和感知绩效模型相比，消费体验模型强调了消费经历是一个同时包含认知和情感成分的复合概念，因而能更科学合理地解释顾客满意的形成机制（张均涛等，2008）。

第二节　研究假设和概念模型

一　变量界定

（一）顾客参与的维度划分

如前所述，在顾客参与的维度划分上，Ennew 和 Binks（1999）与 Slipakit 和 Fisk（1985）的观点基本相似，即信息分享对应着精神投入，责任行为对应着体力投入，人际互动对应着情绪投入。在 Kellogg 等（1997）、Lloyd（2003）的观点中，顾客参与的信息分享、责任行为和人际互动三个维度也有一定的体现。国内学者对顾客参与的维度划分也与国外学者基本一致。本书主要采用 Ennew 和 Binks（1999）的观点，同时为更清晰描述顾客参与行为，而将责任行为描述为合作生产（两者含义基本相同）。综上所述，本书将顾客参与划分为信息分享、合作生产和人际互动三个维度。

（二）顾客满意的界定

如前所述，已有研究对顾客满意的理解主要有三种视角（易英，2006；白琳，2009）。其中在过程结果视角下，顾客满意是一种购买、使用产品或服务的结果，是由顾客比较预期结果的报酬与投入成本所产生。在性质视角下，对顾客满意的理解有认知性观点、情感性观点和综合性观点三种主要观点。其中认知性观点强调满意是顾客对产品或服务的预期和实际绩效之间的权衡；情感性观点强调满意是顾客的一种情绪反应；综合性观点认为影响顾客满意的既有认知因素又有情感因素。本书采用了性质视角下对顾客满意的综合性观点。

（三）顾客公民行为的维度划分

目前对顾客公民行为主要存在三维度、五维度和八维度三种划分方法。

Groth（2001）基于顾客公民行为的反应类型提出推荐、反馈和帮助三个维度。Rosenbaum 和 Massiah（2007）提出了忠诚、合作、参与、移情性和责任性五个维度。Bove 等（2008）提出了顾客公民行为的八个维度，即良好口碑、关系展示、参与、仁慈性、灵活性、服务提升建议、顾客意见、管辖其他顾客。在已有研究基础上，借鉴 Williams 和 Anderson（1991）对组织公民行为的维度划分，及金立印（2006）对顾客不良行为的划分思路。本书从行为直接受益者视角，将顾客公民行为分为朝向组织的公民行为、朝向服务人员的公民行为和朝向其他顾客的公民行为三个维度。这种划分方法有助于清晰把握顾客公民行为对不同利益相关者的影响。

二   研究假设

在服务的生产和传递过程中，顾客往往会参与其中，扮演着"组织成员"或"兼职员工"的角色，承担了服务人员的部分职责和工作。因此，作为服务对象及服务的共同生产者，顾客不再是独立于服务组织之外的单纯消费者，他们不仅会影响组织的生产效率和服务质量，还会影响自身的心理结果（psychological outcome）和行为结果（behavior outcome），如顾客满意、信任、顾客公民行为等（Gruen, 1995）。其中顾客满意作为顾客的心理结果，其理论已基本成熟，顾客参与和顾客满意的正向影响关系也已得到普遍证实。顾客参与不仅会直接影响顾客满意，还会通过服务质量、感知控制、感知价值、情感等中介变量影响顾客满意。但以往研究大多局限在顾客参与这一整体变量和顾客满意的关系，缺乏对顾客参与各维度和顾客满意关系的深入研究。

顾客公民行为作为顾客的行为结果，主要是指顾客购买或消费行为之外的，非服务生产或传递本身所要求的，顾客自发的，对组织、员工或其他顾客有利的行为（范钧和孔静伟，2009）。目前，国外学者对顾客公民行为的研究虽已有所进展，如 Bettencourt（1997）研究了顾客公民行为的表现形式，Yi 和 Gong（2006）则归纳出顾客公民行为的影响因素，但其理论框架还不够完善。国内研究则处于起步阶段，相关实证分析较为缺乏。范钧和孔静伟（2009）从交换视角和动机视角探讨了顾客公民行为的形成机制；谢礼珊等（2008）分析了顾客感知的服务公平性与顾客公民行为的关系。在已有研究基础上，本书选取顾客满意和顾客公民行为作为顾客心理和行为结果的衡量指标，构建顾客参与对顾客满意和顾客公民行为影响的研究假设和理论模型。

（一）顾客参与对顾客满意的影响

Bendapudi 和 Lenone（2003）、望海军和王涛（2007）、彭艳君和景奉杰（2008）等中外学者的理论和实证研究指出，在服务生产和传递过程中，顾客参与对提高顾客满意度有积极影响作用。顾客参与中的信息分享、合作生产和人际互动等，有助于顾客更加了解服务内容，强化感知控制和感知价值，并使顾客更容易获得所期望的服务。期望不一致模型指出，顾客参与有利于降低顾客期望—感知绩效差距，从而提高顾客满意度。归因理论表明，当服务成功时，顾客会将其归因于自己的参与，满意度会相应提高；如果服务失败，顾客会认为自己也要承担部分责任，从而降低不满意感。基于上述理论分析，提出以下研究假设：

H1：顾客参与对顾客满意有显著正向影响。

H1a：信息分享对顾客满意有显著正向影响。

H1b：合作生产对顾客满意有显著正向影响。

H1c：人际互动对顾客满意有显著正向影响。

（二）顾客满意对顾客公民行为的影响

Bettencourt（1997）、Groth（2001）等学者运用社会交换理论解释了顾客公民行为的形成机制，并强调了顾客满意对顾客公民行为发生的促进作用。社会交换理论的"互惠原则"认为，个体朝向另一个体的行为是基于其所获得价值的反应，即个体从另一个体获得的价值越大，产生回报责任感越强。从利益角度来看，顾客满意可以视为顾客感受到从服务组织和服务人员处获益的一种心理状态，并由此产生回报的责任感，顾客公民行为就是一种较为典型的回报方式，且其回报对象还涉及其他顾客。基于上述理论分析，提出以下研究假设：

H2：顾客满意对顾客公民行为有显著正向影响。

H2a：顾客满意对朝向服务人员的公民行为有显著正向影响。

H2b：顾客满意对朝向其他顾客的公民行为有显著正向影响。

H2c：顾客满意对朝向组织的公民行为有显著正向影响。

（三）顾客参与对顾客公民行为的影响

Gruen（1995）、Bove 等（2008）等学者从关系质量视角出发，说明了顾客参与对顾客公民行为的正向影响作用。即顾客在以信息分享、合作生产和人际互动等方式参与服务生产和传递过程时，通常会与组织及其员工建立一种良好的信任合作关系，并因此而表现出有益于组织的自愿自发行为。Rosenbaum 和 Massiah（2007）指出，顾客参与有助于增强顾客的自尊心、自信心和社会支持感，并激发顾客朝向组织、员工、同属顾客等对象的公民行为。此外，从前述分析中可以发现，顾客满意在顾客参与对顾客公民行为的影响关系中可能存在中介效应。基于上述理论分析，提出以下研究假设：

H3：顾客参与对顾客公民行为有显著正向影响。

H3a：顾客参与各维度对朝向服务人员的公民行为有显著正向影响。

H3b：顾客参与各维度对朝向其他顾客的公民行为有显著正向影响。

H3c：顾客参与各维度对朝向组织的公民行为有显著正向影响。

H4：顾客满意在顾客参与对顾客公民行为影响关系中起中介作用。

三　概念模型

基于上述理论分析和研究假设，建立顾客参与对顾客满意和顾客公民行为影响的概念模型（参见图 5.1）。在该模型中，顾客参与的信息分享、合作生产、人际互动维度通过影响顾客满意，而对朝向服务人员、朝向其他顾客和朝向组织的顾客公民行为产生显著正向影响，顾客参与各维度同时还对顾客公民行为各维度有显著的直接正向影响。

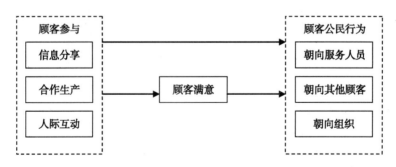

图 5.1　研究的概念模型

第三节　对旅行社团队游的实证分析

一　我国旅游业的发展现状

近年来，随着人民生活水平的不断提高和旅游消费需求的持续增强，我国旅游业的发展势头非常迅猛，已成为服务经济的一个重要的增长点。旅游业在区域经济发展中的产业地位、经济作用逐步增强，对区域经济的拉动性、社会就业的带动力及对文化与环境的促进作用日益显现。据国家统计局的统计数据显示，2013 年我国国内旅游人次为 33 亿人次，国内旅游收入 2.6 万亿元；联合国世界旅游组织发表的声明说，中国 2012 年已超越美国等国，成为世界第一大国际旅游消费国。中国人 2012 年在海外旅游消费额高达 1020 亿美元，创下了历史纪录，比 2011 年 730 亿美元的海外旅游消费额增长了 40%。① 另据中研网数据，2014 年上半年，我国国内旅游继续保持增势，国内旅游 18.5 亿人次，同比增长 10.2%，国内旅游收入 1.5 万亿元，同比增长了 16%。入境旅游人数 6200 万人次，入境旅游外汇收入为 230 亿美元；出境旅游人数 5410 万人次，同比增长 18.7%，出境旅游花费超过 700 亿美元，同比增长 20.7%。②

　　以上数据表明我国旅游业的发展前景可谓一片光明。但与此同时，2013 年国家旅游局发布的"全国游客满意度调查"结果却不能让人乐观，我国旅游市场的总体游客满意度依然没有走出多年来低位徘徊状态，处于 74.88 的一般水平。从旅游方式来看，2013 年第三季度的团队游满意度为 70.89，低于散客游的 71.53，较往年也有所下降。③ 调查结果同时显示，影响国内团队游满意度的主要因素有旅行社服务和旅游购物两大类。具体而言，主要包括：旅游过程中过多的购物安排和自费项目、擅自更改行程、降低接待标准；旅行社服务质量问题；旅游目的地的交通服务不足、旅游信息服务滞后和投诉机制；旅游购物缺乏特色、质量差、价格随意；景区拥挤、门票价格昂贵、服务质量低及标识系统不完善等。由此可见，旅行社服务已经成为影响我国游客满意度的首要因素。因此，如何进一步改善旅行社服务以提高顾客满意度，是目前我国旅游业亟待解决的重要问题。正是基于上述现实背景，本节以游客满意度最低的旅行社团队游为实证对象，来分析顾客参与和顾客满意、顾客公民行为间的作用关系。

---

　　①　http：//news. xinhuanet. com/fortune/2014 - 01/03/c_ 118816683. htm，新华网，2014 - 01 - 03。

　　②　http：//www. chinairn. com/news/20140709/185530680. shtml，中研网，2014 - 07 - 09。

　　③　http：//news. cthy. com/Allnews/16114. html，中国旅游信息网，2014 - 01 - 11。

二 变量测量和数据获取

（一）变量测量

1. 顾客参与的测量

本书将顾客参与划分为信息分享、合作生产和人际互动三个维度，并结合旅行社团队游服务的特征，分别定义如下：

（1）信息分享：游客向导游或旅行社提供与个人需求相关的信息。

（2）合作生产：游客贡献努力、时间或其他资源，承担部分的旅游服务生产或传递责任。

（3）人际互动：游客与导游之间的人际互动。

根据上述维度划分和概念界定，并综合国内外学者对顾客参与的已有测量方法，形成针对旅行社团队游服务的顾客参与测量量表（参见表5.4）。其中顾客参与的信息分享维度包括4个问项；合作生产维度包括4个问项；人际互动维度包括4个问项。

表 5.4　　　　　　　　　　　顾客参与的测量

维度	问项	参考来源
信息分享	我会清楚地让导游知道我的需求	望海军和汪涛（2007）；Claycomb, Lengnick-Hall 和 Inks（2001）；Ennew 和 Binks（1999）；Cermak 等（1994）
信息分享	有机会，我会主动向导游提出服务建议	
信息分享	当我遇到问题时，我会主动告知导游	
信息分享	即使遇到不会对我造成困扰的问题，我仍会告知导游	
合作生产	旅游出发时，我会事先做好准备以便及时出发	
合作生产	我会配合导游的指示或安排进行活动	
合作生产	我会听从导游的嘱咐进行活动	
合作生产	我会跟随导游进行参观游玩，不会随意擅自行动	
人际互动	我和导游之间的交流很轻松	
人际互动	我与导游相处得非常愉快	
人际互动	如果导游服务工作做得好，我会对他赞扬	
人际互动	我与导游建立了非常友好的关系	

表 5.5　　　　　　　　　　　顾客满意的测量

	问项	参考来源
顾客满意	导游的服务让我非常满意	Bettencourt（1997）Groth（2001）
顾客满意	导游的服务比我想象得好	
顾客满意	这是一次愉快的旅游经历	

2. 顾客满意的测量

本书结合旅行社团队游服务情境，将顾客满意定义为：游客在服务过程中对旅游服务所形成的评价或态度，包括游客对服务预期和实际绩效之间的权衡以及情绪反应。根据上述定义并综合国内外学者对顾客满意的已有测量方法，形成针对旅行社团队游服务的顾客满意测量量表（参见表5.5）。该量表对顾客满意进行单维度测量，包括3个问项。

3. 顾客公民行为的测量

依据行为直接受益者的不同，本书将顾客公民行为划分为朝向组织的公民行为、朝向服务人员的公民行为和朝向其他顾客的公民行为三个维度，并分别定义如下：

（1）朝向组织的公民行为：顾客直接指向或直接和旅行社相关的公民行为，诸如推荐、积极口碑、建议反馈等。

（2）朝向服务人员的公民行为：游客直接指向或直接和导游相关的行为，诸如仁慈性、灵活性等。

（3）朝向其他顾客的公民行为：顾客直接指向或直接和其他游客相关的行为，诸如帮助、管辖其他游客等。

根据上述维度划分和概念界定，并综合国内外学者对顾客公民行为的已有测量方法，形成针对旅行社团队游服务的顾客公民行为测量量表（参见表5.6）。其中朝向服务人员的公民行为维度包括3个问项；朝向其他顾客的公民行为维度包括3个问项；朝向组织的公民行为维度包括4个问项。

表 5.6 顾客公民行为的测量

维度	问项	参考来源
朝向服务人员的公民行为	在导游遇到问题时，我会想办法帮助他	Bettencourt（1997）；Groth（2001，2005）；Rosenbaum 和 Massiah（2007）；Yi 和 Gong（2006，2008a，2008b）；Bove 等（2008）
朝向服务人员的公民行为	如果导游工作出错，我会聆听其解释，并能够谅解	Bettencourt（1997）；Groth（2001，2005）；Rosenbaum 和 Massiah（2007）；Yi 和 Gong（2006，2008a，2008b）；Bove 等（2008）
朝向服务人员的公民行为	在任何情形下，我都会尽量做到礼貌对待导游	Bettencourt（1997）；Groth（2001，2005）；Rosenbaum 和 Massiah（2007）；Yi 和 Gong（2006，2008a，2008b）；Bove 等（2008）
朝向其他顾客的公民行为	我会主动帮助团内的其他游客	Bettencourt（1997）；Groth（2001，2005）；Rosenbaum 和 Massiah（2007）；Yi 和 Gong（2006，2008a，2008b）；Bove 等（2008）
朝向其他顾客的公民行为	如果团内其他游客遇到问题，我会上前询问	Bettencourt（1997）；Groth（2001，2005）；Rosenbaum 和 Massiah（2007）；Yi 和 Gong（2006，2008a，2008b）；Bove 等（2008）
朝向其他顾客的公民行为	我有一定的责任去帮助团内其他游客	Bettencourt（1997）；Groth（2001，2005）；Rosenbaum 和 Massiah（2007）；Yi 和 Gong（2006，2008a，2008b）；Bove 等（2008）
朝向组织的公民行为	我会向周围有旅游计划的人推荐这家旅行社	Bettencourt（1997）；Groth（2001，2005）；Rosenbaum 和 Massiah（2007）；Yi 和 Gong（2006，2008a，2008b）；Bove 等（2008）
朝向组织的公民行为	我会向导游提出有利于旅行社未来发展的建议	Bettencourt（1997）；Groth（2001，2005）；Rosenbaum 和 Massiah（2007）；Yi 和 Gong（2006，2008a，2008b）；Bove 等（2008）
朝向组织的公民行为	我会向亲朋好友、同事宣传这家旅行社	Bettencourt（1997）；Groth（2001，2005）；Rosenbaum 和 Massiah（2007）；Yi 和 Gong（2006，2008a，2008b）；Bove 等（2008）
朝向组织的公民行为	我会穿戴或向他人展示具有旅行社标志的衣物	Bettencourt（1997）；Groth（2001，2005）；Rosenbaum 和 Massiah（2007）；Yi 和 Gong（2006，2008a，2008b）；Bove 等（2008）

（二）数据获取

（1）样本描述。根据上述变量测量量表，设计了相应的调查问卷，并同时采用网络调查和现场调查两种方法，来获取对样本顾客的调查数据。在网络调查中，主要利用"我们做网"（www. wezuo. com）网络问卷平台进行数据获取，并回收 168 份问卷，其中有效问卷 158 份。在现场调查中，本书首先筛选了某大学组织过团队旅游的班级，然后向班内的同学发放了问卷，共发放纸质问卷 100 份，回收有效问卷 83 份。此次调查共计回收有效问卷 241 份。其中样本的性别结构为：男性占 53.1%，女性占 46.9%。样本的年龄结构为：20 岁及以下占 2.1%，20—29 岁占 72.2%，30—45 岁占 21.6%，46 岁及以上占 4.1%。样本的学历分布情况为：高中以下占 0.8%，高中或中专占 2.9%，大专或本科占 59.3%，硕士及以上占 36.9%（参见表 5.7）。

表 5.7　　　　　　　　人口统计变量描述性统计分析结果

变量	选项	频数（人）	占比（%）
性别	男	128	53.1
	女	113	46.9
年龄	20 岁及以下	5	2.1
	20—29 岁	174	72.2
	30—45 岁	52	21.6
	46 岁及以上	10	4.1
教育程度	高中以下	2	0.8
	高中/中专	7	2.9
	大专/本科	143	59.3
	硕士及以上	89	36.9
职业	学生	86	35.7
	教师	8	3.3
	公务员	29	12.0
	公司职员	88	36.5
	个体经营者	12	5.0
	自由职业者	9	3.7
	企业管理人员	6	2.5
	其他	3	1.2

变量	选项	频数（人）	占比（％）
个人月收入	2000 元及以下	115	47.7
	2000—3999 元	77	32.0
	4000—5999 元	26	10.8
	6000 元及以上	23	9.5

（2）数据描述。调查问卷各变量测量问项的均值、标准差、偏度和峰度等描述统计量如表 5.8 所示。一般认为当偏度的绝对值小于 3，峰度的绝对值小于 10 时，表明样本数据基本服从正态分布。从表 5.8 可以看出，样本数据的偏度绝对值小于 3，峰度绝对值均小于 10。由此可见，各测量问项的值基本服从正态分布，可以对样本数据进行下一步分析。

表 5.8　　　　　　　　　测量问项描述性分析结果

问项	样本量	均值	均值标准误差	偏度	偏度标准误差	峰度	峰度标准误差
Q6	241	3.9834	0.05356	− 0.802	0.157	0.845	0.312
Q7	241	3.9585	0.05186	− 0.697	0.157	0.581	0.312
Q8	241	3.6846	0.05227	− 0.589	0.157	0.655	0.312
Q9	241	3.8423	0.05579	− 0.776	0.157	0.694	0.312
Q10	241	3.5602	0.07024	− 0.573	0.157	− 0.523	0.312
Q11	241	3.3776	0.05400	− 0.934	0.157	− 0.548	0.312
Q12	241	3.7303	0.04020	− 2.742	0.157	8.617	0.312
Q13	241	3.5477	0.03521	− 0.963	0.157	1.711	0.312
Q14	241	3.3776	0.05771	− 0.223	0.157	0.191	0.312
Q15	241	3.2241	0.06547	− 0.053	0.157	− 0.472	0.312
Q16	241	3.5436	0.05848	− 0.383	0.157	− 0.109	0.312
Q17	241	3.5353	0.05389	− 0.285	0.157	0.115	0.312
Q18	241	3.1784	0.05568	− 0.158	0.157	0.007	0.312
Q19	241	3.0041	0.05309	0.172	0.157	− 0.198	0.312
Q20	241	3.3942	0.05285	− 0.523	0.157	0.310	0.312
Q21	241	3.4481	0.05383	− 0.612	0.157	0.332	0.312
Q22	241	3.6224	0.05035	− 0.967	0.157	1.272	0.312
Q23	241	3.7178	0.05653	− 0.610	0.157	0.272	0.312
Q24	241	3.4772	0.05487	− 0.479	0.157	0.510	0.312
Q25	241	3.3320	0.05283	− 0.408	0.157	0.413	0.312

续表

问项	样本量	均值	均值标准误差	偏度	偏度标准误差	峰度	峰度标准误差
Q26	241	3.4025	0.05880	−0.089	0.157	−0.279	0.312
Q27	241	3.2573	0.05093	−0.390	0.157	0.466	0.312
Q28	241	3.2075	0.05479	−0.165	0.157	0.022	0.312
Q29	241	3.1992	0.05201	−0.091	0.157	0.275	0.312
Q30	241	2.7344	0.06320	0.047	0.157	−0.362	0.312

三　信度和效度分析

（1）信度分析。本书所用测量量表的总体信度分析显示，问卷总体的 α 系数值为 0.874，明显大于 0.7，表明量表总体上具有较高的信度。对各变量的信度分析结果显示（参见表 5.9），各变量的 α 系数值均大于 0.7，每个测量问项的单项—总项相关系数基本符合大于 0.4 的要求。因此，本书的量表设计具有较好的内部一致性。

表 5.9　　　　　各变量的信度系数检验结果

变量	维度	问项	α 系数	单项—总项相关系数	删除该项目后 α 系数
顾客参与	信息分享	Q6	0.720	0.594	0.605
		Q7		0.560	0.627
		Q8		0.493	0.667
		Q9		0.394	0.726
	合作生产	Q10	0.785	0.636	0.744
		Q11		0.650	0.702
		Q12		0.604	0.739
		Q13		0.611	0.744
	人际互动	Q14	0.701	0.475	0.644
		Q15		0.489	0.639
		Q16		0.453	0.658
		Q17		0.537	0.610
顾客满意		Q18	0.738	0.651	0.542
		Q19		0.551	0.667
		Q20		0.492	0.732

续表

变量	维度	问项	α系数	单项—总项相关系数	删除该项目后α系数
顾客公民行为	朝向服务人员的公民行为	Q21	0.722	0.522	0.658
		Q22		0.575	0.600
		Q23		0.536	0.645
	朝向其他顾客的公民行为	Q24	0.710	0.551	0.591
		Q25		0.593	0.543
		Q26		0.449	0.722
	朝向组织的公民行为	Q27	0.707	0.446	0.671
		Q28		0.490	0.645
		Q29		0.612	0.574
		Q30		0.444	0.683

（2）效度分析。运用探索性因子分析法（EFA），来检验量表的效度。进行探索性因子分析前，先运用 SPSS 16.0，对数据进行 KMO 样本测度和巴特利特球体检验，以验证数据是否适合做因子分析。分析结果显示（参见表 5.10），顾客参与、顾客公民行为的 KMO 值分别为 0.731、0.778，均大于 0.7，并通过巴特利特球体检验（p < 0.001），说明两个变量的研究数据具有因子分析的条件；顾客满意的 KMO 值为 0.648，小于0.7，不适合做因子分析，这与本书将其视为单维度变量的构思完全一致。

表 5.10　　各变量的 KMO 样本测度和巴特利特球体检验结果

		顾客参与	顾客满意	顾客公民行为
KMO 样本测度		0.731	0.648	0.778
巴特利特球体检验	Approx. chi - Square	940.344	168.719	600.909
	df	66	3	45
	Sig.	0.000	0.000	0.000

采用主成分分析法（principal component），萃取出特征值大于 1 的因素，并进行直交转轴（orthogonal rotation），转轴时采用方差最大法（Varimax）。顾客参与、顾客公民行为两个变量的探索性因子分析结果显示（参见表 5.11），顾客参与和顾客公民行为均被划分为三个因子，与本书理论构思完全一致。各维度测量问项的因子载荷均大于 0.5，说明量表具有较好的收敛效度；各维度测量问项在其他维度上的因子载荷均小于

0.5，说明量表具有较好的区别效度。

表 5.11　　　　顾客参与、顾客公民行为探索性因子分析结果

变量	问项	因子载荷		
		因子 1	因子 2	因子 3
顾客参与	Q6		0.793	
	Q7		0.790	
	Q8		0.696	
	Q9		0.566	
	Q10	0.796		
	Q11	0.794		
	Q12	0.783		
	Q13	0.741		
	Q14			0.659
	Q15			0.710
	Q16			0.660
	Q17			0.731
顾客公民行为	Q21		0.733	
	Q22		0.822	
	Q23		0.772	
	Q24			0.799
	Q25			0.845
	Q26			0.636
	Q27	0.697		
	Q28	0.648		
	Q29	0.811		
	Q30	0.678		

（3）相关分析。各变量的相关分析结果显示（参见表 5.12），顾客参与和顾客满意正相关（$r=0.432$）；顾客参与的信息分享、合作生产和人际互动三维度分别与顾客满意正相关。其中人际互动与顾客满意的相关系数最高（$r=0.434$）；其次为信息分享与顾客满意（$r=0.357$）；合作生产与顾客满意的相关系数最小（$r=0.169$）。从相关系数值可以看出，顾客参与及其人际互动、信息分享维度与顾客满意呈中等程度正相关；合作

生产维度与顾客满意的相关性相对较弱。

表 5. 12　　　　　　　　　　　　变量相关性分析结果

	1	2	3	4	5	6	7	8
1. 顾客参与								
2. 信息分享	0. 723 **							
3. 合作生产	0. 719 **	0. 258 **						
4. 人际互动	0. 789 **	0. 387 **	0. 345 **					
5. 顾客满意	0. 432 **	0. 357 **	0. 169 **	0. 434 **				
6. 公民行为	0. 564 **	0. 541 **	0. 294 **	0. 431 **	0. 448 **			
7. 朝向导游	0. 467 **	0. 506 **	0. 232 **	0. 315 **	0. 306 **	0. 757 **		
8. 朝向顾客	0. 397 **	0. 487 **	0. 169 **	0. 243 **	0. 275 **	0. 780 **	0. 380 **	
9. 朝向组织	0. 418 **	0. 224 **	0. 270 **	0. 429 **	0. 445 **	0. 733 **	0. 330 **	0. 368 **

注：** 表示显著性水平 $p < 0.01$（双尾检测）。

顾客满意和顾客公民行为之间呈显著正相关（$r = 0.448$）；顾客满意和顾客公民行为各维度也均呈显著正相关。其中顾客满意和朝向组织的公民行为的相关系数最高（$r = 0.445$）；其次为顾客满意与朝向导游的公民行为（$r = 0.306$）；顾客满意与朝向其他顾客的公民行为相关系数最低（$r = 0.275$）。从相关系数值可以看出，顾客满意和顾客公民行为、朝向组织的公民行为呈中等程度正相关；与朝向服务人员的公民行为、朝向其他顾客的公民行为呈中等偏下程度正相关。

四　假设检验结果

本书采用多元回归分析来验证相关研究假设，并构建了相应的九个回归模型（参见表 5. 13）。回归模型 1 的分析结果显示，信息分享（$\beta = 0.224$，$t = 3.584$，$p < 0.01$）和人际互动（$\beta = 0.351$，$t = 5.463$，$p < 0.01$）对顾客满意有显著正向影响，假设 H1a 和 H1c 成立；但合作生产对顾客满意的影响并不显著（$p = 0.872 > 0.01$），假设 H1b 未得到支持。回归模型 2、回归模型 3、回归模型 4 的分析结果显示，顾客满意对朝向服务人员（$\beta = 0.306$，$t = 4.964$，$p < 0.01$）、朝向其他顾客（$\beta = 0.275$，$t = 4.427$，$p < 0.01$）和朝向组织的公民行为（$\beta = 0.445$，$t = 7.678$，$p < 0.01$）均有显著正向影响，假设 H2a、H2b 和 H2c 成立。

表 5.13   回归模型的分析结果

回归模型			标准化系数			方差分析结果		判定系数
编号	自变量	因变量	β	t	p	F	p	R²
1	信息分享	顾客满意	0.224	3.584	0.000	23.704	0.000	0.231
	合作生产		-0.010	-0.161	0.872			
	人际互动		0.351	5.463	0.000			
2	顾客满意	朝向服务人员的公民行为	0.306	4.964	0.000	24.640	0.000	0.093
3	顾客满意	朝向其他顾客的公民行为	0.275	4.427	0.000	19.595	0.000	0.076
4	顾客满意	朝向组织的公民行为	0.445	7.678	0.000	58.947	0.000	0.198
5	信息分享	朝向服务人员的公民行为	0.440	7.279	0.000	30.415	0.000	0.278
	合作生产		0.078	1.320	0.188			
	人际互动		0.117	1.884	0.061			
6	信息分享	朝向其他顾客的公民行为	0.457	7.372	0.000	25.105	0.000	0.241
	合作生产		0.032	0.532	0.595			
	人际互动		0.054	0.852	0.395			
7	信息分享	朝向组织的公民行为	0.054	0.855	0.394	20.306	0.000	0.204
	合作生产		0.132	2.109	0.036			
	人际互动		0.364	5.564	0.000			
8	顾客参与	顾客公民行为	0.563	10.532	0.000	110.914	0.000	0.317
9	顾客参与	顾客公民行为	0.447	7.871	0.000	71.637	0.000	0.376
	顾客满意		0.269	4.735	0.000			

回归模型 5、回归模型 6、回归模型 7 的分析结果显示，信息分享对朝向服务人员（β = 0.440，t = 7.279，p < 0.01）和朝向其他顾客（β = 0.457，t = 7.372，p < 0.01）的公民行为有显著正向影响，人际互动（β = 0.364，t = 5.564，p < 0.01）对朝向组织的公民行为有显著正向影响，合作生产（β = 0.132，t = 2.109，p < 0.05）对朝向组织的公民行为有较显著的正向影响，其余自变量和因变量之间的作用关系则并不显著，假设 H3a、H3b 和 H3c 部分成立。回归模型 8 的分析结果显示，在不考虑中介变量顾客满意的情况下，顾客参与对顾客公民行为有显著正向影响（β = 0.563，t = 10.532，p < 0.01），假设 H3 成立。回归模型 9 的分析结果显示，在加入中介变量顾客满意之后，顾客参与对顾客公民行为的回归系数由 0.563 降低到 0.447，影响有所减弱，但依然显著（p < 0.01），可见顾客满意在顾客参

与对顾客公民行为影响关系中存在部分中介效应，假设 H4 部分成立。

　　顾客参与、顾客满意和顾客公民行为的关系模型及相关研究假设检验结果如图 5.2 和表 5.14 所示。顾客参与由信息分享、合作生产和人际互动三维度构成，顾客满意为单维度变量，顾客公民行为包括朝向服务人员的公民行为、朝向其他顾客的公民行为和朝向组织的公民行为三维度。各研究假设中，假设 H1、H3a、H3b、H3c、H4 得到部分支持，假设 H1b 未得到支持，其余假设均得到有效支持。

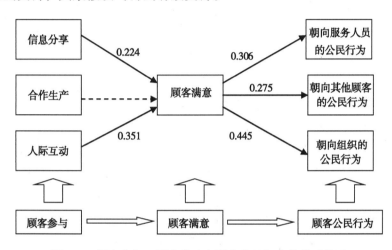

图 5.2　顾客参与、顾客满意和顾客公民行为的关系模型

表 5.14　　　　　　　　　　研究假设的检验结果

假设	详细内容	结果
H1	顾客参与对顾客满意有显著正向影响	部分支持
H1a	信息分享对顾客满意有显著正向影响	支持
H1b	合作生产对顾客满意有显著正向影响	不支持
H1c	人际互动对顾客满意有显著正向影响	支持
H2	顾客满意对顾客公民行为有显著正向影响	支持
H2a	顾客满意对朝向服务人员的公民行为有显著正向影响	支持
H2b	顾客满意对朝向其他顾客的公民行为有显著正向影响	支持
H2c	顾客满意对朝向组织的公民行为有显著正向影响	支持
H3	顾客参与对顾客公民行为有显著正向影响	支持
H3a	顾客参与各维度对朝向服务人员的公民行为有显著正向影响	部分支持
H3b	顾客参与各维度对朝向其他顾客的公民行为有显著正向影响	部分支持
H3c	顾客参与各维度对朝向组织的公民行为有显著正向影响	部分支持
H4	顾客满意在顾客参与对顾客公民行为影响关系中起中介作用	部分支持

第四节　研究结论和管理启示

一　研究结论

在系统总结国内外已有相关研究成果基础上，本书提出了顾客公民行为维度划分的创新视角，构建了顾客参与对顾客满意和顾客公民行为影响关系的理论模型，并通过对旅行社团队游这一典型服务情境的实证分析加以验证。本书促进了顾客公民行为理论体系的进一步完善，验证了国外相关理论在中国情境下的适用性，对顾客公民行为研究的持续深入具有一定的借鉴意义和推动作用。本书的主要结论具体如下：

（一）从行为直接受益者视角可将顾客公民行为划分为三个维度

在以往研究基础上，本书借鉴 Williams 和 Anderson（1991）、金立印（2006）对组织公民行为和顾客不良行为的维度划分思路，从行为直接受益者视角，将顾客公民行为划分为朝向组织的公民行为、朝向服务人员的公民行为和朝向其他顾客的公民行为三个维度；并结合已有成熟量表和我国旅游业特征构建了顾客公民行为的测量量表。实证分析显示量表具有较高的信度和效度，各测量问项被萃取为与维度构思完全一致的三个因子。因此，本书对顾客公民行为的维度划分及其测量是科学有效的。

（二）人际互动和信息分享对顾客满意有显著正向影响

人际互动作为双方建立关系的过程，能给顾客带来一定的心理利益，使顾客获得社会支持感（Adelman 和 Ahuvia，1995）；信息分享有利于服务提供者了解顾客需求，提供符合顾客期望的服务，并扩大顾客经济利益。在顾客参与动机中，人际互动侧重于社会连接，以满足社会需求为动机；信息分享侧重于经济连接，以满足经济需求为动机。虽然两者均有助于提高顾客满意度，但从需求层次及强度上来看，由于社会连接比经济连接更能促进顾客满意，人际互动对顾客满意的正向影响作用要大于信息分享。

（三）顾客满意对顾客公民行为各维度均有显著正向影响

满意是顾客对自身获得利益的一种评价与反应，交换理论认为顾客公民行为是顾客对自己过去获取利益的回报。从利益线索出发来看，在服务交易的微观环境中，组织作为顾客的交易对象，向顾客提供整体解决方案；服务人员是交易的执行者，为顾客提供具体服务；其他顾客是组织与顾客交易过程中的影响者。三者与顾客利益关系强度的大小依次为：组织、服务人员、其他顾客，顾客满意对不同朝向顾客公民行为的作用程度大小次序也与此一致。

（四）顾客参与对顾客公民行为有显著正向影响，且顾客满意存在部分中介效应

研究发现，顾客参与对顾客公民行为有显著的正向影响作用。与此同时，顾客满意在顾客参与对顾客公民行为的影响关系中存在部分中介效应，即顾客参与同时还通过影响顾客满意而作用于顾客公民行为。具体到顾客参与和顾客公民行为的不同维度，其影响路径存在一定的差异。其中顾客参与中的信息分享对朝向服务人员和朝向其他顾客的公民行为均有显著正向影响，人际互动对朝向组织的公民行为有显著正向影响，合作生产对朝向组织的公民行为有较显著的正向影响。因此，重视顾客满意并选择有针对性的顾客参与方式，对强化顾客公民行为有积极意义。

二　管理启示

随着我国旅游市场竞争的不断加剧，旅行社之间将从价格竞争逐步转向顾客资源竞争。对旅行社而言，本书的管理启示主要如下：

（一）树立顾客导向观念，引导顾客信息分享

顾客导向强调把顾客利益放在第一位。随着收入水平和生活条件的持续改善，人们对旅游消费的需求层次正在不断提高，更加注重具有个性化和人情味的产品和服务。而目前我国旅游市场的恶性竞争，使诸多旅行社采用降低餐饮标准、减少旅游景点、压缩游览时间、增加购物次数等"缩水式"经营方法来维持经营，这无疑是与顾客需求相矛盾的。因此，只有引导顾客信息分享，深入了解顾客对旅游服务各个环节的需求或期望，树立顾客导向的服务观念，才是旅行社未来获得竞争力的有效措施。

（二）注重顾客社会需求，加强人际互动

生活节奏加快、工作繁忙等原因使人们的交往范围日益狭窄。顾客对商业交往的期望也已超出传统的商业意图，他们不再只为满足消费需求，同时也在寻求社会支持。因此，为满足顾客在团队旅游过程中的潜在社会需求，导游在顾客旅游过程中应关注其心理身体的状态变化，避免顾客孤

立等情形出现；积极提供顾客间社会交往的机会，建立和谐温馨的团队人际关系；与顾客建立友好的沟通关系，增强彼此信任感；尊重或接纳顾客意见，满足顾客自我实现需求。

（三）提高顾客满意度，培养顾客公民行为

顾客公民行为会对企业经营绩效产生正向影响。如顾客推销行为能够为企业吸引新顾客、降低组织营销成本；良好口碑可以促进企业良好形象的树立；建议反馈则有利于企业了解顾客需求、改进服务流程等。由于顾客满意对激发顾客公民行为有着积极作用，旅行社须尽快转向以顾客满意为中心的经营策略上来，建立对顾客满意的调研机制，鼓励顾客提出真实意见，通过不断强化顾客参与来提高顾客满意度并培养顾客公民行为。

三　研究局限和展望

本章针对顾客参与对顾客满意与顾客公民行为的影响进行了较深入的实证研究，但同时也存在一定的局限性，有待进一步研究。首先，本书相关结论的得出所依据数据仅局限在对旅行社团队游的调查，因此研究结论的普适性还需要进一步验证；其次，本书未考虑旅游目的和团队旅游成员间熟悉度等因素对变量关系的影响，未来研究可将这些因素作为控制变量进行深入分析；最后，本书仅选择顾客满意作为顾客心理结果，未探讨顾客参与对顾客信任、承诺等其他心理结果的影响，有待在未来研究中进一步深入。

附录5.1　顾客参与和顾客公民行为调查问卷

尊敬的先生/女士：

您好，非常感谢您参与本次问卷调查！这是一份学术研究问卷，旨在了解消费者跟团旅游中的一些情形。请根据您的真实感受填写问卷，本问卷采取匿名发放，您的一切回答仅供学术研究之用，绝不对外公开，请放心填写。

您的支持是本研究成功的关键，诚挚地感谢您的参与和支持！

×××大学×××学院

最近一年，您有没有参加团队旅游的经历？

1. 有（继续答题）

2. 没有（停止答题）

请回忆一下您当时旅游的整个过程和体验，诸如旅游的时间、旅行社名称、旅游目的地、旅游景点、旅游时心情等，然后继续答题。

第一部分　个人资料

Q1. 您的性别	1	男	2	女				
Q2. 您的年龄	1	20 岁及以下	2	20—29 岁	3	30—45 岁	4	46 岁及以上
Q3. 您的教育程度	1	高中以下	2	高中/中专	3	大专/本科	4	硕士及以上
Q4. 您的职业	1	学生	2	教师	3	公务员	4	公司职员
	5	个体经营者	6	自由职业者	7	企业管理人员	8	其他
Q5. 您个人月收入	1	2000 元及以下	2	2000—3999 元	3	4000—5999 元	4	6000 元及以上

第二部分　基本问题

问　项	非常不同意→非常同意				
Q6. 我会清楚地让导游知道我的需求	1	2	3	4	5
Q7. 有机会，我会主动向导游提出服务建议	1	2	3	4	5
Q8. 当我遇到问题时，我会主动告知导游	1	2	3	4	5
Q9. 即使遇到不会对我造成困扰的问题，我仍会告知导游	1	2	3	4	5
Q10. 旅游出发时，我会事先做好准备以便及时出发	1	2	3	4	5
Q11. 我会配合导游的指示或安排进行活动	1	2	3	4	5
Q12. 我会听从导游的嘱咐进行活动	1	2	3	4	5
Q13. 我会跟随导游进行参观游玩，不会随意擅自行动	1	2	3	4	5
Q14. 我和导游之间的交流很轻松	1	2	3	4	5
Q15. 我与导游相处得非常愉快	1	2	3	4	5
Q16. 如果导游服务工作做得好，我会对他赞扬	1	2	3	4	5
Q17. 我与导游建立了非常友好的关系	1	2	3	4	5
Q18. 导游的服务让我非常满意	1	2	3	4	5
Q19. 导游的服务比我想象得好	1	2	3	4	5
Q20. 这是一次愉快的旅游经历	1	2	3	4	5
Q21. 在导游遇到问题时，我会想办法帮助他	1	2	3	4	5

续表

问 项	非常不同意→非常同意				
Q22. 如果导游工作出错，我会聆听其解释，并能够谅解	1	2	3	4	5
Q23. 在任何情形下，我都会尽量做到礼貌对待导游	1	2	3	4	5
Q24. 我会主动帮助团内的其他游客	1	2	3	4	5
Q25. 如果团内其他游客遇到问题，我会上前询问	1	2	3	4	5
Q26. 我有一定的责任去帮助团内其他游客	1	2	3	4	5
Q27. 我会向周围有旅游计划的人推荐这家旅行社	1	2	3	4	5
Q28. 我会向导游提出有利于旅行社未来发展的建议	1	2	3	4	5
Q29. 我会向亲朋好友、同事宣传这家旅行社	1	2	3	4	5
Q30. 我会穿戴或向他人展示具有旅行社标志的衣物	1	2	3	4	5

问卷到此结束，感谢您对本次调研的大力支持！

第六章

顾客心理授权和顾客公民行为

第一节 心理授权和顾客心理授权理论

一 心理授权理论

(一) 心理授权的内涵

国内外学者对授权理论的研究，主要集中在企业授权措施和员工心理授权两方面（凌俐和陆昌勤，2007）。企业管理者通常会采取一系列与员工分享权利的管理措施，如向下级正式授予权利、提供给下属信息和资源、工作丰富化等（Ford 和 Fottler，1995）。但这种形式的授权完全抛开了授权对象（员工）的心理状态，忽略了员工的个人特质因素，员工只能是被动地接受管理者下放的权利，因此又被称为"机械授权"、"管理授权"或"结构授权"（谢礼珊和汪纯孝，2004）。Conger 和 Kanungo（1988）指出，传统的授权研究忽视了被授权者的心理体验，授权事实上是一种关系概念，它更需要员工自下而上的心理感受，即要关注授权行为后下属的体验。Conger 和 Kanungo（1988）同时引入了自我效能感作为授权员工的心理结果，认为心理授权是个体自我效能和内部工作动机的提高，并将授权划分为五个阶段：第一阶段是辨别不利因素阶段，这一阶段的员工处于无授权状态；第二阶段是消除不利因素阶段，是管理者开始对员工自上而下的授权；第三阶段是自我效能提高阶段，员工通过上级的授权获得提高自我效能的信息；第四阶段是授权感提高阶段，员工产生了心理授权感知，并因此增强了更加努力工作的信心；第五阶段是积极行为结果出现阶段，即由员工心理授权而使其坚持或持续完成各项工作。

近年来，学者们开始从动机路径视角出发，站在个体层面研究授权理论，将企业创造条件使员工的自我效能感得以发展，并进而增强员工工作动机作为授权的核心内容（刘云和石金涛，2010）。对心理授权的概念，研究者大多强调它是一种内部工作动机或自我控制感。Thomas 和 Velt-house（1990）认为，心理授权是一种认知综合体，它包括员工对自身工作控制、组织影响能力、完成工作能力和价值的认知。Thomas 和 Velt-house（1990）认为，得到授权后的员工，会对自身在选择性、意义、胜任力和影响力等方面进行评价，该评价决定了员工的个体授权体验程度。心理授权是心理上的、自上而下的授权（Russel 等，2003）。

（二）心理授权的维度划分

Spreitzer（1995）将员工心理授权划分为工作意义、工作自主性、能力和影响力四个维度，并编制了由 12 个问项构成的心理授权测量量表。其中工作意义是员工根据自身标准，来评估判断工作内容或工作目标的价值；工作自主性是员工对自身在整个工作的过程中，对工作行为、程序等是否有自主权，或自主权有多大的看法；能力是员工对自身完成任务能力的信念，或者说是对自身能否顺利完成工作并成功达到工作目标的感知；影响力是员工个体对自身能够在多大程度上影响组织的感知。李超平（2006）的实证研究，验证了 Spreitzer（1995）的员工心理授权量表在中国情境下的有效性。Akey 等（2000）将员工心理授权划分为对控制和能力的态度、正式参与组织活动、非正式参与活动、授权知识和技能评价四个维度。

此外，基于不同的研究视角，对心理授权的维度划分同时存在单维度、三维度、六维度等多种方法。Menon（1999）对心理授权进行了因素分析，并将其划分为组织目标内化、控制感和能力感三个维度。Short 和 Rinehart（1992）在对教师群体的实证研究中，将心理授权划分为自主性、自我效能、参与决策、地位、专业发展和工作影响力六个维度。但总体而言，Spreitzer（1995）的四维度划分方法得到了大多数中外学者的认可和应用。心理授权的主要维度划分方法如表 6.1 所示。

表 6.1   **心理授权的主要维度划分方法**

	维度	相关学者
三维度	对自身工作控制的认知、对组织影响能力方面的认知、对完成工作能力和价值的认知	Thomas 和 Velthouse（1990）
	组织目标内化、控制感和能力感	Menon（1999）

续表

	维度	相关学者
四维度	工作意义、工作自主性、能力、影响力	Spreitzer（1995）
	对控制和能力的态度、正式参与组织活动、非正式参与活动、授权知识和技能评价	Akey 等（2000）
六维度	自主性、自我效能、参与决策、地位、专业发展和工作影响力	Short 和 Rinehart（1992）

资料来源：笔者根据相关文献整理。

二　顾客心理授权理论

（一）顾客心理授权的概念

服务业的快速发展和服务营销理念的不断更新，使顾客在服务过程中的角色开始呈现出明显变化。顾客已不再仅仅是企业的"上帝"，同时还可以是企业的兼职员工。随着这一观点得到越来越多营销学者的认同，员工授权理论开始从组织行为领域引入到市场营销和服务管理领域，部分国内外学者开始研究与顾客相关的授权问题，并逐步形成了顾客心理授权概念。但总体而言，由于顾客心理授权概念出现相对较晚，目前仍处于起步和探索阶段。

虽然顾客心理授权概念由员工心理授权延伸而来，但其与员工心理授权在权力系统等方面存在较大的区别。员工是组织中的一员，受组织管理和制约，与组织的关系并不对等。因而在大多数情况下，员工很可能是被动地接受组织授权。而顾客与组织之间的关系则完全不同，在组织面前，顾客具有极大的自主性。当组织授权给顾客时，顾客可以选择拒绝（如转换服务企业等），也可转而将此权利再还给组织，让组织替自己做出决策。因此，对顾客授权理论的研究不能完全照搬员工心理授权理论（韩小芸等，2011）。

与员工心理授权相似，与顾客相关的授权研究也有两个主要视角。一是顾客授权，即从企业角度研究怎样授权给顾客，主要侧重于企业的授权措施（Pires，2006；Guilherme 等，2006；Ramani 和 Kumar，2008）。Len 等（2006）将顾客控制自己选择的能力，作为顾客授权的核心内容。Pires（2006）、Guilherme 等（2006）均认为顾客授权是一个权利的转移过程，是企业为了使顾客能做出更好的消费决策而采取的一些特定措施，如增加顾客可以选择的服务项目，使顾客感受到自身拥有做出更好消费决

策的权利。Ramani 和 Kumar（2008）从企业角度出发，认为企业之所以
会给顾客授权，是因为企业想通过顾客这一载体实现某种目的，也就是说
顾客是企业实现其目标的一个途径。

二是顾客心理授权，即从被授权对象——顾客的角度出发，研究当企
业授权给顾客时，顾客在心理感知等内在方面的主观变化（Wathieu 等，
2002；Len 等，2006；韩小芸和冯欣，2012）。Wathieu 等（2002）认为，
授权的过程就是顾客的主观经历过程，强调的是个体心理感受；Len 等
（2006）从顾客心理角度出发，认为顾客心理授权反映的是顾客在服务经
历中能依据自身意愿进行控制的程度，而并不存在权利的真正转移；韩小
芸等（2010）开发了顾客心理授权的测量量表，并强调顾客心理授权是
顾客内在的对整个服务过程的一种控制感，这种控制感是在服务企业提供
给顾客一定授权措施和授权环境的前提下产生的。本书主要采用了韩小芸
等（2010，2011，2012）对顾客心理授权的观点。

（二）顾客心理授权的维度划分

对顾客心理授权的维度划分，目前尚无得到学界普遍认同的划分方
式，也缺少相应的测量量表。已有的维度划分方法主要有三维度和五维度
两类（参见表6.2）。Spreitzer（1995）对员工心理授权的四维度划分及其
测量量表，对顾客心理授权有一定的参考价值。但陈佩瑶和韩小芸
（2006）对旅游业的实证研究显示，消费意义是影响顾客心理授权的驱动
因素而不是组成部分，顾客心理授权只包括消费能力、消费自主权和消费
影响力三个方面。Robyn 等（2000）在对医疗服务业的实证研究中，提出
了患者这一类特殊顾客群体的心理授权，并将其划分为患者控制、患者参
与和患者支持三个维度。Corrigan 等（1998）则将顾客心理授权划分为社
区行为、自我效能感、义愤、权力和对未来的控制五个维度，并设计了相
应的量表，但尚未经过实证检验。国内学者韩小芸（2007）采用消费能
力、消费自主权和消费影响力三个维度，开发了顾客心理授权的测量量
表。此后，韩小芸等（2010，2011，2012）对顾客心理授权测量量表做
了进一步完善，并通过一系列实证检验，得出了顾客心理授权的三维度：
知情权、选择权和影响力。其中知情权指顾客感知到的服务企业提供服务
消费信息的充足度；选择权指顾客感知自身在消费过程中的自由选择度；
影响力指顾客感知到的对服务进程的影响度。本书主要参考韩小芸等
（2010，2011，2012）对顾客心理授权的维度划分方法。

表 6.2　　　　　　　　　　　　顾客心理授权的维度划分方法

	维度	相关学者
三维度	患者控制、患者参与、患者支持	Robyn 等（2000）
	消费能力、消费自主权、消费影响力	陈佩瑶和韩小芸（2006）
	知情权、选择权、影响力	韩小芸等（2010，2011，2012）
五维度	社区行为、自我效能感、义愤、权力和对未来的控制	Corrigan 等（1998）

资料来源：笔者根据相关文献整理。

（三）顾客心理授权的相关研究

与组织行为学中的员工心理授权相比，营销学领域对顾客授权的研究目前尚不成熟，对顾客心理授权的前因和后果研究还相对较少。综合已有研究，顾客心理授权的影响因素主要包括顾客信任感知、服务公平性、组织授权、员工心理授权、服务质量、控制欲、顾客教育等（Kucuk，2009；韩小芸等，2010；韩小芸和黎耀奇，2011；Xiaoyun 和 Sarenna，2012）。Kucuk（2009）指出，顾客心理授权受到顾客信任感知的影响，并最终影响顾客行为。韩小芸等（2010）的实证分析表明，服务公平性对顾客心理授权有正向影响。韩小芸和黎耀奇（2011）通过多层次模型分析，得出组织授权对顾客心理授权有正向影响，并以员工心理授权和员工服务质量为中介。Xiaoyun 和 Sarenna（2012）对旅行社顾客的实证研究表明，顾客教育对顾客心理授权有显著的直接正向影响。

黎冬梅和韩小芸（2006）以授权理论为基础，从服务质量和接触角度出发，分析和探讨了服务企业为什么要对顾客进行授权及顾客授权的内涵，并提出了顾客授权体系的建立思路。肖治（2010）对北京、上海和广州健身房顾客的实证分析发现，顾客心理授权在自我效能感的调节下，对顾客主人翁心态有正向影响，并由此而正向影响顾客公民行为。刘微（2010）指出顾客心理授权对顾客品牌体验和满意度均有直接正向影响。韩小芸和黎耀奇（2011）以组织、员工和顾客为对象的多层次模型分析表明，顾客心理授权以员工心理授权为负向调节，而对顾客满意度产生显著的正向影响。Unverdi - Creig 和 Jackson（2012）在构建顾客参与产品和服务合作生产模型时，将顾客心理授权作为顾客参与合作生产的前因变量。Xiaoyun 和 Sarenna（2012）指出，顾客心理授权对顾客感知风险有直接负向影响，同时对顾客感知消费价值有显著的直接正向影响。韩小芸和冯欣（2012）研究表明，顾客心理授权对顾客参与有显著正向影响。

第二节　研究假设和概念模型

一　研究假设

（一）顾客参与和顾客心理授权的关系假设

（1）信息共享与顾客心理授权的关系假设。信息共享（information sharing）被学者普遍认为是服务传递的先决条件（Ennew 和 Binks，1999）。它主要包含两个方面：一是服务企业的员工要向顾客提供信息，以对所提供的服务进行详尽说明，二是顾客因为想让自己获得的服务效果最大化，而向服务员工提供相应的信息。顾客积极参与服务过程的一个重要目的，就是通过参与获得心理上的控制感（韩小芸和冯欣，2012）。企业提供给了顾客信息共享的权利，顾客则会愿意在消费过程中付出更多的时间、精力和感情，以更好地参与价值共创活动，即顾客感知到了心理授权（Ramani 和 Kumar，2008）。且服务员工与顾客进行的信息共享程度越高，顾客感知到员工的解释度也越高（吕瑛，2012）。当服务企业给予顾客公开、透明、正确的信息时，顾客感知到的风险和环境控制成本就会较低，就更能明晰自己所处的环境，顾客采取行动对环境实施控制的意愿就会更强（韩小芸等，2010）。基于上述理论分析，提出如下研究假设：

H1a：信息共享对顾客选择权有显著正向影响。

H1b：信息共享对顾客知情权有显著正向影响。

H1c：信息共享对顾客影响力有显著正向影响。

（2）人际互动与顾客心理授权的关系假设。人际互动（personal interaction）是指在顾客与服务员工之间发生的互动，它包含如信任、支持、合作和承诺等一系列的关系特征。员工作为企业的资源，企业会为其提供机会和组织支持，这些因素及组织对员工的信任，都会对员工心理授权产生直接影响（Robbins 等，2002）。在服务消费情境下，也可以把人际互动看作是顾客心理授权的影响因素之一。顾客在消费过程中，通过与企业或服务人员进行互动，可以帮助自己进行消费权利的决策。在这一过程中，顾客不仅可以提升对自身的认知，还可以提升对服务环节的认知。当顾客对自身及服务过程更加了解之后，就能够判断自己能否对服务相关环节施加影响，即顾客就能感知到自己是否被企业授权（吕瑛，2012）。基于上述理论分析，提出如下研究假设：

H2a：人际互动对顾客选择权有显著正向影响。

H2b：人际互动对顾客知情权有显著正向影响。

H2c：人际互动对顾客影响力有显著正向影响。

（3）合作生产与顾客心理授权的关系假设。合作生产（co - production）是指顾客履行"兼职员工"的角色，以使服务过程得以顺利完成。顾客亲自参与到服务生产和传递的整个消费过程中，可以增加其对服务过程的了解和感知，从而判断出企业是否对顾客进行了授权，及在多大程度上进行了授权（Wathieu 等，2002）。Wathieu 等（2002）还指出，授权的过程不是企业给予顾客某些权利，而是顾客在参与服务生产和传递过程中所感受到的权利，它是顾客的主观经历过程和主观感受。Gulkherme 等（2006）认为服务企业使顾客产生心理授权的措施有很多，如增加服务项目供顾客选择、赋予顾客足够的权利进行消费决策；相反，如果顾客不参与到服务的生产和传递过程中，就不会对企业给予的权利产生感知。因此，合作生产是顾客感知到企业授权的基础。顾客可以看作是服务企业的"兼职员工"，因此有关员工的理论也可能适用于顾客。Conger 和 Kanungo（1988）、Robbins 等（2002）在员工授权研究中指出，员工参与能够影响员工的心理授权感知程度。在服务消费情境下，与服务企业的合作生产，同样也能使顾客产生对心理授权的感知。基于上述理论分析，提出如下研究假设：

H3a：合作生产对顾客选择权有显著正向影响。

H3b：合作生产对顾客知情权有显著正向影响。

H3c：合作生产对顾客影响力有显著正向影响。

（二）顾客参与和顾客公民行为的关系假设

File 等（1992）的研究发现，顾客参与会通过提高服务质量，而对顾客的良好口碑传播等公民行为产生积极促进作用。Rosenbaum 和 Massiah（2007）认为，顾客参与可以增强顾客的社会支持感、自信心和自尊心，从而激发顾客产生朝向组织、员工及其他顾客的各种公民行为。Bove 等（2009）从关系质量视角出发，指出顾客在以信息共享、人际互动和合作生产等方式参与服务生产和服务传递时，会与服务企业或员工建立起良好的合作信任关系，进而激发顾客公民行为。彭家敏和肖悦（2009）、范钧（2011）对旅游业的实证研究，验证了顾客参与对顾客公民行为有显著的直接和间接正向影响。刘洪深等（2012）指出，顾客参与是顾客在服务生产、传递过程中的角色内行为，而顾客公民行为则是具有自发性的角色外行为，且顾客参与会对顾客公民行为产生显著的正向影响。基于上述理论分析，提出如下研究假设：

H4a：信息共享对顾客公民行为有显著正向影响。

H4b：人际互动对顾客公民行为有显著正向影响。

H4c：合作生产对顾客公民行为有显著正向影响。

（三）顾客心理授权与顾客公民行为的关系假设

Spreitzer（1995）、Menon（2001）、Bradley 等（2006）、Ramani 和 Kumar（2008）、Gregory 等（2010）、王国猛等（2010）的研究表明，员工心理授权会对员工的利他助人、礼貌、回馈、表达意愿等组织公民行为产生积极影响。与此相类似，在服务消费情境下，顾客心理授权感的增加，意味着顾客感知到自身拥有更大的选择权、知情权和影响力，其对服务过程、服务环境和服务结果的控制感和权利意识也会更强。此时，他们就会更深切地感觉到自己是服务企业的"兼职员工"和服务结果的贡献者，并做出帮助服务企业对外宣传、向企业提供意见建议、帮助其他顾客等顾客公民行为。

Ramani 和 Kumar（2008）指出，顾客心理授权会正向影响基于顾客的关系绩效，培养顾客的主人翁精神，并促发顾客实施对企业进行积极的口碑宣传等角色外行为。Cho 和 Faerman（2010）的研究显示，顾客心理授权会对顾客角色外行为产生显著正向影响。如果服务企业授予顾客一定的权利，并让顾客感知到企业所授予的"权利"，顾客就有可能扩大自己能够施加影响的范围，并做出相应的顾客公民行为。顾客的心理授权越高，其主人翁心态就越强，其做出保护和改善企业的动机也就越大，这就意味着顾客很可能会实施更多的公民行为（肖治，2010）。韩小芸和冯欣（2012）的研究也表明，顾客心理授权对顾客实施帮助其他顾客、推荐等公民行为，具有积极的促进作用。基于上述理论分析，提出如下研究假设：

H5a：选择权对顾客公民行为有显著正向影响。

H5b：知情权对顾客公民行为有显著正向影响。

H5c：影响力对顾客公民行为有显著正向影响。

与此同时，从前述的理论分析和研究假设中可以推断，顾客心理授权在顾客参与对顾客公民行为的作用关系中，很可能存在一定的中介效应，并由此提出如下研究假设：

H6：顾客心理授权在顾客参与对顾客公民行为的作用关系中存在中介效应。

二　模型构建

基于上述理论分析和研究假设，本书建立了顾客参与、顾客心理授权和顾客公民行为作用关系的概念模型（参见图6.1）。

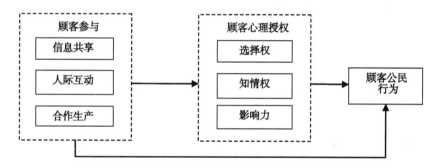

图6.1　顾客参与对顾客心理授权及顾客公民行为影响的概念模型

第三节　实证分析和假设检验

一　变量测量和数据获取

（一）变量测量

（1）顾客参与的测量。主要参考了 Ennew 和 Binks（1999）、Groth（2005）、Kimmy（2010）、彭艳君（2010）的测量量表，从信息共享、人际互动和合作生产三个维度进行测量，共11个问项（参见表6.3）。

（2）顾客公民行为的测量。主要参考了 Bettencourt（1997）、Groth（2005）等学者的测量量表，共3个问项（参见表6.4）。

表 6.3 顾客参与的测量量表

变量	编码	测量问项	参考来源
信息共享	gx1	我与工作人员交流了我需要的培训信息	Ennew 和 Binks（1999）；Groth（2005）；Kimmy（2010）；彭艳君（2010）
	gx2	工作人员与我讨论了培训课程的内容	
	gx3	我与工作人员共享了其他有关培训的信息	
人际互动	hd1	培训老师会与我互动交流培训有关的环节和内容	
	hd2	我参与了培训老师设置的互动环节	
	hd3	培训老师能激发我的互动热情	
	hd4	我对培训人员说明了我对培训内容的需求	
合作生产	hz1	我认为培训过程需要顾客配合培训老师的工作	
	hz2	我主动配合培训老师的工作	
	hz3	我有足够的能力完成培训老师期望我做的事情	
	hz4	为完成培训我可以做必须做的事情	

表 6.4 顾客公民行为的测量量表

变量	编码	测量问项	参考来源
顾客公民行为	ccb1	我会向我的家人、朋友推荐这家培训机构	Bettencourt（1997）Groth（2005）
	ccb2	我愿意向培训机构提供意见和建议	
	ccb3	我愿意帮助其他受培训者	

（3）顾客心理授权的测量。主要参考了 Spreitzer（1995）、韩小芸等（2010，2011，2012）的测量量表，从选择权、知情权和影响力三个维度进行测量，共 11 个问项（参见表 6.5）。

表 6.5 顾客心理授权的测量量表

变量	编码	测量问项	参考来源
选择权	xz1	我可以选择不同的区域接受培训	Spreitzer（1995）；韩小芸等（2010，2011，2012）
	xz2	我可以选择不同的培训老师	
	xz3	我可以选择不同的培训方式	
知情权	zq1	培训机构为我提供了各种企业背景信息	
	zq2	培训机构为我提供了各种服务项目信息	
	zq3	培训机构为我提供了各种消费优惠信息	
影响力	yx1	培训老师会根据我的具体情况调整培训方式	
	yx2	培训老师会根据我的要求增加额外的培训	
	yx3	培训老师会按照我的意愿提供我想要的培训	
	yx4	培训老师会根据具体情况为我推荐合适的培训组合	
	yx5	培训老师能够根据我的需求提供针对性培训	

（二）数据获取

（1）样本描述。本书以服务业中顾客参与程度较高、顾客公民行为较为显性的培训业为实证对象，并采用网络和现场两种方式，对经历过培训服务消费体验的样本顾客进行问卷调查，来获取研究数据。调查从2013年2月开始，历时两个多月。网络调查通过"问卷星"问卷调查平台进行，回收有效问卷224份；现场调查在杭州市下沙、滨江和小和山三个培训机构较为集中的高教园区进行，向53家培训机构的顾客发放问卷225份，回收有效问卷196份，有效回收率87.1%。本次问卷调查共计回收有效问卷420份。

样本的背景信息主要包括被调查者的性别、年龄、受教育程度、参与培训的类型等。对样本数据的描述性统计分析显示（参见表6.6），性别方面，男性占26.4%，女性占73.6%；年龄方面，20—25岁占98.1%，25—30岁占1.9%；受教育程度方面，高中及以下占0.7%，大专占52.1%，本科占26.0%，硕士及以上占21.2%；培训类型方面，主要涉及外语、汽车驾驶、职业技能、资格认证、艺术、计算机、财会金融等各类目前较为常见的培训业务。由此可见，调查样本的分布基本符合培训业顾客特征，具有较强的代表性。

表6.6　　　　　　　　　　样本背景信息描述

描述项	选项	频数（人）	占比（%）
性别	男	111	26.4
	女	309	73.6
年龄	20—25岁	412	98.1
	25—30岁	8	1.9
受教育程度	高中及以下	3	0.7
	大专	219	52.1
	本科	109	26.0
	硕士及以上	89	21.2
培训类型	外语	112	26.7
	计算机	9	2.1
	艺术	24	5.7
	汽车驾驶	86	20.5
	资格认证	47	11.2
	财会金融	8	1.9
	职业技能	73	17.4
	其他	61	14.5

（2）数据描述。本次问卷调查共收集有效问卷420份，已达到结构方程模型（SEM）对样本量的要求。根据样本数据的偏度（Skewness）和峰度（Kurtosis），来分析数据是否符合正态分布。分析结果显示（参见表6.7），各变量测量问项的偏度和峰度的绝对值均小于2。由此可见，样本数据基本服从正态分布，可以使用极大似然法进行结构方程模型分析。

表6.7   各测量问项的均值和标准差

维度和问项		均值	标准差	偏度	偏度标准误差	峰度	峰度标准误差
信息共享	gx1	3.29	1.047	−0.144	0.119	−0.430	0.238
	gx2	3.63	0.993	−0.417	0.119	−0.280	0.238
	gx3	3.80	1.000	−0.554	0.119	−0.250	0.238
人际互动	hd1	3.43	1.128	−0.363	0.119	−0.624	0.238
	hd2	3.28	1.070	−0.005	0.119	−0.666	0.238
	hd3	3.21	1.055	−0.119	0.119	−0.449	0.238
	hd4	3.37	1.052	−0.127	0.119	−0.609	0.238
合作生产	hz1	3.34	1.041	−0.119	0.119	−0.543	0.238
	hz2	3.30	1.001	−0.107	0.119	−0.426	0.238
	hz3	3.24	0.979	−0.211	0.119	−0.283	0.238
	hz4	3.31	1.002	−0.089	0.119	−0.561	0.238
选择权	xz1	3.40	1.028	−0.119	0.119	−0.692	0.238
	xz2	3.44	1.059	−0.213	0.119	−0.534	0.238
	xz3	3.45	1.061	−0.139	0.119	−0.705	0.238
知情权	zq1	3.19	1.156	−0.200	0.119	−0.772	0.238
	zq2	3.29	1.163	−0.249	0.119	−0.726	0.238
	zq3	3.30	1.217	−0.271	0.119	−0.807	0.238
影响力	yx1	3.18	1.178	−0.095	0.119	−0.803	0.238
	yx2	3.32	1.161	−0.234	0.119	−0.815	0.238
	yx3	3.17	1.089	−0.128	0.119	−0.664	0.238
	yx4	3.40	1.058	−0.276	0.119	−0.513	0.238
	yx5	3.59	1.045	−0.437	0.119	−0.376	0.238
顾客公民行为	ccb1	3.17	0.998	0.120	0.119	−0.470	0.238
	ccb2	2.87	0.838	0.182	0.119	0.126	0.238
	ccb3	3.19	0.980	0.029	0.119	−0.376	0.238

二　信度和效度分析

（一）信度分析

（1）顾客参与的信度分析。顾客参与各维度测量量表的信度分析结果显示（参见表6.8），信息共享维度、人际互动维度和合作生产维度的Cronbach's α 系数分别为0.814、0.801 和0.840，均大于0.7 的参考值；各测量问项的 CITC 值也远大于0.35，说明顾客参与各维度测量量表具有较好的信度。

表6.8　　　　　　　　　顾客参与各维度测量量表的信度分析

维度	问项	Cronbach's α 系数	CITC	删除该项后的 α 系数
信息共享	gx1	0.814	0.652	0.760
	gx2		0.747	0.661
	gx3		0.603	0.807
人际互动	hd1	0.801	0.657	0.729
	hd2		0.621	0.748
	hd3		0.616	0.750
	hd4		0.563	0.775
合作生产	hz1	0.840	0.664	0.802
	hz2		0.724	0.775
	hz3		0.662	0.803
	hz4		0.644	0.810

（2）顾客公民行为的信度分析。顾客公民行为测量量表的信度分析结果显示（参见表6.9），量表的 Cronbach's α 系数为0.762，各测量问项的 CITC 系数远大于0.35，删除该项后的 α 系数均低于总体 α 系数，说明顾客公民行为测量量表具有较好的信度。

表6.9　　　　　　　　　顾客公民行为测量量表信度分析

变量	问项	Cronbach's α 系数	CITC	删除该项后的 α 系数
顾客公民行为	ccb1	0.762	0.622	0.650
	ccb2		0.615	0.669
	ccb3		0.557	0.725

（3）顾客心理授权的信度分析。顾客心理授权各维度测量量表的信度分析结果显示（参见表6.10），知情权维度、选择权维度和影响力维度的 Cronbach's α 系数分别为 0.751、0.812、0.840，均大于 0.7 的参考值；各测量问项的 CITC 值也远大于 0.35，说明顾客心理授权各维度测量量表具有较好的信度。

表6.10 **顾客心理授权各维度测量量表信度分析**

维度	问项	Cronbach's α 系数	CITC	删除该项后的 α 系数
知情权	zq1	0.751	0.473	0.783
	zq2		0.627	0.613
	zq3		0.647	0.586
选择权	xz1	0.812	0.667	0.738
	xz2		0.703	0.699
	xz3		0.619	0.787
影响力	yx1	0.840	0.651	0.806
	yx2		0.655	0.805
	yx3		0.670	0.801
	yx4		0.612	0.816
	yx5		0.634	0.811

（二）效度分析

（1）顾客参与的探索性因子分析。顾客参与各维度的 KMO 值和巴特利特球体检验结果显示（参见表 6.11），顾客参与的 KMO 值为 0.911，大于 0.7 的参考值，说明顾客参与各维度测量问项具有较强的相关性；且巴特利特球体检验的 χ^2 统计值的显著性概率为 0.000，小于 0.01。利用主成分分析法和最大方差法，对顾客参与 11 个测量问项进行探索性因子分析，并选择显示载荷大于 0.5 的值。因子分析结果显示（参见表 6.12），11 个问项共产生 3 个因子，各变量测量问项大于 0.5 的因子载荷均呈现在相同因子上，说明顾客参与各维度测量量表具有较好的效度。与此同时，顾客参与 3 个因子对总体方差累计解释为 67.801%（参见表 6.13）。

表6.11 顾客参与各维度的KMO样本充分性测度和巴特利特球体检验

评价指标		社会资本
KMO		0.911
巴特利特球体	Approx. chi – Square	2071.189
df		55
Sig.		0.000

表6.12 顾客参与探索性因子分析结果

变量	问项	因子1	因子2	因子3
信息共享	gx1			0.837
	gx2			0.806
	gx3			0.664
人际互动	hd1		0.724	
	hd2		0.778	
	hd3		0.777	
	hd4		0.626	
合作生产	hz1	0.730		
	hz2	0.777		
	hz3	0.771		
	hz4	0.719		

表6.13 顾客参与的总方差解释表

因子	提取平方和载入			旋转平方和载入		
	特征值	解释变异（%）	累计解释变异（%）	特征值	解释变异（%）	累计解释变异（%）
1	5.399	49.083	49.083	2.694	24.492	24.492
2	1.114	10.131	59.215	2.480	22.544	47.036
3	0.945	8.587	67.801	2.284	20.765	67.801

（2）顾客心理授权的探索性因子分析。顾客心理授权三维度（选择权、知情权、影响力）的KMO测度值和巴特利特球体检验结果显示（参见表6.14），顾客心理授权的KMO值为0.890，大于0.7的参考值，说明顾客心理授权各维度测量问项具有较强的相关性；且巴特利特球体检验的χ^2统计值的显著性概率为0.000，小于0.01。利用主成分分析法和最大方

差法，对 11 个测量问项进行探索性因子分析。因子分析结果显示（参见表 6.15），11 个问项共产生 3 个因子，各变量测量问项大于 0.5 的因子载荷均呈现在相同因子上，说明顾客心理授权各维度测量量表具有较好的效度。与此同时，顾客心理授权 3 个因子对总体方差累计解释为 66.479%（参见表 6.16）。

表 6.14　顾客心理授权三维度 KMO 分析值和巴特利特球体检验分析结果

评价指标		社会资本
KMO		0.890
巴特利特球体	Approx. chi – Square	1944.275
	df	55
	Sig.	0.000

表 6.15　　　　　顾客心理授权探索性因子分析结果

变量	问项	因子 1	因子 2	因子 3
选择权	xz1			0.779
	xz2			0.750
	xz3			0.683
知情权	zq1		0.833	
	zq2		0.856	
	zq3		0.727	
影响力	yx1	0.722		
	yx2	0.702		
	yx3	0.772		
	yx4	0.734		
	yx5	0.676		

表 6.16　　　　　顾客心理授权的总方差解释

因子	提取平方和载入			旋转平方和载入		
	特征值	解释变异（%）	累计解释变异（%）	特征值	解释变异（%）	累计解释变异（%）
1	5.111	46.462	46.462	3.109	28.267	28.267
2	1.300	11.822	58.283	2.253	20.482	48.750
3	0.901	8.195	66.479	1.950	17.729	66.479

（3）顾客公民行为探索性因子分析。顾客公民行为的 KMO 测度值和巴特利特球体检验结果显示（参见表 6.17），顾客公民行为的 KMO 值为0.791，大于0.7的参考值，说明顾客公民行为各测量问项具有较强的相关性；且巴特利特球体检验的 χ^2 统计值的显著性概率为 0.000，小于0.01。利用主成分分析法和最大方差法，对 3 个测量问项进行探索性因子分析。分析结果显示（参见表 6.18），3 个问项共产生一个因子，各变量测量问项大于0.5的因子载荷均呈现在唯一因子上，说明顾客公民行为测量量表具有较好的效度。与此同时，该因子对总体方差累计解释为68.184%（参见表 6.19）。

表 6.17　顾客公民行为 KMO 分析值和巴特利特球体检验分析结果

评价指标		社会资本
KMO		0.791
巴特利特球体	Approx. chi – Square	324.360
	df	3
	Sig.	0.000

表 6.18　顾客公民行为的因子分析结果

变量	问项	因子 1
顾客公民行为	ccb1	0.884
	ccb2	0.837
	ccb3	0.795

表 6.19　顾客公民行为的总方差解释表

因子	提取平方和载入			旋转平方和载入		
	特征值	解释变异（%）	累计解释变异（%）	特征值	解释变异（%）	累计解释变异（%）
1				2.046	68.184	68.184

（三）验证性因子分析

对测量模型的验证性因子分析结果显示（参见表 6.20、图 6.2），各问项与所对应维度的标准化路径系数为 0.58—0.88，均大于 0.5 的参考值；各维度之间的标准化路径系数为 0.54—0.77，且具有统计显著性（p = 0.000 < 0.05）；t 值均大于 2.0，组合信度 CR 值均大于 0.75，平均提

取方差 AVE 值均大于 0.5，表明各问项具有较好的效度。测量模型的各拟合指数也均基本达到要求，说明模型拟合良好，是有效的。由此可见，本书的测量量表有较好的效度，关系模型和研究假设有一定的合理性，可以对各变量间的作用关系做进一步分析。

表 6.20　　　　　　测量模型的验证性因子分析结果

变量	测量问项	因子载荷	t 值	CR	AVE
信息共享	gx1	0.750	13.877	0.823	0.611
	gx2	0.882	15.475		
	gx3	0.757	—		
人际互动	hd1	0.668	12.940	0.802	0.503
	hd2	0.693	12.069		
	hd3	0.718	12.427		
	hd4	0.702	—		
合作生产	hz1	0.745	14.409	0.841	0.570
	hz2	0.814	15.680		
	hz3	0.730	14.128		
	hz4	0.730	—		
选择权	xz1	0.787	14.170	0.765	0.526
	xz2	0.799	14.298		
	xz3	0.727	—		
知情权	zq1	0.576	11.642	0.815	0.594
	zq2	0.745	15.581		
	zq3	0.832	—		
影响力	yx1	0.716	13.753	0.841	0.514
	yx2	0.729	14.009		
	yx3	0.727	13.964		
	yx4	0.688	13.223		
	yx5	0.723	—		
顾客公民行为	ccb1	0.780	12.763	0.769	0.527
	ccb2	0.737	12.287		
	ccb3	0.655	—		

拟合指标	χ^2	df	p	χ^2/df	RMSEA	GFI	NFI	CFI
具体数值	425.730	254	0.000	1.676	0.040	0.925	0.921	0.966

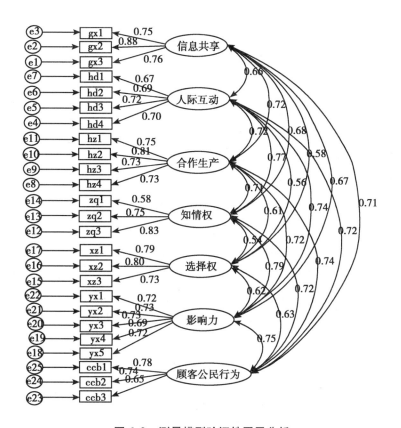

图 6.2　测量模型验证性因子分析

（四）相关性分析

各变量的相关性分析结果显示（参见表 6.21），顾客参与各维度、顾客心理授权各维度及顾客公民行为之间，存在显著的正向相关关系，相关系数为 0.458—0.668。说明各变量之间存在中等水平的正相关，变量之间的共同变异不是很高。因此，可对顾客参与各维度、顾客心理授权各维度及顾客公民行为之间的作用关系做进一步分析。

表 6.21　　　　　　　　各变量的相关性分析结果

变　量	1	2	3	4	5	6	7
1. 信息共享	1						
2. 人际互动	0.551 **	1					
3. 合作生产	0.621 **	0.602 **	1				
4. 知情权	0.580 **	0.622 **	0.604 **	1			

续表

变　量	1	2	3	4	5	6	7
5. 选择权	0.478 **	0.458 **	0.512 **	0.469 **	1		
6. 影响力	0.562 **	0.616 **	0.607 **	0.646 **	0.525 **	1	
7. 顾客公民行为	0.632 **	0.602 **	0.649 *	0.641 **	0.544 **	0.668 **	1

注: ** 表示 $p < 0.01$, * 表示 $p < 0.05$ 。

（五）统计变量与各变量的变异数分析

为了解各个变量在不同人口统计变量上是否存在显著差异，本书利用单因素方差分析法，来检验年龄、性别、教育程度和培训类型，在顾客参与、顾客心理授权和顾客公民行为上的差异性。分析结果显示（参见表6.22），在不同性别、年龄和培训类型中，顾客参与、顾客心理授权和顾客公民行为均不存在显著差异。受教育程度对上述变量有一定的影响，如受教育水平为2（高中文化程度）的培训业样本顾客，比其他受教育水平顾客的公民行为倾向更强。这可能是因为与大专及以上受教育水平顾客相比，高中文化程度的顾客受教育水平偏低且在样本顾客中占极少数。在培训过程中，他们可能更为敏感而缺乏自信，且对培训服务的重视和关注程度也相对较高。

表 6.22　　　　　　　　人口特性与各变量变异数分析结果

		信息共享	人际互动	合作生产	选择权	知情权	影响力	顾客公民行为
性别	F 值	0.070	1.253	1.174	1.384	0.000	0.994	0.292
	显著水平	0.791	0.264	0.279	0.240	0.999	0.319	0.589
	事后比较							
年龄	F 值	3.941	0.073	1.609	3.280	0.003	1.458	2.489
	显著水平	0.048	0.787	0.2053	0.071	0.955	0.228	0.115
	事后比较							
教育程度	F 值	2.469	6.587	9.296	1.232	5.357	6.718	4.875
	显著水平	0.062	0.000	0.000	0.298	0.001	0.000	0.002
	事后比较							2 > 5 > 3 > 4
培训类型	F 值	1.838	1.315	2.134	1.733	1.521	3.188	2.883
	显著水平	0.079	0.241	0.039	0.100	0.158	0.003	0.006
	事后比较							

三　结构方程模型分析

（一）初始模型分析结果

基于前文对顾客参与、顾客心理授权与顾客公民行为作用关系的概念模型和相关研究假设，运用 AMOS 18.0 软件对样本数据进行结构方程模型分析（SEM）。结构方程初始模型及分析结果显示（参见表 6.23、图 6.3），虽然结构方程初始模型的 p 值 <0.05，但 χ^2/df 的值为 1.775，远小于 3 的标准值，因此可以对 χ^2 不显著的要求忽略不计；RMSEA 的值为 0.043，小于参考值 0.08；IFI、TLI、GFI、CFI 的值分别为 0.961、0.954、0.919 和 0.960，均大于 0.90 的参考值，说明模型拟合度较好。路径假设方面，15 条路径假设中，有 13 条路径的 C. R. 值大于 1.96，且相关路径在 p = 0.05 水平上具有显著性；但"顾客公民行为←人际互动"（p = 0.305 > 0.05，C. R. 值 = 1.027 < 1.96）、"顾客公民行为←知情权"（p = 0.174 > 0.05，C. R. 值 = 1.360 < 1.96）两条路径未能通过显著性检验。由此可见，结构方程初始模型虽然拟合较好，但仍需要进行一定的修正。

表 6.23　　　　　　　　　　初始模型分析结果

研究假设	假设路径	标准化路径系数	C. R. 值	p 值
H1a	选择权←信息共享	0.230	2.697	0.007
H1b	知情权←信息共享	0.184	2.411	0.016
H1c	影响力←信息共享	0.172	2.398	0.016
H2a	选择权←人际互动	0.209	2.367	0.018
H2b	知情权←人际互动	0.530	5.829	***
H2c	影响力←人际互动	0.477	5.892	***
H3a	选择权←合作生产	0.300	3.086	0.002
H3b	知情权←合作生产	0.204	2.359	0.018
H3c	影响力←合作生产	0.263	3.179	0.001
H4a	顾客公民行为←信息共享	0.160	2.026	0.043
H4b	顾客公民行为←人际互动	0.122	1.027	0.305
H4c	顾客公民行为←合作生产	0.190	2.078	0.019
H5a	顾客公民行为←选择权	0.149	2.363	0.038
H5b	顾客公民行为←知情权	0.139	1.360	0.174
H5c	顾客公民行为←影响力	0.220	2.347	0.019

拟合指标	p	χ^2/df	RMSEA	IFI	TLI	GFI	CFI
具体数值	0.000	1.775	0.043	0.961	0.954	0.919	0.960

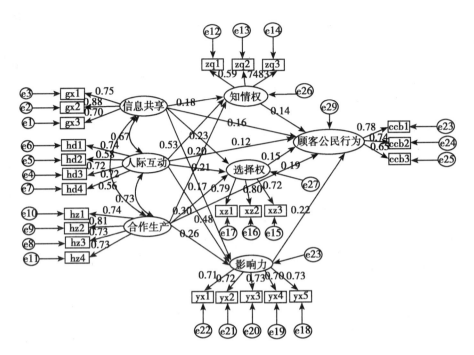

图 6.3　顾客参与、顾客心理授权与顾客公民行为的结构方程初始模型

(二) 修正模型及其拟合结果

在结构方程初始模型两条未被验证的路径假设中，先将"顾客公民行为←知情权"假设路径（H5b）删除，并再次导入样本数据进行拟合运算。结构方程修正模型及分析结果显示（参见表 6.24、图 6.4），虽然 p 值 = 0.000 < 0.05，但 χ^2/df 的值为 1.776 < 2，因此可对 χ^2 不显著的要求忽略不计；RMSEA 值为 0.043 < 0.08；IFI、TLI、GFI 和 CFI 的值分别为 0.961、0.954、0.919 和 0.960，均大于 0.90 的参考值；所有显变量和潜变量间的标准化路径系数均在 0.5 以上，对应的 C. R. 值均大于 1.96 的临界值，至少在 p = 0.05 的水平上具有统计显著性；所有内生潜变量和外生潜变量间的路径 C. R. 值均大于 1.96，至少在 p = 0.05 水平上具有统计显著性，即结构方程修正模型中剩余的 14 条假设路径均达到了模型拟合要求。由此可见，修正模型拟合良好且比初始模型有所改善，已无进一步修正的必要。

进一步分析各变量之间的直接效应、间接效应和总效应。结果显示（参见表 6.25），顾客参与的信息共享、人际互动和合作生产维度，既对顾客公民行为产生显著的直接正向影响，直接效应分别为 0.182、0.205、

0.210；同时又以顾客心理授权的选择权和影响力维度为中介，而对顾客公民行为产生显著的间接正向影响，间接效应分别为 0.073、0.141、0.103，直接效应大于间接效应。由此可见，顾客心理授权在顾客参与和顾客公民行为作用关系中存在部分中介效应。

表 6.24　　　　　　　　　　　修正模型分析结果

研究假设	假设路径	标准化路径系数	C. R. 值	p 值
H1a	选择权←信息共享	0.230	2.702	0.007
H1b	知情权←信息共享	0.182	2.430	0.015
H1c	影响力←信息共享	0.172	2.387	0.017
H2a	选择权←人际互动	0.210	2.381	0.017
H2b	知情权←人际互动	0.535	6.378	***
H2c	影响力←人际互动	0.479	5.912	***
H3a	选择权←合作生产	0.299	3.093	0.002
H3b	知情权←合作生产	0.203	2.381	0.017
H3c	影响力←合作生产	0.261	3.179	0.001
H4a	顾客公民行为←信息共享	0.182	2.364	0.018
H4b	顾客公民行为←人际互动	0.205	2.153	0.031
H4c	顾客公民行为←合作生产	0.210	2.347	0.019
H5a	顾客公民行为←选择权	0.143	2.273	0.023
H5c	顾客公民行为←影响力	0.231	2.480	0.013

拟合指标	p	χ^2/df	RMSEA	IFI	TLI	GFI	CFI
具体数值	0.000	1.776	0.043	0.961	0.954	0.919	0.960

注：因在修正模型中 H5b 的相关假设路径已被删除，故表 6.24 并无出现。

表 6.25　　修正模型的直接效应、间接效应与总效应分析（标准化）

效应	维度	信息共享	人际互动	合作生产	知情权	选择权	影响力
直接效应	知情权	0.182	0.535	0.203	0.000	0.000	0.000
	选择权	0.230	0.210	0.299	0.000	0.000	0.000
	影响力	0.172	0.479	0.261	0.000	0.000	0.000
	顾客公民行为	0.182	0.205	0.210	0.000	0.143	0.231
间接效应	知情权	0.000	0.000	0.000	0.000	0.000	0.000
	选择权	0.000	0.000	0.000	0.000	0.000	0.000
	影响力	0.000	0.000	0.000	0.000	0.000	0.000
	顾客公民行为	0.073	0.141	0.103	0.000	0.000	0.000

续表

效应		信息共享	人际互动	合作生产	知情权	选择权	影响力
总效应	知情权	0.182	0.535	0.203	0.000	0.000	0.000
	选择权	0.230	0.210	0.299	0.000	0.000	0.000
	影响力	0.172	0.479	0.261	0.000	0.000	0.000
	顾客公民行为	0.254	0.345	0.314	0.000	0.143	0.231

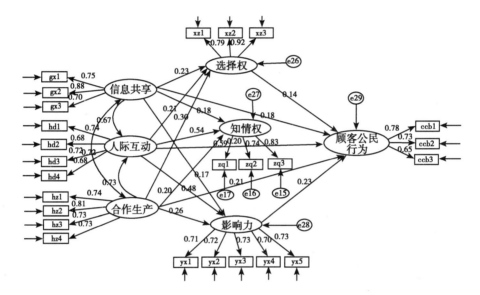

图 6.4　结构方程修正模型

（三）研究假设的验证结果

结构方程修正模型及分析结果显示，假设 H5b "知情权对顾客公民行为有显著正向影响"未得到有效支持；假设 H6 "顾客心理授权在顾客参与对顾客公民行为的作用关系中存在中介效应"得到了部分支持，其余研究假设则得到了有效支持（参见表 6.26）。

表 6.26　　　　　　　　　　研究假设的验证结果

假设编号	研究假设	验证结果
H1a	信息共享对顾客选择权有显著正向影响	支持
H1b	信息共享对顾客知情权有显著正向影响	支持
H1c	信息共享对顾客影响力有显著正向影响	支持
H2a	人际互动对顾客选择权有显著正向影响	支持

续表

假设编号	研究假设	验证结果
H2b	人际互动对顾客知情权有显著正向影响	支持
H2c	人际互动对顾客影响力有显著正向影响	支持
H3a	合作生产对顾客选择权有显著正向影响	支持
H3b	合作生产对顾客知情权有显著正向影响	支持
H3c	合作生产对顾客影响力有显著正向影响	支持
H4a	信息共享对顾客公民行为有显著正向影响	支持
H4b	人际互动对顾客公民行为有显著正向影响	支持
H4c	合作生产对顾客公民行为有显著正向影响	支持
H5a	选择权对顾客公民行为有显著正向影响	支持
H5b	知情权对顾客公民行为有显著正向影响	不支持
H5c	影响力对顾客公民行为有显著正向影响	支持
H6	顾客心理授权在顾客参与对顾客公民行为的作用关系中存在中介效应	部分支持

第四节　研究结论和管理启示

一　研究结论

（一）顾客参与各维度对顾客心理授权各维度有显著正向影响

实证分析结果显示，顾客参与的信息共享（路径系数分别为 0.230、0.182、0.172，p 值分别为 0.007、0.015、0.017）、人际互动（路径系数分别为 0.210、0.535、0.479，p 值分别为 0.017、***、***）和合作生产（路径系数分别为 0.299、0.203、0.261，p 值分别为 0.002、0.017、0.001）三维度，对顾客心理授权的选择权、知情权、影响力三维度均有显著正向影响。由此可见，信息共享、人际互动和合作生产作为顾客参与的主要方式，均能对强化顾客心理授权发挥不同程度的积极作用。其中人际互动对顾客知情权和影响力的正向影响作用相对较强，合作生产对顾客选择权的正向影响略高于其他参与方式。顾客与服务企业员工的人际互动，能强化顾客与企业之间的信任、支持和承诺等关系特征，并使顾客感知到更强的服务消费相关隐性知识获取能力和服务过程影响能力；通过合作生产，顾客与服务企业共同完成了整个服务的生产过程，并由此感知到对服务更多的自由选择权利和机会。

（二）顾客心理授权的选择权和影响力维度对顾客公民行为有显著正向影响

实证分析结果显示，顾客心理授权的选择权维度（路径系数为0.143，p值为0.023）和影响力维度（路径系数为0.231，p值为0.013），对顾客公民行为均有显著正向影响。由此可见，在服务生产、传递和消费过程中，当顾客在选择权、影响力等方面有越强的自我控制感，越有助于激发其公民行为。顾客心理授权的知情权维度对顾客公民行为的正向影响则未得到有效验证，其原因可能是与顾客心理授权的其他维度相比，知情权往往被认为是顾客固有的、服务企业必须赋予的基础性权利。在很多时候，知情权是一种保健因素而非激励因素，即没有它会导致顾客不满，但拥有它并不会对顾客公民行为产生显著的激励作用。

（三）顾客参与各维度对顾客公民行为有显著的直接和间接正向影响

实证分析结果显示，顾客参与的信息共享（路径系数为0.182，p值为0.018）、人际互动（路径系数为0.205，p值为0.031）和合作生产（路径系数为0.210，p值为0.019）维度，对顾客公民行为均有显著的直接正向影响。与此同时，顾客参与各维度还以顾客心理授权的选择权和影响力维度为中介，对顾客公民行为产生间接正向影响。进一步的间接效应和总效应分析结果显示，信息共享、人际互动、合作生产对顾客公民行为的间接效应分别为0.073、0.141、0.103，总效应分别为0.254、0.345、0.314。由此可见，顾客心理授权的选择权和影响力维度，在顾客参与各维度和顾客公民行为关系中起部分中介作用。顾客参与对顾客公民行为的促进作用，在一定程度上是通过强化顾客心理授权来实现的。

二　管理启示

（一）高度重视并积极培养顾客公民行为

在服务业不断壮大、竞争异常激烈的今天，服务企业往往需要为收效甚微的营销推广活动付出巨大的经济成本。作为一种非服务消费所必需的顾客自发行为，顾客公民行为对提升服务企业经营绩并获取竞争优势有重要的促进作用，如顾客向家人、朋友的主动推荐行为能帮助服务企业树立良好企业形象并不断吸引新顾客，使企业获得无成本的口碑传播；顾客意见和建议能帮助服务企业及时了解顾客需求、持续改善服务产品和服务质量；顾客间的相互帮助不仅节省了企业员工的时间成本，还能为服务企业营造一个良好的顾客环境，增强顾客良好的服务体验和满意度。因此，服务企业应积极采取强化顾客参与、增强顾客心理授权等多种途径和方式，努力培养并不断激发顾客公民行为。

（二）激励和强化多种形式的顾客参与行为

研究显示，在服务生产、传递和消费过程中，顾客参与的信息共享、人际互动和合作生产等方式和行为，都有助于增强顾客心理授权，并对顾客公民行为有显著的直接或间接正向影响。因此，服务企业应采取各种有效激励措施，不断强化顾客参与行为，提高顾客参与程度，拓展顾客参与途径。如提高服务人员的服务意识和沟通技能，友好、主动地与顾客开展各类信息共享、人际互动和合作生产活动；提供适当的物质或精神激励，激励顾客的参与行为并实现良性循环；充分利用网络技术和信息技术，搭建或利用虚拟社区等各类平台或载体，为顾客提供便利的参与渠道，保持与顾客的长期互动和沟通等。

（三）尊重顾客并不断提高其在服务过程中的心理授权

研究显示，顾客心理授权的选择权维度和影响力维度，对顾客公民行为有显著正向影响。因此，在服务生产、传递和消费过程中，服务企业应充分认识到顾客心理授权的重要性，对顾客以足够的尊重。并在深入了解顾客心理需求基础上，通过强化顾客参与等各种有效措施，增强顾客对服务的控制感及对自身选择权、影响力的感知，以充分发挥心理授权对顾客公民行为的积极促进作用。此外，顾客心理授权的知情权维度对顾客公民行为的正向影响虽未得到有效验证，但知情权作为顾客的一种基础性权利，是提升服务感知质量和顾客满意度的根本保障，同样应得到服务企业的高度重视。

三　研究局限和展望

本章的研究也存在一定的局限性。一是以教育培训业企业的顾客为调研对象，被调查者大多为拥有大专以上学历的年轻人，在行业选择和顾客特征等方面存在一定的局限，影响了研究结论的普适性；二是在模型构建中，未充分考虑其他可能的因素、情境或变量，如行业类别、服务特性、参与动机、顾客交互等；三是顾客参与的三维度之间可能存在一定的协同或交互效应，本书未对此做出深入剖析。在后续研究中，应充分考虑上述问题，对顾客参与、心理授权和顾客公民行为的作用关系，做更为系统、广泛、深入的理论和实证研究。

附录 6.1　顾客心理授权和顾客公民行为调查问卷

尊敬的先生/女士：

您好！我们来自×××大学×××学院，现正在对培训行业顾客进行调研，其目的在于研究培训业中顾客参与对顾客公民行为的影响。本问卷仅为学术研究所用，以匿名形式进行，您填写的信息我们都将严格保密。十分感谢您的协助和支持！

一　基本背景资料

1. 您是否参加过个人培训（包括各种辅导班）：□是　　□否　　（如选择否，问卷调查结束）

2. 您最近一次参加的是哪类培训？（可多选）

□外语类　□计算机类　□艺术类　□驾校　□资格认证类　□财会金融类　□职业技能　□其他类型（请注明）＿＿＿＿＿＿＿＿

3. 您的性别是：　　□男　　□女

4. 您的年龄是：

□18 岁及以下　□19—25 岁　□26—30 岁　□31—40 岁　□41—50岁　□51 岁及以上

5. 您的教育程度是：

□初中及以下　□高中（包括中专）　　□大专　　□本科　　□硕士及以上

二　请您根据在这家培训机构消费的亲身经历和真实想法回答以下问题（问题后的数字表示您同意的程度：1 表示非常不同意，5 表示非常同意，数字越小，表示您越不同意。）

序号	问项	非常不同意→非常同意				
1	我与工作人员交流了我需要的培训信息	1	2	3	4	5
2	工作人员与我讨论了培训课程的内容	1	2	3	4	5
3	我与工作人员之间共享了其他有关培训的信息	1	2	3	4	5
4	培训老师会与我互动交流培训有关的环节或内容	1	2	3	4	5

续表

序号	问项	非常不同意——非常同意				
5	我参与了培训老师设置的互动环节	1	2	3	4	5
6	培训老师能激发我的互动热情	1	2	3	4	5
7	我对培训人员说明了我对培训内容的需求	1	2	3	4	5
8	我认为培训过程需要顾客配合培训老师的工作	1	2	3	4	5
9	我主动配合培训老师的工作	1	2	3	4	5
10	我有足够的能力完成培训老师期望我做的事情	1	2	3	4	5
11	为完成培训我可以做必须做的事情	1	2	3	4	5
12	我可以选择不同的区域接受培训	1	2	3	4	5
13	我可以选择不同的培训老师为我培训	1	2	3	4	5
14	我可以选择不同的培训方式	1	2	3	4	5
15	培训机构为我提供了各种企业背景信息	1	2	3	4	5
16	培训机构为我提供了各种服务项目信息	1	2	3	4	5
17	培训机构为我提供了各种消费优惠信息	1	2	3	4	5
18	培训老师会根据我的具体情况来调整培训方式	1	2	3	4	5
19	培训老师会根据我的要求增加额外的培训	1	2	3	4	5
20	培训老师会按照我的意愿来提供我想要的培训	1	2	3	4	5
21	培训老师会根据具体情况为我推荐合适的培训组合	1	2	3	4	5
22	培训老师能够根据我的需求提供有针对性培训	1	2	3	4	5
23	我会向我的家人、朋友推荐这家培训机构	1	2	3	4	5
24	我愿意向培训机构提供意见和建议	1	2	3	4	5
25	在这家培训机构培训时我愿意帮助其他受培训者	1	2	3	4	5
26	培训老师非常有礼貌	1	2	3	4	5
27	培训老师非常尊重我	1	2	3	4	5
28	培训老师非常热心地对我进行培训	1	2	3	4	5
29	培训老师对所有受培训者一视同仁，没有偏差对待	1	2	3	4	5
30	培训老师具有丰富的专业知识	1	2	3	4	5

问卷到此结束，感谢您的配合，谢谢！

第七章

网络互动和顾客公民行为

第一节 虚拟品牌社区中的顾客公民行为

一 蓬勃发展的虚拟品牌社区

在日趋激烈的市场环境下，科技进步和技术扩散使产品同质化现象越来越严重，"山寨"现象也日益增多，品牌已成为企业的重要竞争优势。品牌社区作为"忠诚消费者"的集中地，通过品牌为连接纽带，将人们以新的社区方式联系起来。品牌社区能通过社会化方式对消费者产生持久而深刻的影响，因而日益受到企业的关注和重视，许多知名企业纷纷开始组建并运作自己的品牌社区。在理论界，诸多中外学者也已对品牌社区（brand community）的概念、属性特征、形成机制和作用机制等问题，进行了深入研究。

进入 21 世纪以后，信息时代的来临使品牌社区又面临着新的发展机遇和挑战。互联网技术的迅猛发展和广泛应用，改变了社会沟通中的信息传递和接收方式，进而影响了人们生活方式和生活环境。互联网越来越成为人们日常沟通的一个常用载体，越来越多的人开始习惯于在网络虚拟空间内，用 E-mail、BBS、QQ、微信等工具进行在线交流。随着这种脱离了地理和空间限制的虚拟交流的产生、持续和模式化，就形成了基于个体兴趣和专门化需求基础的虚拟共同体，即"虚拟社区"。Armstrong 和 Hagel（1996）将虚拟社区描述为信息时代最为有效的商业模型，他们认为网络社区是最能够满足消费者沟通、咨询和娱乐需求，同时还能满足企业在社会和商业上的多元需要。

而那些以某个特定产品或品牌为交流核心和纽带的虚拟社区，就逐渐发展成为具有重大商业价值的"虚拟品牌社区"。虚拟品牌社区使品牌社区的影响超越了地理的限制，对企业有效识别品牌忠诚者及对品牌感兴趣的大众顾客群体，促进顾客的购买行为；强化品牌推广、提升品牌关系和品牌价值、培养忠诚顾客；发掘顾客潜在需求，获取新产品开发所需的创意等，均有积极的促进作用（Algesheimer 等，2005；Chu 和 Chan，2009；Casaló 等，2010）。目前，已有诸多通过虚拟品牌社区来打造知名品牌的成功案例，如联想的 think 论坛、索尼的"索尼之家"论坛、安卓网的手机品牌子论坛、中关村在线的笔记本品牌子论坛、魅族论坛、凡客等。利用虚拟品牌社区开展各类市场营销活动，已成为提升企业经营绩效的重要途径之一。

二　虚拟品牌社区中的顾客公民行为

传统的顾客行为研究对顾客购买、顾客保留等顾客角色内行为较为关注，而往往忽视了品牌推荐、口碑传播等购买行为之外的，对服务企业有积极意义的顾客角色外行为（extra – role behavior）。这些顾客角色外行为主要包括：主动向他人推荐产品和服务、参与服务企业的活动、帮助服务企业管理其他顾客，以及顾客在服务过程中主动帮助服务人员、对服务失误表示宽容等善意行为（Bove 等，2008）。这些行为有助于服务企业扩大知名度、降低成本，并提高服务质量和运营效率。与此同时，来自顾客的信息也是服务企业重要的创新来源（卢俊义和王永贵，2010）。顾客公民行为（customer citizenship behavior）理论的提出，将上述对服务企业有利的顾客角色外行为视为一个整体，较全面地揭示了顾客各种行为之间的相关性和统一性，对服务企业系统管理顾客角色外行为具有重要意义（Bettencourt，1997）。

在虚拟品牌社区中，顾客作为社区的主要成员，也会表现出诸多的公民行为。如积极参与社区活动，向社区提供建设性的反馈意见和建议，展示或推荐品牌相关的产品，帮助或管理社区中的其他顾客，谅解或体谅社区或相关品牌、企业的失误等。虚拟品牌社区中顾客公民行为的发生，受到多种内外部因素的影响。其中顾客之间及顾客与社区间的频繁互动、交流和沟通，能有效强化顾客价值观认同感、提升顾客知识技能水平、改善顾客人际关系，从而有利于顾客公民行为的发生，并促进虚拟品牌社区发展及相关企业经营和品牌建设。

因此，以网络虚拟品牌社区为载体，通过强化网络互动来提高顾客组织社会化程度，从而不断激发顾客的公民行为，使顾客主动承担部分员工的角色，对企业提升经营绩效有十分积极的意义（Halbesleben 和 Buckley，2004；Evans 等，2008）。已有研究对传统的顾客角色内行为相对更为关注，对虚拟品牌社区的研究也主要集中在其作用机制等方面，针对虚拟品牌社区中顾客公民行为的相关研究较为缺乏。据此，本书拟从顾客组织社会化视角出发，就虚拟品牌社区互动对于顾客公民行为的影响机制问题做较为深入的理论和实证研究，以进一步拓宽品牌管理和消费行为的研究领域，并为企业构建和管理虚拟品牌社区提供一定的理论借鉴。

第二节   理论回顾和研究假设

一   理论回顾

（一）虚拟品牌社区

（1）虚拟品牌社区的概念。虚拟品牌社区（virtual community）又称为网络社区、虚拟社群，它不是一种物理空间意义上的组织形态，而是由具有共同兴趣及需求的人群构成、成员可能散布于全球各地、以兴趣认同的形式作在线聚合的网络共同体。Rheingold（1993）认为，虚拟社区是一种社会的集合体，人们在抽象的数字网络空间中公开讨论，融入个人情感，进而得以在数字空间内发展人际关系网络；Armstrong 和 Hagel（1996）则将虚拟社区定义为"一个以电脑为媒介，用来满足人们沟通、交流和娱乐的目的数字化互动空间"；Chang 等（1999）定义虚拟社区为"一群因相同兴趣或情感的网络使用者通过信息交换产生人际关系的网络场所"。Armstrong 和 Hagel（1996）指出了虚拟社区的三大特点：第一，虚拟社区的最大特点是以电脑为媒介、在虚拟网络空间里发生的互动交流；第二，虚拟社区具有共同性的目的，这是虚拟社区存在的根本；第三，虚拟社区需要成员的持续的交流互动，相对于传统的社区，虚拟社区的虚拟性、匿名性和开放性特点促进了这种交流的产生。

（2）品牌社区的概念。Muniz 和 O'Guinn（2001）提出了品牌社区的概念，并将其定义为"建立在使用某一品牌的消费者间的一整套社会关系基础上的，一种专门化的、非地理意义上的社区"。品牌社区打破了传统社区中的地理局限性，而是以消费者对品牌的情感利益为联系纽带，建立起一个品牌利益相关者的共同体。在品牌社区内，消费者发现品牌所宣扬的品牌文化和价值观，与他们自身所拥有的价值观相互契合，从而产生对该品牌的情感认同和态度依赖。相对于传统"消费者—品牌"关系模型中的单一维度，Muniz 和 O'Guinn（2001）将其他顾客也引入研究框架，更加强调和注重以品牌为媒介的消费者之间的关系，并建立了品牌社区三角关系模型。McAlexander（2002）等对 Muniz 和 O'Guinn（2001）的品牌社区理论做了进一步的完善和补充，并提出了以消费者为中心的品牌社区模型。该模型突出了消费者在品牌社区中的核心和联结作用，其中品牌社区的组成包括品牌、产品、消费者、营销者四要素，品牌社区范畴包含消费者与企业、消费者与品牌、消费者与产品、消费者与消费者四类关系。

（3）虚拟品牌社区的内涵。虚拟品牌社区可视为品牌社区与虚拟社区的结合体。Algesheimer（2005）将由品牌爱好者形成的虚拟社区视为品牌社区的一种形式，认为有必要对这类品牌社区的社会影响进行关注和研究。Abdelmajid 和 Lionel（2004）采用经验研究的方法，对尼康和佳能的虚拟品牌社区进行了比较研究，结果发现虚拟品牌社区的形成首先需要一批深度涉入该品牌的消费者。这些深度涉入者基于要创建一个场所，来为其他使用该品牌的同好者们提供一个互动的空间的强烈的愿望，而创建了虚拟社区，并积极参与社区日常管理和社区规范制定。在网络情境下，消费者通过虚拟在线互动提升对群体的归属感和荣耀感，并逐步发展出了社区的符号，形成了社区独有的社区文化和规范，从而形成了虚拟品牌社区。

（4）社会学视角的虚拟品牌社区研究。主要包括虚拟品牌社区的概念、社会存在、人际互动、参与动机、行为角色等内容。Tonteri 等（2011）研究了虚拟社区感形成的前因；杜骏飞（2004）探讨了虚拟社区的社会实在性；李元来（2006）探讨了虚拟社区中的人际互动的特点；刘柳（2006）从自我认同的角度探讨了虚拟社区中身份构建和人际互动特点；刘丽晶和武艳君（2007）对虚拟社区中的互动群体和人际关系类型进行了分类；王艳梅和余伟萍（2010）对虚拟社区互动性维度进行了梳理；沈杰等（2010）的研究围绕社会认同理论、计划行为理论等相关理论，分析了品牌社区的形成、发展及作用机制。

（5）管理学视角的虚拟品牌社区研究。主要包括虚拟品牌社区的概念、知识共享、客户关系、社区发展、商务价值等。Koh 和 Kim（2004）

发现，虚拟社区中知识共享程度会正向影响社区参与性和社区发展度，进而正向影响顾客对社区提供者（virtual community provider，VCP）的忠诚度；Bagozzi 和 Dholakia（2006）总结了小群体虚拟品牌社区中顾客参与的前因和结果变量，并建立了相应的整合模型；金立印（2007）研究了虚拟品牌社群的七个价值维度，对成员社群意识忠诚度及行为倾向的影响；范晓屏和马庆国（2009）构建了网络互动、互动效用和网络购买意向的关系模型；周桂林（2009）采用技术接受模型（TAM），探讨了用户感知的虚拟社区有用性（PU）和易用性（PEOU），对社区认同、消费者信任的直接影响和对消费者信任的间接影响；王全胜和李静静（2010）分析了社区成员感知目的性价值和社会价值对购物行为形成和变化的影响；沙振权等（2010）研究了虚拟品牌社区体验对社区成员品牌认同的影响；李国鑫等（2010）的研究发现，专业虚拟社区中成员的线下互动对其线上知识共享产生正向影响；常亚平等（2011）以信任为中介，研究了虚拟社区知识共享对消费者购买意向的影响作用。

（二）虚拟品牌社区的网络互动

1. 互动的含义

Rice 和 Love（1987）认为互动性是在沟通过程中参与者快速回应的程度、角色交换程度和转换双方关系的能力；Fonin（1997）认为互动就是沟通双方选择扮演传送者或接收者的角色；Rafaeli 和 sudweek（1997）认为互动来自人与人之间的沟通，双方之间不断传递的一连串信息，而后面的信息会依据先前的信息做出反馈。互动行为普遍存在于各种经济行为和经济体系之中，对于各个企业的组织方式、行业组织结构及顾客行为模式，都会产生比较重要的影响。对企业而言，和顾客之间的互动具有十分重要的意义。从企业的角度出发，企业通过与顾客互动，能更加准确把握目标顾客的需求偏好及其变化的趋势，让顾客了解和接受企业的经营理念、核心产品或服务，进而培养顾客忠诚度；从顾客角度出发，顾客需要了解产品试用信息、服务流程、价格变化等信息，以及获得企业的意见反馈等。因此，企业和顾客双方都有互动的需要。

2. 虚拟社区中的网络互动

网络互动是虚拟品牌社区中的一个核心要素。虽然众多学者对虚拟社区的定义不同，但却有着本质上的统一认识，即虚拟社区的存在离不开社区成员间的互动。虚拟社区为成员提供互动环境和互动支持，促进了社区成员之间的信息交流和情感分享，帮助成员形成自我认识，并使成员获得和展示个体身份。Hoffman（1997）认为互动包括人机互动和人际互动两类；Bonner（2003）将互动分为双向沟通（bidirectionality）、顾客参与（participation）和联合解决（joint problem solving）三个维度；范晓屏和马庆国（2009）则按照互动属性，把互动划分为互动特性、互动场所、互动内容和互动方式。Lallgefak 和 Verhoef（2004）认为商业组织主办的关系与兴趣类虚拟社区的网络互动主要由以下三个部分组成：

（1）社区成员间的互动。在虚拟社区环境中，成员通常就某一话题（帖子）进行公开或隐蔽的互动交流。这种在线互动沟通可以是公开的，也可以是隐蔽的。公开性会话通常通过发布帖子的形式来发布信息，主要发生在论坛等公共社区空间，成员通过发布帖子的形式来发布信息，而其他所有成员都可以看到该信息并做出回复。私聊则仅限于社区成员与一个或多个其他社区成员之间，这种沟通有时可以通过社区外的网络途径来发生，如 QQ、MSN 等一对一的在线联系工具。除了在线沟通之外，成员也可以进行线下交流，如打电话或约会等。

（2）组织者与成员间的互动。组织者与成员间互动的发起者可以是组织者，也可是社区成员。这类互动一般发生于会员关系建立的早期，如组织者给新会员发一封欢迎邮件，或者是组织者发起某一社区活动，如团购、聚会等；成员发起的组织者与成员之间的互动，更多地发生在社区成员有问题需要解决的时候，如社区的基础设施、登录程序、成员特权等。此外，当发现社区氛围受到个别成员的破坏时，社区组织者会采用删帖、封账号、封 IP 等方式对破坏者进行惩罚，而其他社区成员也会向社区组织者进行投诉。

（3）组织者与社区之间的互动。组织者除了与个体成员进行直接互动外，还会与整体社区进行互动。相对于某些非商业性质的虚拟社区，虚拟品牌社区中的这类互动显得更为重要和突出。组织者需要通过圈定社区主题，制定社区规范等方式来引导社区的发展方向，因而其对社区发展具有决定性的作用。组织者的职责主要是成员间互动的组织和话题的引导。

3. 企业视角的互动影响研究

Bonner（2003）研究了顾客—企业互动对企业新产品开发和绩效的关系。Bonner（2010）验证了顾客—企业互动的三个维度会正向影响顾客信息质量，进而影响新产品绩效；互动对顾客信息质量的影响，还受到产品创新性和产品嵌入型的调节。Yi 和 Gong（2011）发现，顾客参与会对员工的工作表现、工作满意度和员工的组织承诺有直接的正向影响。张若勇等（2007）从组织学习视角研究顾客—企业互动对企业服务创新的影响，他们将顾客—企业互动分为合作生产、顾客接触和服务定制，并通过实证分析发现互动三维度与组织向顾客学习之间呈显著正相关，进而正向影响服务创新绩效。

4. 顾客视角的互动影响研究

Koh 和 Kim（2004）发现，虚拟社区中的知识共享程度会正向影响社区参与性和社区发展度，进而正向影响顾客对社区提供者的忠诚度。Bagozzi 和 Dholakia（2006）对小群体虚拟品牌社区中顾客参与的前因变量和结果变量进行了总结，并建立了相应的整合模型，提出了顾客品牌行为产生的两条路径。第一种路径是顾客的态度、情感期望、主观规范和知觉行为控制会影响顾客欲望，进而影响顾客社会意图和群体行为；第二种路径是顾客的社会认同会影响顾客欲望和品牌认同，进而影响顾客品牌行为。Gruen 等（2006）的研究发现，顾客对信息交换的动机、能力和时机，都会影响网络顾客间的信息交换（customer know – how exchange）。而顾客间的信息交换既会直接影响顾客忠诚意向，如购买行为和口碑等；也会通过影响企业产品或服务的全面价值，而间接影响顾客忠诚意向。Wu（2006）基于服务接触视角，考察了旅游业顾客间互动及顾客同质化对顾客满意的影响，并指出当顾客间通过接触发现相互之间志同道合时（evaluation of fellow customers），会显著影响顾客满意度。

张圣亮（2007）证明了服务质量因素中的互动性，对 BBS 用户满意度影响最大。楼天阳（2009）的实证研究发现，互动对个体自我认同和社会认同、人际依恋和群体依恋，都有显著的正向影响。卫海英和刘桂瑜（2009）从服务品牌资产的视角研究互动的影响，并根据互动主体的不同，将互动分为员工—顾客互动和企业—顾客互动，分别验证了这两个层次的互动对品牌知名度、品牌形象和品牌关系的正向影响。范晓屏和马庆国（2009）针对虚拟社区和成员的互动性，构建了网络互动、互动效用和网络购买意向三者之间的关系模型。他们将网络互动分为互动场所、互动特性、互动方式和互动内容四个分析维度，互动效用分为工具效用、社会效用和心理效用三个分析维度，从理论上构建了基于虚拟社区的网络互动这种新型人际交往方式对网络购买意向的影响机制，并对其进行了实证检验。李国鑫和李一军（2009）从线下互动对线上行为影响这一视角，发现专业虚拟社区中社区成员线下互动水平，不仅对线上知识贡献水平具有显著正向影响，同时还会调节个人特征和社区管理特征对成员线上知识贡献水平的影响。

徐小龙和黄丹（2010）以天涯社区的"手机数码"论坛为例，研究了虚拟社区中的消费者行为，并发现虚拟社区中成员互动的主要内容是询问购物和提供意见，它们属于低程度的参与；同时成员间的交往也缺少深度，呈现规模小、结构松散等特征。该研究还发现，顾客在互动中的角色（领袖者、回应者、社交者、咨询者和旁观者），会在很大程度上影响消费者行为。常亚平等（2011）研究了虚拟社区知识共享对消费者购买意向的影响，他们把虚拟社区共享主体分为信息发送者的专业能力、关系强度、社区活跃度、信息接收者的专业能力和搜寻信息的主动性五个维度；并通过实证研究，验证了信息发送者的专业能力、搜寻信息的主动性会对顾客信任产生正向影响，进而影响消费者的购买意愿。卫海英和杨国亮（2011）采用Bonner（2010）对互动的三维度划分方式（双向沟通、顾客参与和联合解决），建立了互动—信任—危机预期理论模型，并对该模型进行了实证检验。结果显示，互动的各维度均会影响顾客感知价值和感知风险，进而影响品牌信任和危机预期。

（三）顾客组织社会化

1. 顾客组织社会化的内涵

顾客组织社会化是指顾客接受和适应组织价值观、规范和所要求的行为模式的过程，它能够为顾客参与服务的生产和交付提供具体的行为指导（汪涛等，2011）。顾客组织社会化不同于营销领域的消费者社会化概念。消费者社会化是指消费者获得各种与市场活动相关的技巧、知识和行为的过程，这一概念是从宏观上解释消费者受到家庭、朋友以及媒体的影响，而获得相关的态度、知识和技巧，从自然人变成顾客的一个长期过程（Ward，1974）。而顾客组织社会化则关注微观层次下，短期内顾客受到特定组织影响的社会化过程。顾客社会化关注广义的消费者行为规范，但没有为顾客关于特定组织的具体行为提供指导；而顾客组织社会化则关注顾客如何不断适应环境，学习扮演组织成员角色，形成履行组织职能所需的行为、态度和技能。

组织研究领域的"组织社会化"概念，是指个体接受和适应组织价值观、规范和所要求的行为模式的过程（Schein，1968）。在服务接触中，顾客常常会参与服务传递的各个环节，承担着部分员工的职能，因而顾客也和员工一样存在"组织社会化"，即"顾客组织社会化"。顾客组织社会化对于营销领域的顾客管理具有重要意义，并有助于提高顾客的参与动机。Feldman（1981）认为社会化能帮助团队新成员培养任务相关的能力，并尽快适应团队规范和价值观。Mills 和 Morris（1986）认为服务接触前社会化会降低服务成本，特别是对于保险之类的复杂服务业。顾客组织社会化会帮助顾客了解企业对其的期望，帮助顾客扮演好其角色（Kelley 等，1990）。

2. 顾客组织社会化的维度

员工组织社会化已得到中外学者的广泛关注，而顾客组织社会化领域研究则尚处于起步阶段。社会化主要包括工作技巧、人员、组织政治、语言、价值观/目标、历史六项内容。钱颖（2004）、王明辉（2007）将其划分为工作胜任度、组织政治、组织文化和组织人际关系。葛建华（2009）将其划分为三个维度：组织相关（历史、文化、价值观等）；角色相关（技能、任务要求等）；人际关系。与员工相比，顾客在组织中的社会嵌入较浅，因而其组织社会化程度肯定没有员工高。如对于组织的历史、语言、组织政治等因素，顾客一般不需要也不会进行社会化，但顾客可通过组织的外部形象和声誉等，来了解到组织的价值观、组织文化等因素，从而产生价值观社会化。员工工作需要相关的工作技巧，而顾客在参与服务传递过程中，同样需要一定的知识和技能的运用，这些知识和技能可以是组织指导的，也可以是顾客自身领悟或从其他顾客处学习获得的，这一过程就是顾客角色的社会化。此外，顾客与组织中的其他成员，特别是一线员工往往会建立特定的人际关系，从而产生人际关系的社会化。综上所述，顾客组织社会化也可以分为三个维度：价值观社会化、知识技能社会化和人际关系社会化。

（1）顾客价值观社会化。按照对顾客组织社会化的定义，顾客组织社会化首先应该是顾客价值观的社会化。在虚拟品牌社区中，顾客的价值观社会化主要包括顾客对社区群体规范、社区品牌文化、社区管理理念等的认同，以及顾客社区感的产生。

（2）顾客人际关系社会化。任何社会成员都是社会网络的一个节点，其角色都是处在一定的社会关系结构之中（徐小龙和黄丹，2010）。虚拟品牌社区中的消费者行为也同样具有嵌入性。关系包含多种含义，如共享一种团体身份、共同认识第三方、频繁互动、有关联但很少直接互动、有共同背景的朋友关系等。按照上述定义，虚拟社区的成员共享社区会员身份，成员之间通过发帖和跟帖等信息交流行为而产生一定的接触，且个别成员之间会出现频繁的互动，因此虚拟社区成员个体间存在明显的关系特征（李国鑫等，2010）。按照关系强度，人际关系可以分为强关系和弱关系。徐小龙和黄丹（2010）根据成员之间的互动频次，来研究虚拟社区中的人际关系，并发现虚拟社区是一种以弱关系为主的松散的社会结构。其外部原因是消费者缺乏参与虚拟社区的外部压力；内部原因则是社区成员较强的流动性和交往目的性，导致大部分交往活动持续的时间短，交流话题层次浅。但虚拟社区中的弱人际关系也有其有利的一面。Granovetter（1973）认为，在信息传播中，弱关系比强关系能传播的社会距离更远、影响的人更多，特别是有助于不知名的创新产品扩大其影响范围。

（3）顾客知识技能社会化。指的是顾客获得品牌、产品和服务的知识及消费相关技能技巧的过程。雷宏振和李丹（2010）提出"企业知识社会化"概念，并将其界定为企业通过顾客体验，来向顾客传递深层知识的过程，其本质是"企业→顾客"导向型的知识转移。营销部门整理和开发关于企业产品的知识，再向外散播给特定的客户，以使客户行为产生对企业有利的影响。而在网络虚拟背景下，"企业知识社会化"变得更为复杂和多样。互联网能够使企业面向更多消费者传送更深更广的企业和产品知识，如企业文化和品牌文化、产品使用演示等知识。与此同时，顾客为了降低购买风险，做出合理的购买决策，解决产品使用中的问题等原因，也在积极主动地搜索产品的相关信息，而互联网则成了许多顾客首选的信息来源。徐小龙和黄丹（2010）对消费者在虚拟社区中发布的帖子性质进行了分类，发现虚拟社区中消费者交流的内容可分为以下十类：购物询问、意见提供、分享经验、购物抱怨、技术询问、技术解答、成员交易、情感交流、建立关系和其他。其中购物询问和意见提供是消费者在虚拟社区交流的主要内容。在上述两种驱动因素的作用下，顾客对企业品牌的了解更加深入，对产品使用和服务流程更加熟悉，也掌握了产品和服务过程中需要的相关技能和技巧，从而逐步形成"知识技能社会化"。

二　研究假设

（一）概念界定

（1）虚拟品牌社区。虚拟品牌社区是一种网络虚拟社区和品牌社区的综合体（Algesheimer 等，2005）。虚拟社区是伴随着互联网快速发展而形成的一种新的社会交往群体，是在以计算机为媒介的可持续互动中，由许多个体为满足个人和共同的需要，围绕共同的兴趣或目的，秉承共同的规范和价值观自发形成的群体（Pentina 等，2008）；品牌社区是由共同热爱某品牌的消费者，为完成群体目标或表达公共情感和承诺而形成的友谊群体（Bagozzi 和 Dholakia，2006）。沙振权等（2010）、吴思等（2011）、Kozinets（2002）、Dholakia（2004）等对虚拟品牌社区进行了多种界定。借鉴已有研究，本书将虚拟品牌社区定义为：由相关企业发起和管理，并由欣赏、爱好同一品牌的群体，以网络为媒介进行持续互动、分享等行为而形成的社会共同体。

（2）网络互动。网络互动是借助互联网和计算机等工具而展开的人际互动，它具有间接性、虚拟性等特点，并在规范取向、道德约束和社会认同等方面，与现实中传统的人际互动有较大差异（范晓屏和马庆国，2009）。网络互动带来了一种全新的社会关系，并因其会对个体的消费行为产生重要影响，而被应用于实现各种社会和经济目的。Johne 和 Storey（1998）、Bagozzi 和 Dholakia（2002，2006）、范晓屏和马庆国（2009）等分析了网络互动的定义及维度。借鉴已有研究，本书将网络互动定义为：虚拟品牌社区中顾客与社区组织者（企业员工）之间的人际互动，并将其划分为双向交流、顾客参与和联合解决三个维度。

（3）顾客组织社会化。社会化是个体受社会文化和具体组织因素等影响，由自然人转变为社会人的过程（汪涛等，2011）。顾客组织社会化关注顾客如何不断适应环境，学习扮演组织成员角色，形成履行组织职能所需的行为、态度和技能（Kelley 等，1992）。借鉴已有研究，本书将顾客组织社会化定义为：为使顾客接受和适应组织价值观、思维方式和行为模式，以便其更好地为企业创造价值的过程，并将顾客组织社会化分为价值观社会化、知识技能社会化和人际关系社会化三个维度。

（二）网络互动对顾客组织社会化的影响

（1）网络互动对顾客价值观社会化的影响。顾客价值观的社会化，主要包括顾客对虚拟品牌社区群体规范和品牌文化的认同，以及顾客社区归属感的产生。网络互动必然带来相互影响与群体意识的产生，这种群体意识会逐步发展为社区成员共有的价值观和社区中的群体规范（金立印，2007）。顾客初次参与虚拟品牌社区往往是出于对品牌认同，但是长期的信息与情感交流，会使其深入了解并对社区的价值观形成认同（Algesheimer 等，2005；薛海波，2011）。顾客参与虚拟品牌社区互动的主要动机之一，就是获取社区归属感和认同感（范晓屏和马庆国，2009）。无论出于价值观的认同，还是为了保持社区成员资格而获得群体认同，顾客都会调整自身的行为以便与社区规范相一致（Bagozzi 和 Dholakia，2002，2006）。基于上述理论分析，提出如下假设：

H1：网络互动的双向交流维度正向影响顾客价值观社会化。

H2：网络互动的顾客参与维度正向影响顾客价值观社会化。

H3：网络互动的联合解决维度正向影响顾客价值观社会化。

（2）网络互动对顾客人际关系社会化的影响。顾客人际关系社会化主要指顾客与网络虚拟社区中的其他成员建立的特定人际关系。Leung（2003）认为虚拟品牌社区成员在参与社区活动过程中，会为驱散孤独寂寞而与想法相似的其他成员接触和交流，以获得友谊和社会支持。Dholakia 等（2004）在研究虚拟社区成员参与动机时发现，交往动机也是成员参与社区活动的主要原因。此外，让顾客以虚拟品牌社区成员身份参与到新产品开发中，不仅可以提升企业创新效率，还有利于迎合顾客的贡献认知和成就感，使其与社区和企业建立起良好的关系（Fuller，2006；Chu 和 Chan，2009）。基于上述理论分析，提出如下假设：

H4：网络互动的双向交流维度正向影响顾客人际关系社会化。

H5：网络互动的顾客参与维度正向影响顾客人际关系社会化。

H6：网络互动的联合解决维度正向影响顾客人际关系社会化。

（3）网络互动对顾客知识技能社会化的影响。Johne 和 Storey（1998）、Koh 和 Kim（2004）、卢俊义等（2009）等国内外学者的研究发现，网络互动对顾客在知识技能等方面的社会化有积极促进作用。网络互动有助于提高顾客的知识存量，并增强顾客阐明预期利益和实际体验之间差距的能力（Johne 和 Storey，1998）。通过与社区其他成员的网络互动，顾客可以实现知识或技巧的交流和传递（Koh 和 Kim，2004）。卢俊义等（2009）指出，虚拟品牌社区是一个虚拟共同体，顾客作为重要的参与者，会进行频繁互动并相互学习，从而形成对知识的认知并提高知识转移的能力（卢俊义等，2009）。基于上述理论分析，提出如下假设：

H7：网络互动的双向交流维度正向影响顾客知识技能社会化。

H8：网络互动的顾客参与维度正向影响顾客知识技能社会化。

H9：网络互动的联合解决维度正向影响顾客知识技能社会化。

（三）顾客组织社会化对顾客公民行为的影响

（1）顾客价值观社会化对顾客公民行为的影响。当顾客认为自己是虚拟品牌社区成员时，就会逐渐将社区规范作为自己的行动依据；尤其在成员组织身份认知比较强烈的情况下，这种作用就发挥得更为突出（Armstrong，1996）。社区中大量的人际关系，会导致顾客对社区活动的更多参与，进而提高其对社区推荐内容的使用频率（Bagozzi 和 Dholakia，2002，2006）。Reagans 和 McEvily（2003）指出，网络关系中的社会凝聚力会影响个体投入的时间和精力，也影响个体向合作者或同事转移知识的动机。朱国玮和杨玲（2010）认为，顾客在虚拟品牌社区的互动过程中，会根据自己的购买结果对品牌进行评价，表明自己对品牌的态度，进而影响他人的购买意愿和品牌忠诚。基于上述理论分析，提出如下假设：

H10：顾客价值观社会化正向影响顾客公民行为。

（2）顾客人际关系社会化对顾客公民行为的影响。人际影响理论认为，当个人认为从事特定行为会受到参考群体支持时，个人将会倾向从事特定行为（Valck，2005）。人际影响主要通过信息性与主观规范性两个方面来影响消费者的决策。前者指由于渴望他人认同自我、获得回报或者避免被惩罚而顺从他人预期的倾向性，后者指从他人那里接收到的信息作为现实生活中依据的倾向性。李国鑫等（2010）的研究指出，中国社会的关系本位特征决定了熟识的成员可能在社区中会表现出更加积极的互动、分享和互助等行为。在虚拟品牌社区中，顾客社会化的人际关系，会对其公民行为产生积极的促进作用。基于上述理论分析，提出如下假设：

H11：顾客人际关系社会化正向影响顾客公民行为。

（3）顾客知识技能社会化对顾客公民行为的影响。Gruen 等（2006）的研究发现，网络环境下顾客间的信息交换和知识共享，会对推荐、口碑等顾客公民行为产生直接和间接的影响。Koh 和 Kim（2004）指出，虚拟社区中的知识共享程度，会正向影响社区参与性和发展度，进而正向影响顾客对社区提供者（virtual community provider，VCP）的行为。在虚拟品牌社区中，顾客知识技能社会化会影响顾客知觉行为控制能力，并通过提高顾客实施公民行为的能力而促进顾客公民行为发生的可能性。随着顾客自身知识技能社会化程度的提高，顾客会认为自己有能力为社区或企业提供建议，帮助其改进产品和服务质量，帮助其他顾客搜索相关企业的产品和服务信息，从而有效激发顾客公民行为。基于上述理论分析，提出如下假设：

H12：顾客知识技能社会化正向影响顾客公民行为。

（四）模型构建

基于上述理论分析和研究假设，本书建立了顾客组织社会化视角下虚拟品牌社区互动对顾客公民行为影响的研究模型（参见图7.1）。

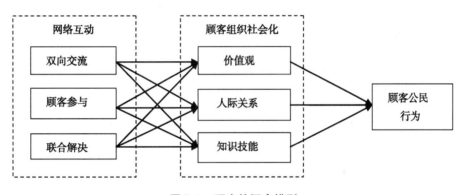

图 7.1 研究的概念模型

第三节 实证分析和假设检验

一 变量测量和数据获取

（一）变量测量

本书主要采用李克特 7 点量表形式，对各变量进行测量。量表的开发主要借鉴了已有相关研究中的成熟量表，并根据本书需要，进行适当的修改和完善。经小样本前测和问项净化后，形成最终量表。

（1）网络互动的测量。主要参考 Johne 和 Storey（1998）、Bagozzi 和 Dholakia（2002，2006）、范晓屏和马庆国（2009）等学者的相关研究和测量方法，由 10 个具体测量问项构成，涉及双向交流、顾客参与和联合解决三个维度和变量（参见表 7.1）。

表 7.1   网络互动的测量问项

变量	操作性问项
双向交流	SXJL1：社区对我的问题和建议提供及时的反馈
	SXJL2：我和社区之间有着频繁的交流
	SXJL3：我和社区之间的信息交流非常公开
顾客参与	GKCY1：我经常参与社区成员间的互动
	GKCY2：我经常参与社区中的讨论
	GKCY3：我经常参与社区的管理活动
	GKCY4：我经常参与社区组织的各种活动
联合解决	LHJJ1：我经常和社区成员在一起解决问题
	LHJJ2：我经常和社区就某一主题进行正式交流
	LHJJ3：我经常和社区合作找到解决问题的方法

（2）顾客组织社会化的测量。主要参考 Kelley 等（1992）、汪涛等（2011）等学者的相关研究和测量方法，由 9 个具体测量问项构成，涉及价值观社会化、人际关系社会化和知识技能社会化三个维度和变量（参见表 7.2）。

表 7.2   顾客组织社会化的测量问项

变量	操作性问项
价值观社会化	JZGH1：我认同社区品牌的文化
	JZGH2：我对社区的价值观表示认同
	JZGH3：我认同社区的管理理念
人际关系社会化	RJGX1：当我遇到困难或情绪低落时，社区会关心我
	RJGX2：我和社区管理人员之间相处融洽
	RJGX3：我和其他社区成员之间相处融洽
知识技能社会化	ZSJN1：我了解产品使用的相关知识
	ZSJN2：我了解服务的相关流程
	ZSJN3：我知道如何处理产品使用中可能出现的问题

（3）顾客公民行为的测量。主要参考 Bettencourt（1997）、Gruen（1995）、Rosenbaum 和 Massiah（2007）等学者的相关研究和测量方法，由 8 个具体测量问项构成（参见表 7.3）。

表 7.3 顾客公民行为的测量问项

变量	操作性问项
顾客公民行为	GMXW1：我会向他人推荐该品牌的产品
	GMXW2：我会向他人展示我拥有该品牌的产品
	GMXW3：我会参与该品牌社区组织的活动（试用、体验等）
	GMXW4：我会对产品瑕疵或服务失败表示谅解
	GMXW5：我能够体谅特殊原因（如快递延误等）造成的问题
	GMXW6：我会向品牌社区提供改进的建议
	GMXW7：当发生问题时，我会向社区或企业提供反馈意见和投诉
	GMXW8：我会帮助或管理社区中的其他顾客

（二）研究样本与数据获取

本书以虚拟品牌社区中的顾客群体为实证分析对象，通过问卷调查方式获取研究数据。共计发放问卷 363 份，回收有效问卷 250 份，有效回收率 68.9%。其中在浙江省杭州市四个高教园区实地发放调查问卷 179 份，回收有效问卷 152 份；通过获取相关知名虚拟品牌社区管理员支持，在社区公布网络问卷地址，收集网络问卷 99 份，其中有效问卷 51 份；通过社会关系网络以电子邮件形式发放问卷 85 份，回收有效问卷 47 份。

二 信度和效度检验

使用 SPSS 17.0 软件对样本数据进行信度检验，结果显示各变量的 Cronbach's α 系数均大于 0.7（参见表 7.4），说明测量量表具有较好的内部一致性。通过 KMO 样本测度和巴特利特球体检验后，对样本数据进行探索性因子分析（EFA）。结果显示（参见表 7.4），测量量表中同一变量下属的各测量问项均分布于同一因子，其因子载荷均大于 0.5，在其他变量下的因子载荷则均小于 0.5，说明量表具有较好的收敛效度和区别效度。与此同时，相关分析结果显示（参见表 7.5），各变量间的 Pearson 相关系数在 0.332—0.556 之间。说明各变量之间存在中等偏下的正相关关系，变量间的共同变异不是很高，关系模型和研究假设有一定的合理性，可对各变量作用关系做进一步分析。

表7.4　　　　　　　　　各变量的信度检验和探索性因子分析结果

变量	编号	测量问项	因子载荷	α 系数
双向交流	SXJL1	社区对我的问题和建议提供及时的反馈	0.687	0.752
	SXJL2	我和社区之间有着频繁的交流	0.833	
	SXJL3	我和社区之间的信息交流非常公开	0.785	
顾客参与	GKCY1	我经常参与社区成员间的互动	0.718	0.847
	GKCY2	我经常参与社区中的讨论	0.832	
	GKCY3	我经常参与社区的管理活动	0.721	
	GKCY4	我经常参与社区组织的各种活动	0.714	
联合解决	LHJJ1	我经常和社区成员在一起解决问题	0.728	0.866
	LHJJ2	我经常和社区就某一主题进行正式交流	0.848	
	LHJJ3	我经常和社区合作找到解决问题的方法	0.779	
价值观社会化	JZGH1	我认同社区品牌的文化	0.790	0.899
	JZGH2	我对社区的价值观表示认同	0.774	
	JZGH3	我认同社区的管理理念	0.831	
人际关系社会化	RJGX1	当我遇到困难或情绪低落时，社区会关心我	0.745	0.861
	RJGX2	我和社区管理人员之间相处融洽	0.820	
	RJGX3	我和其他社区成员之间相处融洽	0.758	
知识技能社会化	ZSJN1	我了解产品使用的相关知识	0.774	0.894
	ZSJN2	我了解服务的相关流程	0.826	
	ZSJN3	我知道如何处理产品使用中可能出现的问题	0.865	
顾客公民行为	GMXW1	我会向他人推荐该品牌的产品	0.888	0.969
	GMXW2	我会向他人展示我拥有该品牌的产品	0.847	
	GMXW3	我会参与该品牌社区组织的活动（试用、体验等）	0.883	
	GMXW4	我会对产品瑕疵或服务失败表示谅解	0.881	
	GMXW5	我能够体谅特殊原因（如快递延误等）造成的问题	0.902	
	GMXW6	我会向品牌社区提供改进的建议	0.871	
	GMXW7	当发生问题时，我会向社区或企业提供反馈意见和投诉	0.739	
	GMXW8	我会帮助或管理社区中的其他顾客	0.777	

表 7.5　　　　　　　　　　各变量相关性分析结果

变量	1	2	3	4	5	6	7
1. 双向交流	1						
2. 顾客参与	0.332**	1					
3. 联合解决	0.356**	0.445**	1				
4. 价值观社会化	0.360**	0.541**	0.462**	1			
5. 人际关系社会化	0.381**	0.441**	0.556**	0.504**	1		
6. 知识技能社会化	0.365**	0.400**	0.442**	0.480**	0.459**	1	
7. 顾客公民行为	0.362**	0.511**	0.486**	0.471**	0.492**	0.467**	1

注：** 表示 $p < 0.01$，* 表示 $p < 0.05$。

三　结构方程模型分析

采用结构方程模型分析法（SEM），对各研究假设进行检验。运用 AMOS 17.0 软件构建结构方程模型，对样本数据进行统计分析。在结构方程初始模型中，e6 和 e7（顾客参与测量问项的残差）、e26 和 e27（顾客公民行为测量问项的残差）的修正指数 MI 值大于 20，未达到拟合要求，需要对初始模型做进一步修正。逐次增加 e6 和 e7、e26 和 e27 的相关关系后，得到的结构方程修正模型及其分析结果如表 7.6 和图 7.2 所示。

结构方程修正模型的拟合指标显示，虽然 p 值 = 0.000 < 0.05，但 χ^2/df 的值为 2.567 < 3，因此可对 χ^2 不显著的要求忽略不计；RMSEA 值为 0.079 < 0.08；IFI、TLI 和 CFI 的值分别为 0.922、0.910 和 0.921，均大于 0.9；NFI 和 GFI 的值也均接近 0.9；所有显变量和潜变量间的标准化路径系数均在 0.5 以上，对应的 C. R. 值均大于 1.96 的临界值，至少在 $p = 0.05$ 的水平上具有统计显著性；所有内生潜变量和外生潜变量间的路径 C. R. 值均大于 1.96，至少在 $p = 0.05$ 水平上具有统计显著性。由此可见，结构方程修正模型拟合良好且比初始模型有所改善，已无进一步修正的必要。根据结构方程修正模型及其分析结果可知，各研究假设均得到了有效验证。

表 7. 6   修正模型分析结果

研究假设	假设路径	Estimate	S. E.	C. R.	p
H1	价值观社会化←双向交流	0. 184	0. 086	2. 605	0. 009
H2	价值观社会化←顾客参与	0. 418	0. 087	5. 116	***
H3	价值观社会化←联合解决	0. 241	0. 087	3. 156	0. 002
H4	人际关系社会化←双向交流	0. 240	0. 066	3. 354	***
H5	人际关系社会化←顾客参与	0. 202	0. 062	2. 637	0. 008
H6	人际关系社会化←联合解决	0. 416	0. 071	5. 094	***
H7	知识技能社会化←双向交流	0. 226	0. 086	2. 946	0. 003
H8	知识技能社会化←顾客参与	0. 237	0. 081	2. 865	0. 004
H9	知识技能社会化←联合解决	0. 288	0. 086	3. 540	***
H10	顾客公民行为←价值观社会化	0. 240	0. 072	3. 364	***
H11	顾客公民行为←人际关系社会化	0. 328	0. 098	4. 456	***
H12	顾客公民行为←知识技能社会化	0. 247	0. 077	3. 568	***
拟合指标	p	χ^2/df	RMSEA	IFI	TLI	NFI	GFI	CFI
具体数值	0. 000	2. 567	0. 079	0. 922	0. 910	0. 878	0. 829	0. 921

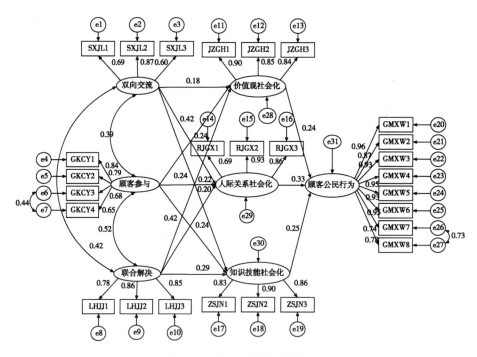

图 7. 2   结构方程修正模型

第四节 研究结论和管理启示

一 研究结论

本书借鉴已有相关理论,就虚拟品牌社区中,网络互动、顾客组织社会化与顾客公民行为之间的具体作用关系,进行了较为深入的理论和实证分析,并得出以下主要研究结论:

(一) 双向交流对顾客组织社会化各维度均有显著正向影响

实证分析结果显示,在虚拟品牌社区中,网络互动的双向交流维度,对顾客组织社会化的价值观社会化、人际关系社会化和知识技能社会化维度均有显著的正向影响 (路径系数分别为 0.184、0.240、0.226,p 值分别为 0.009、***、0.003),其中对顾客人际关系社会化的影响作用相对较为显著。双向交流特别强调顾客与社区及相关企业间交流和沟通的双向性,并由此而促进顾客的组织社会化进程。这种促进作用尤其体现在强化顾客间和顾客与社区、相关企业人员间的信任关系,以及培养顾客团队意识和社区归属感等方面。

(二) 顾客参与对顾客组织社会化各维度均有显著正向影响

实证分析结果显示,在虚拟品牌社区中,网络互动的顾客参与维度,对顾客组织社会化的价值观社会化、人际关系社会化和知识技能社会化维度均有显著的正向影响 (路径系数分别为 0.418、0.202、0.237,p 值分别为 ***、0.008、0.004),其中对顾客价值观社会化的影响作用相对较为显著。顾客参与特别强调顾客在网络互动中的主动性参与意愿和程度,顾客的参与意愿越强、参与程度越深,就越有利于顾客组织社会化,尤其是在提高顾客对社区及相关企业品牌文化、价值观的认识、理解和认同度等方面。

(三) 联合解决对顾客组织社会化各维度均有显著正向影响

实证分析结果显示,在虚拟品牌社区中,网络互动的联合解决维度,对顾客组织社会化的价值观社会化、人际关系社会化和知识技能社会化维度均有显著的正向影响 (路径系数分别为 0.241、0.416、0.288,p 值分别为 0.002、***、***),其中对顾客人际关系社会化和知识技能社会化的影响作用相对较为显著。联合解决特别强调顾客与社区及相关企业间合作解决产品使用、服务体验中存在的问题和改进机会。在共同解决问题的过程中，彼此间的互动会更加深入和频繁，从而培养起良好的信任合作关系，并使顾客掌握更多的与产品、服务相关的知识和技能，增强顾客的角色清晰感和行为能力。

（四）顾客组织社会化各维度对顾客公民行为均有显著正向影响

实证分析结果显示，顾客组织社会化的价值观社会化、人际关系社会化和知识技能社会化维度，对顾客公民行为均有显著的正向影响（路径系数分别为0.240、0.328和0.247，p值均为***），其中尤以人际关系社会化为最。根据人际影响理论，当个人认为从事特定行为将很可能会得到参考群体支持时，就会进一步强化其行为倾向（Valck，2005）。且伴随着人际关系社会化而逐步形成的人际信任，会激发出更多的顾客公民行为。与此同时，从互动的形式来看，人际关系社会化主要属于人际互动范畴，价值观社会化和知识技能社会化则主要属于内容互动范畴。由于内容互动是伴随着人际互动而进行的，人际关系社会化对顾客公民行为的影响也因此而相对更为直接。

二 管理启示

根据研究结论及已有相关研究成果，本章主要从企业角度，就如何通过构建和管理虚拟品牌社区，来强化网络互动和顾客组织社会化，以激发顾客公民行为并提升企业经营绩效，提出如下管理启示：

（一）完善网络互动平台，增强交流双向性

研究显示，双向交流对顾客组织社会化有显著的正向影响。因此，企业作为虚拟品牌社区的主要建设者和管理者，应不断完善网络互动平台，尽可能提高品牌社区网站的易用性和有用性，使顾客可以在社区中便利地开展双向交流活动。如完善网站硬件设施，以保证顾客的浏览速度；设计美观简洁、内容丰富、布置合理的界面，以利于顾客能快速找到所需的信息；充分利用在线客服，加强与顾客的主动沟通和交流等。

（二）建立良好的激励机制，强化顾客参与行为

研究显示，顾客参与对顾客组织社会化有显著的正向影响。因此，企业应采取多种有效的激励措施，以不断提高顾客参与的意愿、热情、频率和程度。如采取价格折扣、积分兑换、积分抽奖等有形的物质激励，以激励顾客积极实施发帖、回帖、参与话题讨论、参加社区活动等在线参与行

为；采取会员身份级别划分、权限授予等无形的荣誉激励，不断提高顾客的参与自豪感和社区归属感，持续强化顾客的参与意愿和活跃度。

（三）重视顾客意见和建议，推进问题联合解决

研究显示，联合解决对顾客组织社会化有显著的正向影响。因此，企业应高度重视虚拟品牌社区中的顾客意见和建议，并在社区中设置专门的顾客服务机构和服务人员，以及时处理、反馈社区顾客的抱怨和投诉信息。同时采取各种有效的激励措施和制度安排，鼓励顾客以虚拟品牌社区为载体，与企业开展深入合作和广泛交流，积极为社区、企业和品牌出谋划策，深入探讨问题解决方案，共同解决产品、服务和品牌中存在的各种问题和缺陷。

（四）实施顾客组织社会化策略，激发顾客公民行为

研究显示，顾客组织社会化对顾客公民行为有显著的正向影响。因此，企业应高度重视并积极实施有效的顾客组织社会化策略，不断激发虚拟品牌社区中的顾客公民行为。如通过精准广告、公益活动、会员注册等形式对顾客进行筛选和精确定位；通过在线引导系统或虚拟服务系统，开展顾客新产品体验；采用各类培训和推广宣传，使顾客更好地了解服务系统的使用方法；通过交流论坛、发起讨论帖等方式，营造互动、开放、宽松的社区氛围，并引导顾客充分利用其他顾客、第三方机构等各类社会资源等。

三　研究局限和展望

本章的研究同时也存在一定的局限性。一是本书的问卷调查共回收有效问卷 250 份，样本数据的容量相对偏小，在一定程度上影响了研究结论的普适性；二是本书仅分析了虚拟品牌社区中网络互动、顾客组织社会化与顾客公民行为间的作用关系，而未充分考虑顾客动机、品牌形象、社区感知特性等其他因素的可能影响作用，及顾客公民行为的具体维度及其后续作用；三是网络互动、顾客组织社会化各维度之间可能存在一定的协同或交互效应，但本书未对此做深入的剖析。在后续研究中，应充分考虑上述问题，对虚拟品牌社区互动和顾客公民行为的关系，做更为系统、广泛、深入的理论和实证研究。

附录 7.1　网络互动和顾客公民行为调查问卷

您好！首先感谢并恳请您填写此份问卷！

本问卷为学术性研究计划，其目的在于研究品牌虚拟社区中的企业与顾客间的互动对顾客公民行为的影响，希望了解您在品牌虚拟社区中的感受和行为意向，为相关学术研究提供参考。最后，再次感谢您花费宝贵的时间协助本研究的顺利进行。

敬祝您身体健康，事事顺心！

填写说明：

品牌虚拟社区是指以品牌为纽带形成的网络用户共同体。品牌虚拟社区既可以是归属于某一综合论坛下的特定品牌的子论坛（例如，中关村在线上的诺基亚手机论坛版块），也可以是某一企业所属的独立品牌论坛（例如魅族社区，联想的 idea 乐园等）。以下是一份调查您对品牌虚拟社区中相关问题看法的问卷，选项从 1—7 代表您对该问项的赞同程度，1 代表非常不同意该问项的说法，7 代表非常同意该问项。请根据您印象最深刻的一个品牌虚拟社区的体验经历，填写下列相关问题。

第一部分　以下问题是了解你在社区中的基本活动情况

1. 请问您参与过的印象最深刻的品牌虚拟社区是＿＿＿＿＿

2. 您注册成为该社区成员的时间是：

A. 不超过 1 个月　B. 1—6 个月　C. 6 个月—1 年　D. 1 年以上

3. 您平均每周访问该社区的次数为：

A. 不到 1 次　B. 1 次　C. 2—3 次　D. 4—5 次　E. 5 次以上

4. 您每次访问该社区平均花费的时间为：

A. 不到 30 分钟　B. 30 分钟—1 小时　C. 1—2 小时　D. 2 小时以上

5. 您平均每周上网时间：

A. 1 小时以下　B. 1—5 小时　C. 5—20 小时　D. 20—50 小时　E. 50 小时以上

第二部分　以下问题是为了了解品牌虚拟社区与顾客互动情况

	互　动	非常不同意→非常同意						
1	社区对我的问题和建议提供及时的反馈	1	2	3	4	5	6	7
2	我和社区之间有着频繁的交流	1	2	3	4	5	6	7
3	我和社区之间的信息交流非常公开	1	2	3	4	5	6	7
4	我经常参与社区成员间的互动	1	2	3	4	5	6	7
5	我经常参与社区中的讨论	1	2	3	4	5	6	7
6	我经常参与社区的管理活动	1	2	3	4	5	6	7
7	我经常参与社区组织的各种活动	1	2	3	4	5	6	7
8	我经常和社区成员在一起解决问题	1	2	3	4	5	6	7
9	我经常和社区就某一主题进行正式交流	1	2	3	4	5	6	7
10	我经常和社区合作找到解决问题的方法	1	2	3	4	5	6	7

第三部分　以下问题是为了了解您在品牌虚拟社区中的组织社会化程度

	顾客组织社会化	非常不同意→非常同意						
1	我认同社区品牌的文化	1	2	3	4	5	6	7
2	我对社区的价值观表示认同	1	2	3	4	5	6	7
3	我认同社区的管理理念	1	2	3	4	5	6	7
4	当我遇到困难或情绪低落时，社区会关心我	1	2	3	4	5	6	7
5	我和社区管理人员之间相处融洽	1	2	3	4	5	6	7
6	我和其他社区成员之间相处融洽	1	2	3	4	5	6	7
7	我了解产品使用的相关知识	1	2	3	4	5	6	7
8	我了解服务的相关流程	1	2	3	4	5	6	7
9	我知道如何处理产品使用中可能出现的问题	1	2	3	4	5	6	7

第四部分　以下问题是为了了解您对品牌虚拟社区中的顾客公民行为意向

	顾客公民行为意向	非常不同意→非常同意						
1	我会向他人推荐该品牌的产品	1	2	3	4	5	6	7
2	我会向他人展示我拥有该品牌的产品	1	2	3	4	5	6	7
3	我会参与该品牌社区组织的活动（试用、体验等）	1	2	3	4	5	6	7

续表

	顾客公民行为意向	非常不同意→非常同意						
4	我会对产品瑕疵或服务失败表示谅解	1	2	3	4	5	6	7
5	我能够体谅特殊原因（如快递延误等）造成的问题	1	2	3	4	5	6	7
6	我会向品牌社区提供改进的建议	1	2	3	4	5	6	7
7	当发生问题时，我会向社区或企业提供反馈意见和投诉	1	2	3	4	5	6	7
8	我会帮助或管理社区中的其他顾客	1	2	3	4	5	6	7

第五部分　个人基本资料

1. 您的性别：

A. 男　　B. 女

2. 您的年龄：

A. 20 岁及以下　B. 21—30 岁　C. 31—40 岁　D. 41—50 岁　E. 51 岁以上

3. 您的月收入：

A. 1000 元及以下　B. 1001—3000 元　C. 3001—5000 元　D. 5001 元及以上

4. 您的学历：

A. 初中及以下　B. 高中（包括中专）　C. 大专　D. 本科　E. 研究生及以上

第八章

服务设计缺陷和顾客不当行为

第一节 服务设计和顾客消费情感理论

一 服务设计

（一）服务设计的定义

早期对服务设计的研究，侧重于从顾客视角来管理服务的设计、包装、输出、反馈和改进。其中最典型的是以服务蓝图、运筹学、排队论等管理科学方法，来研究服务系统的最优化设计管理思路（Fitzsimmons，1998）。Frei（2008）指出，服务失败的主要原因是服务质量的缺陷，而服务质量的改善在很大程度上取决于优秀的服务设计。Schlesinger 和 Heskett（1991）将服务设计定义为：服务业企业根据顾客需要所进行的对员工培训与发展、工作分派与组织，以及设施的规划和配置。李乾文（2004）认为服务设计是有效地计划和组织一项服务中所涉及的人、基础设施、通信交流以及物料等相关因素，从而提高用户体验和服务质量的设计活动，它与制造业产品设计的重要区别就在于顾客的参与程度。徐皓（2011）认为服务设计是指通过确定服务要素组合方案，以此来满足顾客服务需求的过程。虽然对服务设计有诸多不同的定义，但都强调服务概念在服务系统设计中的应用，以及由于服务业固有的特征而形成的，顾客在服务系统设计中的重要地位。

（二）服务设计的流程

近年来，关于服务设计方法的研究，已开始引起中外学者的关注和重视。Levitt（1972）指出，服务业企业应采用制造业企业的管理方式，以使服务业实现工业化运营。基于这一思路，他建立了工业化的服务设计方法。即为了实现精确地控制及使服务过程具有一致性，通过设计规划和总

体设计来提高服务生产率；并从标准化和系统化的观点出发，设计标准化
的服务流程，运用标准化的设备和原材料。Haksever 和 Render（2000）认
为，在为顾客创造价值并提高顾客满意度的过程中，服务设计是其中非常
重要的一环，一个服务企业的成功在很大程度上源于对服务的精心设计。
而且由于市场竞争环境和顾客需求经常是变幻莫测的，因此服务企业必须
在持续完善现有的服务基础上，不断主动开创新的服务。秦军昌（2010）
指出，可以采用结构化的系统分析和设计方法，来实现整个服务设计的流
程（参见图 8.1）。

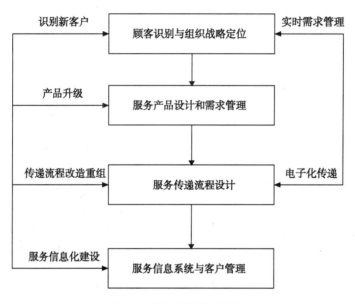

图 8.1　服务设计流程框架

（三）医院服务设计的要素研究

已有服务设计理论对服务设计的要素缺乏统一的标准。李乾文
（2004）认为，服务要素是指能够满足顾客一项或多项服务需求的服务设
施、流程和员工技能等基础组成部分，主要包括服务提供物的特点、服务
发生场所的设施环境和服务传递的过程。基于不同的服务要素组合方案，
将产生不同成本和顾客满意度的多个服务设计方案。因此，如何综合考虑
服务的成本预算和顾客满意度，并确定合理的服务要素组合方案，是一个
非常值得关注的研究问题。对服务企业而言，服务设计、财务运营机制、
员工管理系统和顾客管理系统，是保证其获取顾客满意的核心要素。具体
到医院服务设计的要素，主要包括服务环境、服务流程和服务补救设计三

大类。

（1）医院服务环境设计研究。服务环境是指服务企业向顾客提供产品和服务的场所，它不仅包括影响服务过程的各种设施，而且还包括许多无形的要素。Binter（1992）将服务环境定义为服务过程中消费者所能接触的实体和服务软环境，其中实体环境主要包括建筑物、陈设布局和设施设备等；软环境主要包括色彩、照明和气氛等。他从垂直维度和水平维度两个方面对服务环境进行研究。根据顾客的参与程度，垂直维度又可分为高接触的自我服务和低接触的远程服务；水平维度则描述了服务环境的复杂性。Lovelock（2003）对服务环境的研究发现，对顾客来说，服务环境就是那些能够减弱消费者对于服务无形性认知的影响，能够从消费者的视觉、听觉、嗅觉等方面感受到的，服务场所内的各种有形的和无形的展示。

随着消费者自我服务水平的不断提高，服务人员在服务提供过程中的作用正在逐步降低；而服务环境在现实服务中的重要性却在不断提高。Kirkhart 和 Diane（1995）指出，对医院而言，服务环境的好坏会首先影响患者的就医消费情感。如果医院在卫生环境、隐私保护、排队等待时间及科室布局等方面存在缺陷，就会直接影响患者就医的便利性，并很可能使患者产生烦躁不安的消费情感。Baker 等（1996）指出，对大多数医院而言，环境的设计和创造并不是件容易的工作，除了需要花费大量的资金外，一些不可控制的因素也会影响医院的服务环境设计。总体而言，目前关于环境因素及其影响的知识及理解程度还不是很充分。空间的大小、各种设施和用品的颜色与形状等因素对患者的影响作用，以及环境要素（如灯光、温度、卫生等）因素之间存在怎样的相互关系等问题，大多具有较强的主观性，因此很难找到一个标准的答案。此外，患者对就医环境的需求也不尽相同，且不同患者对同一环境条件的认识和反应也各不相同。

（2）医院服务流程设计研究。服务产品具有无形性的特点，服务产品的质量一方面与服务人员有很大关系；另一方面服务流程的合理性与科学性也会在很大程度上对服务质量产生影响。国外已有大部分医院流程设计方面的研究，都立足于业务流程再造相关的现有理论与实践基础。流程再造的概念最早起源于美国，是指针对竞争环境和顾客需求的变化，对服务流程进行根本性的重新思考和彻底的再设计，以求在速度、成本、质量等各项考核企业绩效的关键指标上取得改善（Hammer 和 Champy，

1990）。Stephen（1998）结合医院行业的特点，将医院服务流程设计定义为：对医院各部门工作过程的调整，包括工作流程的再分配、工作责任的界定以及产品的设计。Muarray（2003）调查了"前置法"在安排病人门诊就医当中的作用，结果显示该方法能有效解决病人看病难、等候时间较长等问题。Roush 和 Sonstroem（1999）以提高患者满意度为目的，研究了门诊业务流程重组问题，主要涉及医疗、护理、环境设施、等候时间、辅助检查、登记过程、信息提供和费用等方面。

在国外的医院实际服务流程设计中，以下医院比较具有代表性。瑞典的 Stocholm 医院围绕病人流（Patient Flow）进行了住院流程的设计与开发，强调在手术流程设计改造过程中，通过将一系列的手术流程进行整合，增加手术数量的同时减少对手术室使用需求。美国的 Danie Freeman 医院推行"临床途径法"，通过不间断地记录患者就医流程，省去了其中不必要的步骤，改进患者就医过程中的"瓶颈"，将患者就诊、问诊进行流程化、标准化，从而缩短了每一位患者的就医时间，极大地提高了医院的服务效率。英国的 Hiningdon 医院在医疗服务流程设计改造中，将血液检查从原来集中在化验室进行，改为在患者所在的临床科室进行。从而在大大缩短患者等待时间的同时，也减少了患者的奔波往返。经过流程设计改造后，血液检查结果等待时间比原来减少了至少一天。

（3）医院补救流程设计研究。世界上不存在毫无缺陷的服务系统，服务失误是难以完全避免的。关键问题是要充分意识到，服务的失败并不等于自动放弃顾客。Smith 等（1999）认为服务补救不等同于顾客抱怨处理，而是包含了比顾客抱怨处理更广泛的含义。顾客抱怨处理是一种被动的服务补救形式，是在顾客表达了不满之后而采取的行为。当服务失败时，顾客对企业的信心需要公司采取措施来平衡。公司采取补救行动后，顾客可能在一定程度上感觉好一些，但也可能使事情变得更糟。Brown 和 Tax（1998）指出，一旦医院的服务失败之后，患者希望在服务补救结果、抱怨处理过程及相互对待这三个方面寻求公平。结果公平是指患者希望医院对其补救的措施或补偿所得能与其预期程度相一致，这就意味着医院为自身服务失误而付出的补偿，应该与患者遭受的损失相一致；过程公平是指患者希望医院在处理抱怨过程中能够保持公正的立场，希望能够容易进入投诉程序，并且处理过程方便快捷，如流程简捷清晰、效率高和无争吵等；相互对待公平是指患者希望能够得到医院和医护人员的尊重和善待等。

　　国内学者韦福祥（2002）认为，服务补救不单是抱怨管理，而是一项全过程、全员性质的管理工作。陈忠卫和董晓波（2005）认为，广义的服务补救是指由组织全体成员共同参与，对服务系统中可能出现或已出现的过失进行矫正，对顾客进行补偿，以期不断完善服务体系并维持长远顾客关系的一系列活动的总和。当顾客花费时间和精力来对医院的服务进行抱怨时，他们一般都会抱有较高的期望。他们期望能迅速得到帮助，期望对其不幸遭遇及其所引起不便进行补偿，期望在服务过程中得到亲切对待，尤其是希望得到正义和公平。张金成和何会文（2003）认为对医疗行业而言，服务补救是当患者不满意的时候，医疗机构所采取的安抚患者及其家属不满情绪的行为。他们同时提出了医院服务补救设计中需要注意的事项：一是积极采取各种预防性措施，在患者抱怨之前就进行化解，考虑各种可能出现的情况，并做好充分的准备；二是一旦发现服务失误，补救的速度必须越快越好，那些没有及时处理得当的服务失误很有可能会继续扩大升级；三是培养医护人员的现场补救能力，使他们能够在服务过失现场及时进行有效的服务补救，服务补救的有效期往往很短，时间拖得越久，补救的效果就越差。

二　顾客消费情感

（一）顾客消费情感的定义

　　目前对顾客消费情感的定义大致可以分为三类：一是以顾客接受服务之后的感知做出的相应情感反应为基础。Dubé（2000）认为消费情感是顾客对产品和服务属性的预期，与顾客对自己最终获得的消费价值进行对比之后所做出的情感性反应；Richins（1997）认为消费情感是顾客根据对产品和服务的感知，所做出的情感回应；Oliver（1993）认为，顾客的消费情感是顾客经历了对产品和服务消费之后的一系列情感反应。二是不细分具体的消费情感，在消费过程中只考虑顾客一种情感。Mattila和Wirtz（2000）的研究发现，顾客消费情感同时包含两种极端对立的情感，一种是非常愉快，另一种是非常不愉快；Blossom和Dudley（2001）认为，顾客消费过程中的积极情感、消极情感是两个独立的单极概念，有可能都不产生，但绝不可能同时存在。三是具体的细分顾客消费情感，在一次消费的过程中同时考虑积极情感和消极情感。Westbrook（1987）对顾客的消费情感研究发现，顾客在某一时刻的情感状态总是介于消极和积极这两种状态之间，在对产品和服务消费过程中，很可能会既经历积极情感又体验消极情感；Kalyani 等（2000）认为顾客消费情感是顾客在消费过程中经历的高兴、愉快、兴奋、满足等正面积极情感，以及失望、气愤、伤心、内疚等负面消极情感。

（二）顾客消费情感的功能

（1）情感的调控功能。在人类生存和发展的过程中，有多种适应外界环境变化的方式。情感就是人类适应生存和发展的一种重要方式。著名生物学家达尔文在他的进化论中指出，情感是在进化过程中获得的，是人类遗传和适应环境的结果。在探索和认识环境的过程中，兴趣或好奇的情感驱使他们趋向新异事物；而恐惧情感则会提醒他们回避危险。随着社会的不断发展变化，社会价值、社会规范、社会观念也随之不断改变，这就对个体的环境适应性提出了更高的要求。如果不能用已往有效的方式做出适当的反应，个体就会出现某种情感的困扰。如果困扰长期没有得到解决，就不能适应正常的生活、学习和工作。这不仅影响到个体的活动效率，还会有损其身心健康，如过多的焦虑、压抑会引发各种身心疾病。为适应社会发展的要求，个体往往通过情感调节来应付日趋复杂的工作和人际关系。对情感进行自我控制，引导、调节和适当的发泄，既有利于个体适应复杂的社会生活，也有助于促进工作效率和身心健康。

（2）情感的组织功能。情感对其他心理过程有着重要的组织作用。情感可以调节人的认知过程和行为，如情感自身的操作可以影响知觉中对信息的选择，监控信息的流动，促进或阻止记忆，干涉决策，推理和解决问题。因此，情感可以间接地驾驭行为，支配有机体同周围环境相协调，使人们对环境信息做出应对措施。情感以情感事件对有机体的意义，通过体验快乐或悲伤、愤怒或恐惧而起作用。情感还具有动机的作用，能激活个体的能量，并制约个体的认知和行动。当个体处在积极、乐观的情感状态时，就会很容易注意事物美好的一面，其行为也比较开放，愿意接纳外界的事物；而当个体处在消极的情感状态时，就容易失望、悲观，放弃自己的愿望，有时甚至还会产生攻击性行为。

（3）情感的信号功能。情感是人际交流互动的重要手段。情感和语言一样，在人际交往中具有传递信息、沟通思想的功能。情感的这种功能主要是通过它的外部表现来实现的。表情由面部肌肉、声调的变化和身体姿态的变化等所构成。人们在消费情感反应和情感交往中，通过这三种表情的整合活动，来实现信息传递和达到相互了解。表情比语言更具生动性、表现力、神秘性和敏感性。特别是在言语信息暧昧不清时，表情往往具有补充作用。人们可以通过表情准确而微妙地表达自己的思想感情，也可以通过表情去辨认对方的态度和内心世界。因此，情感已成为人际交流的一个重要手段。从总体功能来看，情感是个体自然的适应性同社会联结的整合，它既策动个体的自然本性，又驱使个体的社会学习和创造活动，是个体的生动而灵活多变的动力。特别是情感对认知的调节和控制，对促进个体认知发展有着重要的作用。

（三）顾客消费情感的分类

（1）基本消费情感类型。Izard（2002）侧重于研究人类的面部表情，他认为可以从面部表情中识别出兴趣、高兴、惊讶、悲伤、气愤、厌恶、藐视、害怕、害羞和内疚十种人类的基本情感，它们分属于积极情感和消极情感。Edwardson（1998）为了解顾客在产品和服务的消费过程中所经历的消费情感，对 368 位消费者进行了深度访谈后发现，他们使用最多的十个表达消费情感的词汇是：气愤、快乐、失望、烦恼、沮丧、满意、急躁、轻松、激动和愤怒。Richins（1997）使用多维标度法，分析顾客在产品和服务消费过程中最常经历的情感，并把这些情感概括为气愤、失望、焦虑、恐惧、悲伤、羞愧、妒忌、寂寞、浪漫、喜欢、平静、满意、乐观、欢乐、激动、惊讶 16 种类型，它们共同构成了顾客的整体消费情感。从已有文献来看，Izard（2002）的基本情感量表（包括积极情感和消极情感两大类）在消费情感研究领域得到了较广泛的应用。

（2）"愉快—唤起"情感模型和双因素模型。美国心理学家罗塞尔（Russell）提出了"愉快—唤起"情感模型，他指出人类的情感都具有两个相对独立的维度，即"愉快—不愉快"维度和"激动—平静"维度。Westbrook（1987）的研究发现积极和消极情感是相互独立的，也就是说，顾客在一次服务经历中，可能同时体验到兴奋、高兴等积极消费情感，以及烦恼、愤怒等消极消费情感。由此可见，在接受产品和服务过程中，顾客的情感心理变化过程是十分复杂的。Oliver（1993）对积极情感与消极情感的同时存在现象给予了解释：由于一个产品或服务可能存在多种属性，对某个属性表现的肯定会带来顾客的积极情绪，而对某个属性表现的否定则造成顾客的消极情绪，这些积极情绪和消极情绪汇总成顾客对该产品或服务的整体情绪。Mehrabian（1995）根据"愉快—唤起"情感模型，设计了"愉快—唤起—控制"量表（简称 PAD 量表），来测量顾客的消费情感。在 Weston 和 Tellegen（2002）提出的双因素情感模型中，也把顾客的消费情感划分为积极消费情感和消极消费情感。

（四）顾客消费情感的研究视角

近年来，随着国外学者越来越重视消费情感对顾客消费心理和消费行为的影响问题，众多国内学者也开始关注顾客的消费情感及其前因后果研究。虽然同时存在对顾客消费情感的不同理解和差异性研究视角，但总体而言，中外学者主要从顾客感知和营销行为两个视角展开研究。

（1）顾客感知视角。Lazarus（1991）详细说明了顾客认知与顾客消费情感之间的关系，即个人对某一服务情景的认知取决于内部（个性、信仰、目标等）因素和外部（产品质量、口碑等）因素共同作用的结果。情感的产生是个人对所处环境感知所产生的结果，与自身目标相一致的环境会产生正面的情感，而与自身目标环境相违背的环境则会产生消极的情感。Oliver（1993）指出，消费情感是顾客对某种产品和服务的感知所做出的情感回应。Price（1995）强调在某些长期运作的服务机构中，顾客对所提供服务的感知会影响其对满意度的评价及对产品或服务的忠诚度。Arnold（1997）认为对事件的有利或有害的评价，会引发顾客的情感波动；且采用不同的评价方法，会导致顾客对同一事件产生不同的情感反应。与此同时，Richins 和 Marsha（1997）则认为感知并不是情感形成的必要前提条件，他们认为情感的触发不需要任何的认知过程，因为信息形成过程始终存在于情感形成的过程，而信息形成的过程是不可认知的。

（2）营销行为视角。诸多研究表明，顾客的消费情感很大程度上由市场营销行为所引起。Holbrook 和 Batra（1987）发现，广告会引发顾客的情感反应，并对认知、回忆、评价等过程产生影响。Burke 和 Edell（1989）认为由广告引发的消费情感会反过来影响顾客感知，并影响顾客接下来的一系列市场行为。Garnder（1983）指出，在服务的消费过程中，企业的服务程序、服务环境、顾客与服务人员之间的交往等，都会影响顾客的消费情感。Jos（2002）采用实验方法，研究了服务人员的行为和顾客消费情感及服务满意度之间的关系。研究发现，服务人员的行为会引发顾客的情感反应，并由此影响顾客对企业服务质量的感知和对企业的满意程度，进而影响顾客对企业的信任感和忠诚感。Chitturi 和 Ravindra

(2003) 的研究表明，顾客消费情感的激发程度还与其购买的产品或服务类型有关。他们将产品分为功能型和享乐型两类并构成四种不同的组合，当两者处于非最佳状态时，顾客就会产生诸如后悔、伤心等消极消费情感；而当顾客处在一个轻松愉悦的购物环境中时，与功能型产品相比，享乐型产品产生的积极消费情感更加强烈；反之，亦成立。

第二节　医院患者不当行为意向的访谈研究

一　患者不当行为的研究背景

（一）现实背景

长期以来，医疗服务行业一直处在政府的严格管制之下。医院作为医疗服务的主要供给方，属于事业单位和非营利性质，并不太注重服务质量和服务水平。近年来，随着生活水平的不断提高，人们对医疗服务的需求日趋强烈，对医疗服务质量也提出了更高的要求。与此同时，我国医疗的改革也在不断深化，医疗服务市场得到了迅速扩张。特别是医疗服务产业化、公立医院改制和医疗保险制度改革，以及原有医疗资源的整合和新的社会资源的进入，使医疗服务业的顾客（患者）开始拥有更多的选择权和自由度，医院也不得不面临更为激烈的市场竞争。为患者提供高质量的服务并不断提高患者满意度，已成为各级各类医疗机构关注的重要问题，而患者的行为正是其对医疗服务满意度的直接体现。

伴随着医疗制度市场化改革的不断深化，医患关系紧张问题也正呈现日趋严重的态势。医患纠纷在我国医疗服务业频繁发生，且其中往往存在着患者的不当行为。在就医过程中，个别患者会出现干扰医院正常秩序、辱骂医护人员、破坏医院设施等不当行为，有时甚至出现暴力伤害医护人员等极端行为，给医院、医护人员和患者自身等均带来严重后果。患者不当行为的发生，有患者自身、医院、医护人员、医疗体制、社会环境等多方面原因。其中，医院在医疗服务设计方面存在的缺陷，是导致患者不当行为的重要因素之一。医疗服务的特殊性，在于它提供的是一种顾客客观上有需求但主观上却不想要的专业性服务。由于对自身健康状况的担忧和医学知识的相对匮乏，患者在接受医院医疗服务时，心理往往处于敏感或脆弱状态，其消费情感和行为极易受外界影响。患者在表达自身诉求时，大多数时候都是因为对医院的服务质量或是医生的医术存在质疑，同时患者或其亲属的病痛没有得到有效缓解。一旦医院在医疗服务环境、服务流程、服务补救等方面存在设计缺陷，就很容易导致患者出现生气、失望、后悔、心烦等消极消费情感，并由此引发各类不当行为意向。

因此，一方面，医院管理者要认识到患者也并非永远正确，在特定的服务情景下患者不当行为是客观存在的，且会给医院、医护人员及其他患者带来一定的负面影响。另一方面，患者不当行为也并非不可防范，且很多患者不当行为很可能是由医院服务方面的问题所引发的。因此，医院管理者应采取各种必要的措施，来强化对顾客的服务和管理，并高度重视患者抱怨和服务补救。通过对服务设计的不断改进，缓解患者的消极消费情感，从根源上减少患者不当行为的发生，为促进和谐的医患关系做出贡献。

（二）理论背景

国外学者对服务设计的理论和实证研究已相对较为成熟。在服务设计方面，Schlesinger 和 Heskett（1991）对服务设计的研究，偏重于企业人员及资源调配等要素的设计；Fitzsimmons（2001）提出了服务设计所包含的关键要素；Frei（2008）研究了服务设计缺陷与消费者满意度之间的关系问题。随着服务管理学和服务营销学在我国的兴起，国内学者对服务设计问题也越来越重视。戴肖黎和何超（2009）、陈伟和魏亮瑜（2011）、杨峰和黄琼（2011）等，针对我国医院服务设计和管理实践进行了相关研究。但总体而言，已有研究较少涉及服务设计与消费者行为之间的关系，系统性的理论和实证研究仍相对较为欠缺。

顾客消费情感作为服务管理和顾客消费行为研究的重要领域，相关研究已较为成熟。但大多数研究都是从如何通过服务设计来提高顾客满意度角度展开，从服务设计缺陷和顾客消极消费情感角度开展的相关研究则并不多见。根据"认知—情感—行为"理论，消费者从对服务环境的认知到采取相应的行为过程，是通过情感这一中介来进行传递的。消费情感在影响顾客行为的过程中，主要起到了情感的调控功能、情感的组织功能和情感的信号功能。已有对消费情感的研究大致可分为三类：Dubé（2000）、Richins（1997）、Oliver（1993）等以顾客接受服务之后的感知，并做出的相应情感反应为基础开展消费情感研究；Mattila 和 Wirtz（2000）、Blossom 和 Dudley（2001）等不细分具体的消费情感，在服务消

费过程中，只考虑顾客的整体情感开展消费情感研究；Westbrook
（1987）、Kalyani 等（2000）等细分具体的顾客消费情感，在一次消费的
过程中同时考虑积极情感和消极情感来开展消费情感研究。

目前，顾客不当行为（customer misbehavior）等对服务绩效有显著影
响的顾客角色外行为（customer extra‐role behavior）研究开始兴起。中外
学者从顾客不当行为的表现形式、影响因素、行为结果等角度，进行了初
步的理论或实证分析。Huefner 和 Hunt（2000）的研究发现，顾客不当行
为的主要动机是想要获得一种公平感；Lovelock（1994，2001）把实施不
当行为的顾客称为"不当顾客"（jay customers），并认为不当顾客不仅仅
包括单纯以获利为目的而实施不当行为的顾客；Yi 和 Gong（2006，
2008）正式提出了顾客不当行为（customer badness behavior）概念，并指
出这种行为会对服务组织、服务人员和其他顾客造成不当影响。但总体而
言，顾客不当行为研究尚处于起步阶段，相关实证研究也主要集中在餐
饮、零售、酒店等服务行业，针对我国医疗服务业中患者不当行为的研究
则更为罕见。本章试图将顾客行为理论和服务管理理论应用于医院管理实
践，采用实验研究方法，分析医院服务设计缺陷对患者消极消费情感和患
者不当行为意向的影响机制，为进一步提高医院服务质量和患者满意度、
降低患者不当行为发生率提供思路借鉴。

二　访谈设计

在理论分析和模型构建之前，首先需要确定服务设计缺陷的具体维
度。同时由于本书拟采用实验研究方法，所设计的实验情景是基于现实医
院的服务设计场景。为了更加贴近实际，我们就医院服务设计缺陷问题，
设计了相应的访谈材料（参见附录8.1），对部分患者进行了深度访谈。
在深度访谈基础上结合已有相关文献，设计出本书的理论模型和正式实验
材料。深度访谈是目前为止互动性最强的调研方法，可以解释隐藏在被访
谈者表面陈述下的真实感受和动机。同时患者不当行为牵涉到个人隐私，
不易采用其他方法进行研究，研究数据也不易收集。而深度访谈由于是在
事先征得被访者同意的情况下进行的，因此可以有效避免上述问题。

由于城市与农村消费者，以及不同行业就业人员之间，在可支配收
入、消费观念、消费习惯和消费态度等方面存在较大的差异。为使研究结
论更具真实性，本书选取的访谈对象同时包括了农村和城市的不同职业消

费者。受访对象的基本信息如表 8.1 所示。

表 8.1　　　　　　　　　　受访对象的基本信息

编号	称呼	年龄层	职务	访谈时间
A01	王先生	36—45 岁	进城务工人员	35 分钟
A02	叶先生	26—35 岁	农民	45 分钟
A03	张先生	36—45 岁	农民	40 分钟
A04	郑女士	26—35 岁	进城务工人员	55 分钟
A05	刘女士	46—55 岁	个体户	1 小时
A06	曾先生	36—45 岁	保安	45 分钟
A07	杨女士	36—45 岁	钟点工	50 分钟
B01	孙先生	26—35 岁	研究生	1 小时 05 分钟
B02	刘先生	26—35 岁	研究生	50 分钟
B03	谢女士	26—35 岁	大学生	52 分钟
B04	骆女士	18—25 岁	大学生	1 小时
B05	郭先生	18—25 岁	公务员	1 小时 20 分钟
B06	王先生	36—45 岁	教师	1 小时 15 分钟
B07	王先生	46—55 岁	技术人员	45 分钟
B08	林女士	26—35 岁	银行职员	1 小时
B09	邱女士	36—45 岁	教师	55 分钟
B10	王先生	46—55 岁	下岗工人	1 小时 10 分钟
B11	蒋先生	36—45 岁	工程师	40 分钟
B12	陈小姐	26—45 岁	自由职业者	35 分钟
B13	胡先生	36—45 岁	企业管理人员	1 小时 10 分钟

三　访谈结果

（一）医院服务设计的要素

对访谈结果进行收集和整理后发现，各被访者对医院服务设计关注的侧重点各有不同，总体而言大致包括环境设计、流程设计和补救设计三个主要方面。具体典型访谈信息如下：

（1）在问及医院服务设计包括哪些内容时，被访者谢女士这样回答：

医院的服务设计包括医院的建筑风格、整体环境的整洁度，就是进去之后感觉舒不舒服，以及科室的指示牌能否帮助我快速地找到我想去的科室，还有我有时去医院找车位要花上很长的时间，本来就生病心情就不好，这会让我更加烦躁……（B03）

（2）郭先生的回答也表达了相同的意思：

去医院看病基本上都要排队，这都已经习惯了，但是挂完号等待的过程实在是太痛苦了。医院等待区的座椅根本就不够，有也是很破旧的啦，来医院的都是病人，这么脏的椅子谁敢坐。还有就是连个饮水机都没有，大半天时间不让人喝水怎么受得了……（B05）

（3）不同病人对医院服务设计的认识有不同的侧重点，有些被访者不会对环境或卫生特别挑剔，他们最关注的是就诊过程，叶先生就是这样的消费者：

医院服务设计是什么我不是很懂，我去医院就想把病治好了，我的时间不值钱，花点时间等一个好一点的医生也值，我最乐意的是看到一个满头白发的医生给我看病，这样心里最踏实，一般小病也不会上医院来看，总是希望一次就把病给治好，其他的我不会太在意……（A02）

（4）蒋先生因为有陪护亲人住院的经历，所以对医院住院区的服务设计提出了自己的看法：

我认为医院的病房床铺远不能满足患者的要求，有时候住院还要等好几天才能住进去。医院对病人的安排也不合理，男病人和女病人没有划分区域，这怎么能保护患者的隐私。而且值班台的医生护士永远都很忙，有状况按了铃总是很慢才过来，有几次要跑到值班台去叫才会过来。同病房的情况都差不多，也没人抱怨，一般我都忍了，我强烈建议增加值班台的医生和护士……（B11）

（5）大部分被访者表达了对医院挂号排队的抱怨，下面两个被访者的经历比较具有代表性：

> 我早上起了个大早去医院想挂个专家号，排了很久之后等排到了，却被告知早上的已经没号了，只能挂下午的，还要等上大半天，我在想那些来得晚一点的当天还能挂上专家号吗……（B04）

> 我最恨那些不排队插队的人了，我排得辛辛苦苦，插队的人直接走到前面去了，也没有人管，有时候保安明明站着看到了也睁一只眼闭一只眼，有人说了才会去阻止插队的人。有时候更可气的是还有医生领着病人插队的，医院是公家的单位，怎么就可以让他们随随便便插队呢……（A01）

（6）还有一部分被访者表达了对医生的不满：

> 我挂的明明是一个专家号，可是给我看病的却是一个很年轻的小伙子，我一看他的工牌，跟我预约的根本不是同一个人嘛，我很气愤，直接就去找医院反映。医院后来也承认失误，给我退了诊疗费，并且帮我约好了下次的诊疗，我还是比较满意的……（B10）

> 我15岁那年，我妈带我去医院看胃病，拍完片之后医生说还要做下胃镜，我妈因为做过胃镜，知道做胃镜的痛苦，就和医生说这么小的孩子怎么可以做胃镜，不能做。医生估计也心虚了，马上就换了一个医生……（B12）

（二）医院服务环境设计

在医院服务环境设计方面，被访者主要提及卫生、照明、噪声、隐私保护、服务引导等方面的问题（A01、A04、A06、B02、B06、B07、B08、B09、B12、B13），还有A04、B12等提到了医院的消毒不到位等问题。根据访谈结果并参考已有相关文献，可将医院服务环境设计的内容归纳为：卫生、隐私保护、秩序、服务引导等方面。具体典型访谈信息如下：

（1）邱女士是一名教师，围绕着服务环境设计这一问题，邱女士谈起了她的一次去医院探望朋友的经历：

> 有次我去医院探望一位朋友，正好赶上了吃饭时间，我就帮忙去

食堂为他打饭，去了食堂我发现里面的环境真的是不敢恭维，桌子上摆着还没来得及收拾的剩菜，地上有好多被丢弃的纸巾，真不敢相信这是一家大医院的食堂，以后对这家医院的印象也差了不少……（B09）

（2）王先生谈到了一次在某地出差时的住院经历：

我有一次出差急性阑尾炎发作，当天就住进了当地的一家医院，由于客户的厂房较偏僻，就送到附近的医院。那真是一段痛苦的经历啊，由于是当地唯一的一家大医院，住院部人满为患，我被安排到了一个六人间，一点个人隐私都没有。被单是黄黄的，而且还有些陈旧。病房里白天还能忍受，到了晚上痛苦的呻吟声和聊天的声音不绝于耳，根本就没法休息。所以没等到伤口愈合我就飞回来了……（B07）

（三）医院服务流程设计

在医院服务流程设计方面，受访者 A01、A02、B04、B11 等主要提及排队等待、医生诊断、住院治疗等内容。根据访谈结果并参考已有相关文献，可将医院服务流程设计的内容归纳为：门诊、住院治疗、检验检查、诊断护理等环节的设计。具体典型访谈信息如下：

（1）孙先生提到了关于医院流程设计方面的问题：

我记得这是 2009 年的事情，我当时陪着一名得急性支气管炎的同学去医院看病，当时他咳嗽咳得非常厉害，脸已经咳得通红，我们到医院之后挂了一个专家号，护士就让我们在外面等，轮到我们的时候会叫我们。眼看着就要轮到我们了，护士出来通知我们医生要去做个手术，让我们继续等，我的这个同学已经咳得脸色煞白，说话都有气无力了。我们当时就和护士吵了起来，说你们怎么能这么不负责任，把人丢这儿就不管了，护士说她也没办法，无奈我们只好接着等。等到医生手术做完给我同学看病，我们已经足足将近等了 5 个小时……（B01）

（2）张先生对一次就医经历印象深刻，他告诉我们：

我是在工地干活的，有一次干活不小心把腰给闪了，直都直不起来，没办法只好去医院。在看病的时候医生一看我的模样，就问我有没有医保，医药费能不能报销，我告诉他只有老家有农村合作医疗，但是这个病报不了。最后他给我开了几服不贵的药，还嘱咐我特效药很贵，给我开的药只是见效慢一点，效果和特效药差不了多少，但价钱会便宜很多，要我这段时间不要干太累的活……（A03）

（四）医院服务补救设计

在医院服务补救设计方面，由于医院的服务补救意味着医院服务失败，对患者可能已造成了伤害。因此被访者在被问及这一问题时都不太愿意提及，需要引导被访者根据周围的实例进行访谈。受访者 A05、受访者 A07、受访者 B10 等都谈到医院出现服务失误、医疗事故等情况时的道歉和补偿问题。根据访谈结果并参考已有相关文献，可将医院服务补救设计的内容归纳为：补救的主动性、及时性、有效性等方面的设计。具体典型访谈信息如下：

（1）刘女士谈到了她镇上的一起医疗事故：

我们镇上有个产妇在镇医院生孩子，不知道是因为医院的医疗设施有限还是医生的水平差，最后孩子大人都没保住。后来家属一直在医院闹要求赔偿，并且阻挠其他病人到医院看病，最后医院实在是没有办法了，在当地镇政府的协调下，与孕妇家属达成协议赔偿患者家属 30 万元。由于医院是小医院，赔了 30 万元之后入不敷出，最后倒闭了……（A05）

（2）杨女士谈到了她的一次就医经历：

有次我牙疼去医院看病，有颗牙要拔掉，拔的时候麻醉已经过了，我是痛得死去活来，当时我老公就和医生大吵了一架。后来医生也和我们道歉了并免了我们部分医药费。看完了病回家过了几天医院给我打电话问我现在情况怎么样，有没有复发，让我过段时间去复诊，并和我约好了时间。我觉得他们医院还是不错的……（A07）

第三节 医院患者不当行为意向的实验研究

一 概念界定和关系假设

（一）概念界定

（1）服务设计缺陷。Schlesinger 和 Heskett（1991）认为服务设计是服务企业根据顾客需要所进行的员工培训与发展、工作分派与组织、设施规划和配置等工作，它是保证服务企业获得顾客满意的核心要素。Fitzsimmons（2001）认为所有的服务设计都包含了服务提供物的特点、服务发生场所的设施环境和服务传递过程三个要素，服务设计缺陷就是服务提供过程中存在的单个或多个上述要素的设计缺陷。Lovelock（2001）认为服务设计缺陷是由于缺乏对服务概念的科学运用，以及对顾客重要性认识不足原因所导致的服务系统方面的设计缺陷，它是导致服务失败和顾客不满意的重要因素之一。Frei（2008）指出，服务环境、服务流程和服务失败后的补救等因素，是完善服务设计的重点所在。借鉴已有研究，本书将服务设计缺陷定义为：服务企业在服务环境、服务流程和服务补救三大要素中，存在的一个或多个设计缺陷。

（2）顾客消极消费情感。Westbrook（1987）指出，在产品和服务消费过程中，顾客可能会经历积极和消极两种极端的消费情感，其在消费过程某一时刻的情感状态总是介于这两极之间。Oliver（1993）认为，顾客消费情感是顾客基于对产品和服务消费经历感知而做出的一系列情感反应，它是影响顾客消费心理和消费行为的重要因素；Menon 和 Dubé（2000）认为，顾客消费情感是顾客对产品和服务属性及自身最终所获消费价值的情感性反应，它包括顾客在消费过程中经历的高兴、愉快、兴奋、满足等积极情感，以及失望、气愤、伤心、内疚等消极情感。Izard（2002）提出了兴趣、高兴、惊讶、悲伤、气愤、厌恶、藐视、害怕、害羞、内疚十种人类的基本情感，设计了相应的情感测量量表，并将其分为积极情感和消极情感两大类。借鉴已有研究，本书将顾客消极消费情感定义为：顾客在服务消费过程中基于自身感知而表现出的生气、失望、后悔、心烦等负面情感性回应。

（二）研究假设

1. 医院服务设计缺陷与患者消极消费情感、不当行为意向的关系假设

本书主要从医院服务设计缺陷的三个维度出发，分别就其与患者消极消费情感、不当行为意向的作用关系提出如下假设：

（1）医院服务环境设计缺陷与患者消极消费情感、不当行为意向的关系假设。服务环境是消费者在服务过程中所能接触的各类环境的总和，包括建筑物、陈设布局、设施设备等实体环境，以及色彩、照明、气氛等软环境（Bitner 等，1994）。Lovelock（2001）将服务环境定义为消费者在视觉、听觉、嗅觉等方面感受到的服务场所内的有形的和无形的展示，它能够减弱消费者对于服务无形性认知的影响。Rose 和 Neidermyer（1999）的研究显示，喧闹的服务场所、不合适的温度和音乐等服务环境方面的设计缺陷，都会强化顾客的消极消费情感，并提高顾客破坏服务设施等攻击性行为的发生频率和程度。Fullerton 和 Punj（1993，2004）认为物理环境、安全措施、企业形象等消费环境方面的设计缺陷，及其与顾客特征之间的交互作用，会激发顾客的消极消费情感和不当行为倾向。Richins（1997）、Mattsson 等（2004）、Huang（2008）、邹金涛和江盛达（2011）等学者的理论和实证研究，也验证了服务环境方面的设计缺陷，是顾客出现消极和负面情感反应并产生不当行为意向的重要因素。患者作为医院的顾客，在医疗服务消费过程中的情感和行为意向深受医院服务环境的影响。医院在环境卫生、隐私保护、排队秩序、科室布局等服务环境方面的设计缺陷，会直接诱发患者的消极消费情感和不当行为意向。基于上述理论分析，提出如下研究假设：

H1a：医院服务环境设计缺陷对患者消极消费情感有显著正向影响。

H1b：医院服务环境设计缺陷对患者不当行为意向有显著正向影响。

（2）医院服务流程设计缺陷与患者消极消费情感、不当行为意向的关系假设。Smith 等（1999）、Aquino 等（1999）、金立印（2006）、邹金涛和江盛达（2011）等的研究表明，顾客在接受服务过程中所感知到的服务流程的公正性和合理性，如等待时间、服务效率、公平对待、特殊需求满足等，会对其情绪和行为产生显著影响，一旦服务流程设计方面存在缺陷，就很容易激发顾客的负面情感和不当行为。服务产品所具有的无形性特点，使服务流程设计成为影响服务质量的重要因素，不合理、不科学的服务流程会增加顾客等待时间、降低顾客满意度，并导致顾客产生厌

烦、生气等消极消费情感和不当行为意向。Murray 和 Berwick（2003）的研究显示，科学的医院服务流程设计，是解决患者看病难、等待时间长，提高患者满意度，减少患者消极消费情感和不当行为意向的重要手段。Pyon（2009）强调了在公共服务组织中，科学的服务流程设计对顾客消费情感的重要影响。李庆和陶红兵（2011）的研究指出，传统医疗服务流程的粗放性和随意性，是导致患者负面情绪、不当行为和医疗纠纷发生的重要原因之一。在医院的门诊、住院、检验检查、护理等各个服务环节中，任何一个服务流程设计的缺陷，都会诱发患者的消极消费情感和不当行为意向。基于上述理论分析，提出如下研究假设：

H2a：医院服务流程设计缺陷对患者消极消费情感有显著正向影响。

H2b：医院服务流程设计缺陷对患者不当行为意向有显著正向影响。

（3）医院服务补救设计缺陷与患者消极消费情感、不当行为意向的关系假设。服务补救是服务企业为缓解和修复服务提供者在服务过程中可能或已经出现的过失，以及对顾客所造成的伤害，而采取的一系列矫正、补偿等行动的总和，它有利于维持长远的顾客关系并不断完善服务系统（Tax 和 Brown，2000）。Smith 等（1999）认为，服务补救是服务企业在服务失败后，提升企业形象、顾客信心和服务质量感知，缓解顾客负面情绪和不当行为意向的重要手段。Schoefer 和 Ennew（2005）、Yi 和 Gong（2006，2008）、Huang（2008）等学者的研究表明，服务失败和服务补救设计缺陷给顾客带来的损失，会强化顾客的不公平感和负面情绪反应，并可能导致顾客的不当行为。医疗服务的专业性和高风险性等特征，使服务失败往往很难完全避免，服务补救设计在医院服务管理中也因此而尤为重要。当出现服务失败时，如果缺少及时、高效的服务补救措施，就会使患者产生强烈的消极消费情感，并引发医患双方的对立情绪和行为。事实上，很多医疗纠纷的出现，往往与医院的服务补救设计缺陷密切相关。基于上述理论分析，提出如下研究假设：

H3a：医院服务补救设计缺陷对患者消极消费情感有显著正向影响。

H3b：医院服务补救设计缺陷对患者不当行为意向有显著正向影响。

2. 患者消极消费情感与患者不当行为意向的关系假设

Oliver（1993）、Menon 和 Dubé（2000）的研究显示，在正常的消费或对服务失败的回应过程中，顾客较强的消极消费情感会诱发其不当行为意向。Nyer（1997）指出，顾客不当行为是顾客宣泄其自身在消费过程中产生的不满或消极情绪的常见手段之一。Huefner 和 Hunt（2000）、Philips 和 Baumgartner（2002）的研究表明，因不满意或不公平感所产生的生气、失望等消极消费情感，是导致顾客产生不当行为意向的重要原因之一。金立印（2006）、刘汝萍和马钦海（2010）、邰金涛和江盛达（2011）等学者的理论和实证研究，也验证了顾客在服务过程中的消极或负面情感反应，对顾客不当行为意向及其强度有显著的影响。在医院就医过程中，由于疾病和医学知识缺乏等原因，患者在心理上大多处于弱势地位，当由于各种外部因素而诱发其消极消费情感时，很容易因情绪失控而产生各种朝向医院或医护人员的不当行为意向。此外，从前述分析中可以发现，患者消极消费情感在医院服务设计缺陷三维度对患者不当行为意向的影响关系中可能存在中介作用。基于上述理论分析，提出如下研究假设：

H4：患者消极消费情感对患者不当行为意向有显著正向影响。

H5a：患者消极消费情感在医院服务环境设计缺陷对患者不当行为意向影响关系中起中介作用。

H5b：患者消极消费情感在医院服务流程设计缺陷对患者不当行为意向影响关系中起中介作用。

H5c：患者消极消费情感在医院服务补救设计缺陷对患者不当行为意向影响关系中起中介作用。

（三）模型构建

基于上述理论分析和研究假设，本书建立了医院服务设计缺陷三维度、患者消极消费情感和患者不当行为意向间的关系模型（参见图8.2）。

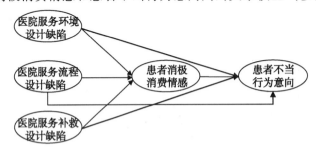

图 8.2 研究的关系模型

二 实验设计和数据获取

（一）实验设计

考虑到本书关注的是医院服务和患者行为中的负面问题，为保证研究数据的客观性和真实性，故采用实验方法来获取样本数据。即根据医院服务设计缺陷三维度的不同状态，列出相应的虚拟场景组合（参见表8.2），由每个实验被试以患者身份根据其中某一种场景组合，独立对自身可能产生的消极消费情感和不当行为意向做出程度性判断。

（1）医院服务设计缺陷的场景组合。主要参考了 Oliver（1993）、Bitner 等（1994）、Fitzsimmons（2001）、Lovelock（2001）等的已有研究，并结合我国医院实际，采用3因素型（2×2×2）被试间实验设计，从医院服务环境、服务流程和服务补救设计缺陷三个维度，根据各维度的正常和有缺陷两种状态，列出8种虚拟场景组合（参见表8.2），并撰写出相应的8份（1套）实验材料。其中医院服务环境设计缺陷主要包括环境卫生、隐私保护、排队秩序、指示标志等内容；服务流程设计缺陷主要包括门诊流程、住院流程、检验检查流程和护理流程等内容；服务补救设计缺陷主要包括补救的主动性、响应速度和补救能否满足患者期望等内容。

表8.2   **医院服务设计缺陷的场景组合**

变量	状态	场景
服务环境设计	正常	医院环境整洁明亮，保洁人员会定时清理医院内垃圾；医院在涉及患者隐私的科室设置隔离装置以保护患者个人隐私；在挂号、取药等需要排队的区域，医院张贴了宣传标语，并安排人员维持秩序，这些区域比较安静有序；各类指示标志清晰明确，引导患者便利高效地完成就医过程
	缺陷	医院环境脏乱昏暗，地上垃圾清理不及时；医院在涉及患者隐私的科室没有保护患者个人隐私的措施，整个科室处于开放的状态；在挂号、取药等需要排队的区域，医院没有维持秩序的措施，这些区域较为嘈杂和混乱；各类指示标志缺失或模糊不清，未能为患者就医过程提供正确引导
服务流程设计	正常	患者门诊就医时挂号、就诊、划价、交费、取药等环节连续且通畅，科室布局合理，等待时间较短；住院治疗过程中预约手术、预约检查、等待检验报告等环节较为顺利；医院对检验检查过程中人工操作、信息传递、报告传送等环节进行了合理安排，有效地缩短了患者等待时间；护理中测量体温、血压、脉搏及输液、给病人服药、病人术前准备、术后护理等环节安排充裕的时间，能及时地响应并满足病人特殊的护理要求
	缺陷	患者门诊就医时挂号、就诊、划价、交费、取药等环节需要长时间排队，科室布局不合理，等待时间很长；住院治疗过程中预约手术、预约检查、等待检验报告等环节效率低下；医院对检验检查过程中人工操作、信息传递、报告传送等环节缺乏合理安排，大大增加病人等待时间；护理中测量体温、血压、脉搏及输液、给病人服药、病人术前准备、术后护理等环节不能安排充裕时间，对病人特殊的护理要求也不能及时地响应和满足

续表

变量	状态	场　景
服务补救设计	正常	医院在发现诊疗失误或其他服务问题后，会主动采取补救措施，满足患者的要求；在患者提出意见或者对治疗不满意时，医院的响应速度较快，能在较短的时间内答复病人；医院采取的补救或补偿措施能够满足患者的期望
	缺陷	医院在发现诊疗失误或其他服务问题后，不会主动采取补救措施，对患者的要求也置之不理；在患者提出意见或者对治疗不满意时，医院的响应速度缓慢，病人等待很长时间才会得到医院的回复；医院采取的补救或补偿措施不能满足患者的期望

（2）患者消极消费情感的测量。主要参考了 Izard（1977，2002）、温碧燕等（2006）的成熟量表和已有研究，并结合医院患者的主要特征，采用李克特 5 点量表形式，从生气、失望、后悔、心烦四个方面，对患者消极消费情感进行测量（参见表 8.3）。

（3）患者不当行为意向的测量。主要参考了 Yi 和 Gong（2006，2008）、金立印（2006）、邬金涛和江盛达（2011）等的已有研究，并结合我国医院实际，采用李克特 5 点量表形式，从故意破坏医院服务设施意向、为难医生和护士意向、不遵守医院规则意向、不合理索赔意向四个方面，对患者不当行为意向进行测量[1]（参见表 8.3）。

表 8.3　　　　　　　　　　变量测量问项及其来源

变量	问项	来源
患者消极消费情感	生气	Izard（1977，2002），温碧燕、韩小芸和伍小奕（2006）
	失望	
	后悔	
	心烦	
患者不当行为意向	故意破坏医院服务设施意向	Yi 和 Gong（2006，2008）、金立印（2006）、邬金涛和江盛达（2011）
	为难医生和护士意向	
	不遵守医院规则意向	
	不合理索赔意向	

（二）数据获取

本书以杭州某高教园区内三所高校的在校大学生为实验对象。因为所

---

[1]　在本书中，未将患者暴力伤害医护人员等极端或违法行为纳入不当行为范畴。

有大学生都有去医院看病的经历，且理解能力和新鲜事物接受能力较强，对实验中涉及就医的情景能很好地理解并融入其中。在对杭州某大学某学院40名学生做预实验，对实验材料进行修改和完善后，开始正式实验，实验具体步骤如图8.3所示。在说明注意事项之后，将被试随机分为8人一组，并把8份（1套）根据不同场景组合撰写的实验材料打乱后，随机发放给他们进行独立填写。实验材料的第一部分是注意事项和填写要求；第二部分是某虚拟医院的背景介绍，以帮助被试更好地进入场景；第三部分是医院服务设计三维度不同状态下的场景组合，以及要求被试填写的患者消极消费情感和不当行为意向测量问项，第四部分是被试的基本信息。

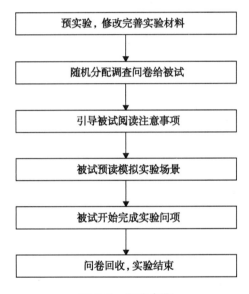

图8.3　实验步骤

全部实验均在现场完成，被试的平均填写时间约为6分钟。被试共分为35个组，发放实验材料280份（35套），回收272份，其中完整填写的有效材料266份，有效率97.8%。样本的人口基本特征分布如下（参见表8.4）：男性占47.4%，女性占52.6%；专科生占13.2%，本科生占72.1%，研究生及以上占14.7%。在医疗费用的来源方面，参加实验的有效样本被试中，完全自费32人，占12.0%；参加农村合作医疗56人，占21.1%；参加医疗保险131人，占49.2%；购买商业保险27人，占10.2%；其他来源20人，占为7.5%（参见表8.5）。这与大学生的医疗费用来源基本吻合，同时也体现了国家医疗保障制度的成效。此外，我们还将医院服务设计缺陷三维度转化为虚拟变量（正常状态取值0，缺陷状态取值1），以便进行后续统计分析。

表8.4   样本基本特征统计

被试人口属性	统计描述	样本数（人）	占比（%）	累计占比（%）
性别	男	126	47.4	47.4
	女	140	52.6	100.0
年龄	25 岁以下	173	65.0	65.0
	25—34 岁	93	35.0	100.0
学历	大学专科	35	13.2	13.2
	大学本科	192	72.1	85.3
	硕士及以上	39	14.7	100.0

表8.5   医疗费用来源分布

医疗费用来源	样本数（人）	占比（%）	累计占比（%）
完全自费	32	12.0	12.1
农村合作医疗	56	21.0	33.2
医疗保险	131	49.2	82.6
商业保险	27	10.2	92.8
其他来源	20	7.5	100.0

三 数据分析和假设检验

（一）变量操纵检验

本书主要采用t检验方法，对模拟场景中的三个自变量（服务环境设计、服务流程设计和服务补救设计），在不同水平下的操纵有效性进行验证。

（1）服务环境设计的操纵检验。对服务环境设计的操纵检验结果显示（参见表8.6、表8.7），被试在服务环境设计的两个操纵水平（正常和缺陷）下呈现出显著的差异，说明对自变量服务环境设计的操纵是有效的。具体而言，在服务环境设计正常的情况下均值为1.8092，标准差为0.74；在服务环境设计缺陷的情况下均值为3.6148，标准差为0.85；t值为36.978，p=0.000<0.001。用于测量服务环境设计的两个测项之间的相关系数为0.86，说明有足够好的信度支持把这两个测项整合成一个自

变量 V1。V1 取值的高低反映了服务环境设计缺陷水平的高低，如服务环境设计正常则赋值为 0，如设计缺陷则赋值为 1。

表 8.6　　　　　　　　　　　　　　变量的均值和标准差

变量	操纵水平	测项	均值	标准差
服务环境设计	正常（131）	此次就医的服务环境设计存在缺陷？ 1 完全不同意……5 完全同意	1.8092	0.74
	缺陷（135）		3.6148	0.85
服务流程设计	正常（134）	此次就医的服务流程设计存在缺陷？ 1 完全不同意……5 完全同意	1.1813	0.72
	缺陷（132）		3.7197	0.91
服务补救设计	正常（134）	此次就医的服务补救设计存在缺陷？ 1 完全不同意……5 完全同意	1.7388	0.72
	缺陷（132）		3.7879	0.77

表 8.7　　　　　　　　　　　　服务环境设计的操纵检验结果

因变量	自变量水平	N	均值	标准差	t 值	Sig.
V1	设计正常	131	1.8092	0.74	36.978	0.000
	设计缺陷	135	3.6148	0.85		
	总计	266	2.7556	1.27		

（2）服务流程设计的操纵检验。对服务流程设计的操纵检验结果显示（参见表 8.6、表 8.8），被试在服务流程设计的两个操纵水平（正常和缺陷）下呈现出显著的差异，说明对自变量服务流程设计的操纵是有效的。具体而言，在服务流程设计正常的情况下均值为 1.1813，标准差为 0.72；在服务流程设计缺陷的情况下均值为 3.7197，标准差为 0.91；t 值为 35.808，$p = 0.000 < 0.001$。用于测量服务流程设计的两个测项之间的相关系数为 0.92，说明有足够好的信度支持把这两个测项整合成一个自变量 V2。V2 取值的高低反映了服务流程设计缺陷水平的高低，如服务流程设计正常则赋值为 0，如设计缺陷则赋值为 1。

表 8.8　　　　　　　　　　　　服务流程设计的操纵检验结果

因变量	自变量水平	N	均值	标准差	t 值	Sig.
V2	设计正常	134	1.1813	0.72	35.808	0.000
	设计缺陷	132	3.7197	0.91		
	总计	266	2.7594	1.26		

（3）服务补救设计的操纵检验。对服务补救设计的操纵检验结果显示（参见表8.6、表8.9），被试在服务补救设计的两个操纵水平（正常和缺陷）下呈现出显著的差异，说明对自变量服务补救设计的操纵是有效的。具体而言，在服务补救设计正常的情况下均值为1.7388，标准差为0.72；在服务补救设计缺陷的情况下均值为3.7879，标准差为0.77；t值为35.401，p＝0.000＜0.001。用于测量服务补救设计的两个测项之间的相关系数为0.88，说明有足够好的信度支持把这两个测项整合成一个自变量V3。V3取值的高低反映了服务补救设计缺陷水平的高低，如服务补救设计正常则赋值为0，如设计缺陷则赋值为1。

表8.9　　　　　　　　　　服务补救设计的操纵检验结果

因变量	自变量水平	N	均值	标准差	t 值	Sig.
V3	设计正常	134	1.7388	0.72	35.401	0.000
	设计缺陷	132	3.7879	0.77		
	总计	266	2.7556	1.227		

（二）信度和效度分析

使用SPSS 17.0软件对所获实验数据进行信度检验，分析结果显示（参见表8.10），患者消极消费情感和患者不当行为意向两个变量的Cronbach's α系数分别为0.882和0.787，均大于0.7的参考值，说明量表整体可靠性和稳定性较好，具有较好的内部一致性。通过KMO样本测度和巴特利特球体检验后，对实验数据进行探索性因子分析（EFA）。分析结果显示（参见表8.10），同一变量下属的各测量问项均归属于同一因子，其因子载荷均大于0.5的参考值，且在其他变量下的因子载荷均小于0.4，说明量表具有较好的收敛效度和区别效度，可对实验数据做进一步统计分析。

表8.10　　　　　　　　　各变量的信度检验和探索性因子分析

变量	问项	因子载荷	α系数
患者消极消费情感	生气	0.868	0.882
	失望	0.864	
	后悔	0.851	
	心烦	0.855	

续表

变量	问项	因子载荷	α 系数
患者不当行为意向	故意破坏医院服务设施意向	0.764	0.787
	为难医生和护士意向	0.808	
	不遵守医院规则意向	0.794	
	不合理索赔意向	0.757	

（三）假设检验结果

本书采用回归分析来验证各研究假设，并构建了相应的 4 个回归模型（参见表 8.11）。回归模型 1 的分析结果显示，服务环境设计缺陷（β = 0.229，t = 6.115，p = 0.000 < 0.01）、服务流程设计缺陷（β = 0.453，t = 9.269，p = 0.000 < 0.01）和服务补救设计缺陷（β = 0.378，t = 7.740，p = 0.000 < 0.01）对患者消极消费情感均有显著的正向影响，假设 H1a、H2a、H3a 成立。回归模型 2 的分析结果显示，患者消极消费情感对患者不当行为意向有显著的正向影响（β = 0.647，t = 14.068，p = 0.000 < 0.01），假设 H4 成立。回归模型 3 的分析结果显示，在不考虑中介变量患者消极消费情感的情况下，服务环境设计缺陷（β = 0.298，t = 6.984，p = 0.000 < 0.01）、服务流程设计缺陷（β = 0.367，t = 8.357，p = 0.000 < 0.01）和服务补救设计缺陷（β = 0.293，t = 6.869，p = 0.000 < 0.01）对患者不当行为意向均有显著的正向影响，假设 H1b、H2b、H3b 成立。回归模型 4 的分析结果显示，在加入中介变量患者消极消费情感之后，服务环境设计缺陷（β = 0.215，t = 4.439，p = 0.000 < 0.01）、服务流程设计缺陷（β = 0.214，t = 4.084，p = 0.000 < 0.01）和服务补救设计缺陷（β = 0.174，t = 3.448，p = 0.000 < 0.01）对患者不当行为意向的正向影响均有所减弱但依然显著，可见患者消极消费情感在医院服务设计缺陷三维度对患者不当行为意向的影响关系中均起部分中介作用，假设 H5a、H5b、H5c 均部分成立。

表 8.11　　　　　　　　　　回归模型的分析结果

模型	自变量	因变量	标准化回归系数 β	t 值	p 值	F 值	判定系数 R²
1	服务环境设计缺陷	患者消极消费情感	0.229	6.115	0.000	61.070	0.437
	服务流程设计缺陷		0.453	9.269	0.000		
	服务补救设计缺陷		0.378	7.740	0.000		

续表

模型	自变量	因变量	标准化回归系数 β	t 值	p 值	F 值	判定系数 R^2
2	患者消极消费情感	患者不当行为意向	0.674	14.068	0.000	198.417	0.445
3	服务环境设计缺陷	患者不当行为意向	0.298	6.984	0.000	55.267	0.413
	服务流程设计缺陷		0.367	8.357	0.000		
	服务补救设计缺陷		0.293	6.869	0.000		
4	服务环境设计缺陷	患者不当行为意向	0.215	4.439	0.000	65.036	0.525
	服务流程设计缺陷		0.214	4.084	0.000		
	服务补救设计缺陷		0.174	3.448	0.000		
	患者消极消费情感		0.448	7.472	0.000		

第四节　研究结论和管理启示

一　研究结论

（一）医院服务设计缺陷三维度对患者消极消费情感均有显著正向影响

实证分析结果显示，医院在服务环境设计、服务流程设计和服务补救设计等方面的缺陷，均会直接导致患者产生生气、失望、后悔、心烦等消极的消费情感反应。其中服务流程设计缺陷对患者消极消费情感的影响相对最强（β = 0.453，p < 0.01），服务补救设计缺陷的影响次之（β = 0.378，p < 0.01），服务环境设计缺陷的影响虽然显著但相对较弱（β = 0.229，p < 0.01）。其原因可能是患者对医院门诊、住院、检验检查、护理等服务流程的感受最为直接，服务流程设计缺陷导致的服务效率低下、等待时间过长等问题，是正在遭受病痛折磨的患者最难以忍受的；医院服务补救的主动性、响应速度和补救能否满足患者期望等方面的设计缺陷，也对患者的消极消费情感有较大的直接影响；而在现阶段医院整体服务质量不是很高的大背景下，医院服务环境尚非患者就医过程中的关注重点，与其他服务设计缺陷相比，患者对服务环境缺陷的忍受度相对较高。

（二）患者消极消费情感对患者不当行为意向有显著正向影响

实证分析结果显示，患者消极消费情感对其不当行为意向有着非常强烈而显著的直接正向影响（β＝0.647，p＜0.01）。消费者的行为意向往往深受其情绪的影响。患者作为医疗服务业的消费者，在就医过程中，一旦由于医院各类服务设计缺陷等原因，而出现生气、失望、后悔、心烦等消极的消费情感反应后，为了宣泄这些消极的消费情感，就很容易产生破坏医院设施、辱骂医护人员、干扰医院正常秩序、不合理索赔等不当行为的意向。尤其是在患者本身素质不高或属于易冲动个性特征的情况下，如果医院处理方式不当或受到某种外界因素的诱发，患者的不当行为意向就很可能转化为实际的行动，从而引发各类医患纠纷事件，甚至出现患者暴力伤害医护人员等极端行为。

（三）患者消极消费情感在医院服务设计缺陷三维度对患者不当行为意向的影响关系中均起部分中介作用

实证分析结果显示，医院在服务环境、服务流程、服务补救三个方面的设计缺陷，不仅会对患者不当行为意向产生直接的正向影响，同时还会通过作用于患者消极消费情感而对患者不当行为意向产生间接的正向影响。即患者消极消费情感在医院服务设计缺陷三维度对患者不当行为意向的影响关系中，均存在重要的中介效应。根据"认知—情感—行为"理论，人们的认知会对情感产生影响，进而影响他们的行为。患者在接受医院医疗服务过程中，其不当行为意向的产生，在很大程度上就是由于医院服务环境、服务流程、服务补救设计等方面存在的缺陷而引发的患者消极消费情感反应所导致。

二　管理启示

（一）不断改进和完善医院服务体系设计

医疗服务业的专业性强、风险度高和服务接触频繁等特征，对医院服务体系设计提出了更高的要求。研究结论显示，医院服务设计缺陷三维度对患者消极消费情感和患者不当行为均有显著的正向影响。因此，医院应以服务环境、服务流程和服务补救设计为重点，不断改进和完善服务体系设计，以进一步提高医院服务质量和患者满意度，缓解患者消极消费情感，降低患者不当行为的发生率。医院服务体系的设计应贯彻落实 CS（customer satisfaction）战略，建立起以患者为中心的服务理念，尊重患者的偏好、需求和价值观，并充分运用信息化的管理手段，不断改善患者就医环境，优化服务流程，提高服务效率，强化服务补救的主动性、及时性和有效性。

（二）高度重视并强化患者情绪管理

与其他服务业消费者不同，患者在接受医院服务过程中，其情绪往往处于负面或波动状态。尤其在就医环境较差、等待时间过长或出现服务失误等外部因素诱发情况下，患者极易出现生气、失望、后悔、心烦等消极消费情感。研究结论显示，患者消极消费情感对其不当行为意向有显著正向影响。因此，患者情绪管理作为医院服务管理的重要环节，对降低患者不当行为发生率、缓解医患关系紧张问题有十分积极的意义。在完善医院服务体系设计的同时，医院还应充分认识到患者情绪管理的重要性，并不断强化全员服务意识，通过加强对医护人员服务态度、患者心理、沟通技巧等方面的培训，建立医患之间良好的交流、反馈机制等途径和方式，及时有效地化解患者的各种负面消费情绪。

（三）尽快树立和贯彻预防医患纠纷新理念

医患关系日趋紧张和医患纠纷频发现象，是医疗服务业当前面临的重要问题之一，并已引起全社会的广泛关注。本书认为，医院在患者服务和内部管理中应高度重视以下三个方面：一是要尽快树立积极预防和避免医患纠纷发生的新理念，因为医患纠纷一旦发生，无论处理结果如何，都会给医院和患者带来严重的负面效应，并产生大量的社会成本；二是要通过不断完善医院服务体系设计和强化患者情绪管理来降低患者不当行为发生率，大量事实表明，患者不当行为的出现是医患矛盾激化和医患纠纷升级的重要标志之一；三是要正确对待和及时处理患者的不当行为，医院应充分认识到大部分患者不当行为是由自身服务设计缺陷或服务失误等原因所导致，及时、主动、恰当地处理患者的不当行为，是预防医患纠纷的有效途径之一。

三　研究局限和展望

本章的研究在以下三个方面存在一定的局限性：一是仅以在校大学生群体为实验被试，在研究样本选取方面存在一定的局限性，影响了研究结论的普适性；二是在关系模型构建中，未充分考虑患者个性特征、医患互动等因素的影响及医院服务设计缺陷三维度的交互作用；三是受患者不当行为的负面性及实验方式影响，本书仅以患者不当行为意向为研究对象，而非真正的行为。在后续研究中，应充分考虑上述问题，对患者不当行为做更为系统、广泛、深入的理论和实证研究。

附录8.1　医院服务设计缺陷访谈提纲

访谈时间：＿＿＿＿＿＿＿＿＿＿

访谈地点：＿＿＿＿＿＿＿＿＿＿

被访者基本信息：

职业：＿＿＿，性别：＿＿＿，年龄：＿＿＿，学历：＿＿＿＿＿。

访谈形式：□当面交谈　□电话访谈　□网络访谈

开场语：

非常感谢您能在百忙之中抽出时间参加本次访谈，本此访谈旨在了解您在医院服务设计正常和缺陷情景下的评价，以便测量医院服务设计对患者不当行为的影响。本次访谈的内容仅供科研之用，并会对访谈材料保密，请您放心作答。

访谈对话：

[1]　您最近一次就医经历是在什么时候？

[2]　您对这次就医经历的印象如何？

[3]　在您印象中最不满意的经历是哪次？

[4]　您能具体描述一下那次就医经历吗？

[5]　您认为医院的服务设计应当包含哪些内容？

[6]　就医经历中您觉得有哪些是医院服务设计方面的因素而导致的不满意？

[7]　您认为医院的服务环境重要吗？

[8]　服务环境应当包含哪些内容？

[9]　怎样才算是好的服务环境？

[10]　您认为医院的服务流程重要吗？

[11]　您认为服务流程应当包含哪些内容？

[12]　怎样才算是好的服务流程？

[13]　您认为医院的服务补救重要吗？

[14]　服务补救应当包含哪些内容？

[15]　怎样才算是好的服务补救？

[16]　您认为医院在哪些方面是最需要改变的？

附录8.2　医院患者不当行为意向调查问卷

一　卷首语

尊敬的先生/女士：

您好！非常感谢您抽出宝贵的时间参加本次试验。本问卷旨在了解您在医院服务设计正常和缺陷情景下的评价，以便测量医院服务设计对患者不当行为的影响。回答问卷之前需要您先阅读一段关于医院服务场景模拟的材料，仅仅需要两分钟，您就可以根据您对这段描述的感觉来回答问卷。问题答案无所谓对错，只要反映您个人的真实意向即可，问卷调查所得数据仅供科研之用，并非用于其他商业用途。

衷心感谢您的支持！

×××大学×××学院

二　案例描述

医院背景介绍：省立南方医院是一家全国重点高等院校的附属医院，是一所集医疗、教学、科研和预防保健于一体的综合性医院。为了更好地服务患者，院方决定从医院服务设计着手，分别从服务环境的设计、服务流程的设计和服务补救的设计三个角度来对医院服务设计的现状进行考察。通过总结当前服务设计方面的优缺点，使得医院的服务设计更为科学合理。

三　实验材料

实验要求：下面的实验材料会给出一个服务场景的模拟，假设您在某次就医过程中遇到这样的情况，请您根据该场景模拟的描述，对此次就诊经历进行评述，在相应的选项下打"√"。

该部分增加的是根据医院服务环境设计、服务流程设计和服务补救设计的正常和有缺陷两种状态（参见表8.2），组合而成的8种（2×2×2）场景模拟。一套（8份）问卷中，每份问卷分别列出其中一种场景模拟。

请您对此次就诊经历进行评述：

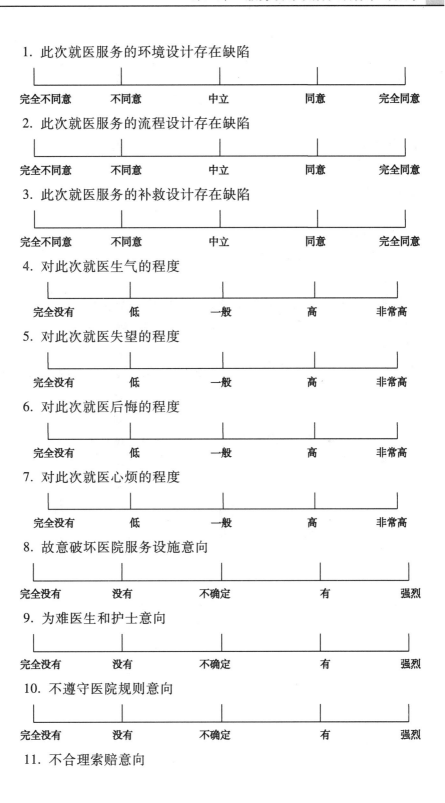

1. 此次就医服务的环境设计存在缺陷

完全不同意　　不同意　　中立　　同意　　完全同意

2. 此次就医服务的流程设计存在缺陷

完全不同意　　不同意　　中立　　同意　　完全同意

3. 此次就医服务的补救设计存在缺陷

完全不同意　　不同意　　中立　　同意　　完全同意

4. 对此次就医生气的程度

完全没有　　低　　一般　　高　　非常高

5. 对此次就医失望的程度

完全没有　　低　　一般　　高　　非常高

6. 对此次就医后悔的程度

完全没有　　低　　一般　　高　　非常高

7. 对此次就医心烦的程度

完全没有　　低　　一般　　高　　非常高

8. 故意破坏医院服务设施意向

完全没有　　没有　　不确定　　有　　强烈

9. 为难医生和护士意向

完全没有　　没有　　不确定　　有　　强烈

10. 不遵守医院规则意向

完全没有　　没有　　不确定　　有　　强烈

11. 不合理索赔意向

完全没有	没有	不确定	有	强烈

四　您的基本资料

1. 您的性别：□男　□女

2. 您的年龄：

□25 岁及以下　□26—35 岁　□36—45 岁　□46—55 岁　□56 岁及以上

3. 您的文化程度：

□高中及以下　□大专　□本科　□研究生及以上

4. 您的月收入情况：

□3000 元及以下　□3001—5000 元　□5001—7000 元

□7001—9000 元　□9001 元—11000 元　□11000 元以上

5. 您的医疗费用来源：

□完全自费　□农村合作医疗　□医疗保险　□商业保险　□其他来源

本次实验到此结束，再次感谢您的合作与支持，祝您健康快乐！

第九章

服务失误归因和顾客不当行为

第一节　解释水平理论和服务失误归因

一　解释水平理论

（一）解释水平理论的内涵

Trope 和 Liberman（2000，2003）经过大量实验的反复论证，提出了解释水平理论（construal level theory，CLT），该理论认为时间距离影响个体对于未来事件的表征。相较于远的未来事件，主体更倾向于用细节化、具体化、情境化的词句对近的未来事件进行描述。人们对未来事件的解释也符合 CLT 的理论假设：人们对所谓近的未来的事件进行描述时，事件的可行性（feasibility）是他们首要考虑的因素。反之，当他们对远的未来事件进行描述时，愿望性（desirability）则占据主要地位。Liberman 等（2002）的研究表明决策主体对远的未来事件的解释更抽象和简单，对近的未来事件的表述则相对复杂且具体。

一个事件或活动的特征可分为主要特征和次要特征两个方面。人们对事件的解释也可以分为两个不同的抽象水平，即高水平解释（high - level construal）和低水平解释（low - level construal）。高水平解释具有简单、抽象、独立存在等特征，低水平解释则与之相反。因为低水平解释与高水平解释在特征上的巨大差异，所以对某一事件在解释水平上的变化会引起事件发生质的变化。除此之外，Vallacher 和 Wegnar（1989）的研究也表明，个体很容易采取简单、抽象的信息来解释"为什么"（why aspect）某个事件会发生，而用详细、具体的信息来表述"怎么做"（how aspect）。简言之，"why"和"how"分别对应的是高水平解释和低水平解释。

（二）心理距离和解释水平理论

心理距离是解释水平高低的重要决定因素之一（Trope 等，2007）。解释水平理论认为个体对事件评价差异源于对事件解释的差异，而心理距离则决定了对事件的解释（Trope 和 Liberman，2003）。个人使用具体的、低水平的解释来表征近期事件，而使用抽象的、高水平的解释来表征远期事件（Liberman 和 Trope，2008；Trope 和 Liberman，2010；柴俊武，2010；纪文波和彭泗清，2011）。Trope 等（2007）的研究，验证了消费者在遭遇不同类型和水平的心理距离时，也会做出有差异的评价。

（1）时间距离对解释水平的影响。在心理距离对解释水平的影响研究中，时间距离是最早受到关注的。在 Trope 和 Liberman（2000，2003）提出的解释水平理论的初期设想中，就是以时间距离与解释水平为研究对象。时间距离影响分类范畴，分类范畴则是反映解释水平的一个重要方面。分类范畴包含的种类越多、越抽象，其解释水平越高。相较于近期的事件，主体倾向于用更广的分类维度对远期的事件进行解释。同时，时间距离还影响人们的归因偏见。时间距离越近，主体越倾向于用具体化、情境化的信息来表征事件；时间距离越远，主体则倾向于用抽象化、去情境化的信息来表征事件。基于此，在远时间距离的情况下，主体的归因偏见显得更加强烈，倾向于把事件归为行动者的人格特征。此外，时间距离还会影响决策主体对行为一致性的判断。解释水平理论认为，相较于远期，主体认为他人在近期情境下的行为会更加不一致。Nussbaum 等（2003）在研究超市排队过程中主体对他人行为特征的评价时发现，当发生在近期时，被试表现出更高的情境间差异和更低的情境间相关，即对他们的行为的一致性判断在近期情况下更加不一致，这与 CLT 的理论假设相一致。

（2）概率距离对解释水平的影响。事件的确定性程度决定了我们对事件的表征水平。日常生活中确实发生过的事情构成我们的直接经验，我们可以运用具体、翔实、情境化的语言或文字对其进行描述。而那些日常生活中不曾发生过或不确定的事件，对我们来说却是模糊、抽象、远离我们直接经验的。因此，我们无法用具体化和情境化的信息去表征它。事件发生的可能性越低，则心理距离越远。此时，主体便倾向于使用抽象的、高水平的信息来表征该事件。

（3）社会距离对解释水平的影响。社会距离是管理学、心理学、社会学、政治学、人类学等研究领域中的一个重要概念（Fiedler 等，

2011）。社会距离对解释水平的影响主要体现在三个方面：一是行动—观察者效应，该效应认为人们倾向于用具体的、低水平的解释表征自己的行为，而用抽象的、高水平的解释表征他人行为（自身被视为近社会距离，他人则被视为远社会距离）。Frank 和 Gilovich（1989）研究发现，行动—观察者效应不仅仅体现在被试对自身行为和对他人行为的评价差异。当要求被试切换视角（如从当事人视角切换至第三者视角）时，即可触发行动—观察者效应。二是群体内—外效应，该效应表明主体习惯性地对群体内部成员表现出更大程度的宽容，即使用更加低水平的解释表征群体内部成员的行为。三是社会权力效应，该效应认为具有较高社会权力水平的主体，会天然地与他人保持更远的社会距离，进而导致他们倾向于运用更高水平的信息对事件进行解释。

二　服务失误归因

（一）服务失误归因的内涵

Weiner（1985）的归因理论扩展模型假定，跟随一个意想不到事件，观察者会沿着多种维度的连续统一体做出事件原因的认知评价，由此导致的情感反应会影响其社会行为（任金中和景奉杰，2012）。服务因其本身无形性、不可分离性、变异性、易逝性等特性，使得服务企业在传递服务过程中无法达到"零失误"的境界（Hess 等，2003）。因此，对失误背后原因的追问，是服务失误情境中一个无法回避的问题。归因是顾客在面临服务失误时所进行的一项重要的信息处理过程，这一过程影响顾客对于服务失误的反应。

将归因理论引入到服务失误研究领域中，服务失误归因就是对失误原因的判断，是顾客将失误归因到自身还是外部因素的过程。Weiner（1985）认为服务失误归因是顾客在经历服务失误后对失误原因的归属性、稳定性、控制性的判断。该定义包含了导致某一事件发生的原因的结构属性，探讨了服务失误的责任方和服务失误特征表现，是对服务失误归因定义的进一步明确化。据此，可以认为在服务失误情境下，顾客对服务失误发生原因进行推断的过程，是构成服务失误归因的核心要素。

（二）服务失误归因的维度划分

在服务失误情境中，顾客如何对服务失误的原因做出判断？依据何种标准来帮助他们做出对失误原因的解释？对以上问题的回答即服务失误归因研究的主要内容。Heider（1958）指出，可以从内因和外因两方面来对个人的行为或事件的原因进行判断；Richins（1983）借鉴 Heider（1958）的划分标准，利用内归因（失误的原因在自己）、外归因（失误的原因在外部环境）两个维度，对服务失误的归因展开研究。Weiner（1985）则在二者的基础上，创造性地提出将服务失误归因划分为责任性、控制性和稳定性三个维度，并认为只有从这三个维度对服务失误的原因进行解释，才能做到客观、全面。

在 Weiner（1985）对失误归因的三维度划分中，责任性是指服务失误的责任归属方，即失误的来源是企业、顾客还是外部环境。控制性是指所涉及的那些人是否可以控制事件发生的原因。总体来看，由于企业内部因素所造成的失误通常被认为是较为容易控制的，而企业之外因素所导致的因素则被认定为不易被控制的。且在导致服务失误的企业内部因素中，由个体所引起的失误被认为是可控的，而由企业系统因素引发的失误通常被视为是较难控制的。稳定性是指失误事件的偶发性程度，即人们对失误发生是常态还是偶发事件的判断。对于某一事件的偶发性程度判断，主要基于判断主体的日常经验。通常情况下，由外部环境因素所导致的服务失误被视为是不常发生的，特别是自然不可抗力。顾客在面对因不可抗力所致的服务失误时，会表现出更大程度的包容性。

虽然 Weiner（1985）对失误归因的三维度划分方法，在服务失误归因研究中得到了广泛应用。但亦有不少学者根据实际研究需要，仅选取其中的一种或两种。Coombs 和 Holladay（2002）的研究还表明，组织对失误事件可控或不可控程度的测量，与失误责任归属是同一个因子，越是可控、稳定的失误，企业越被视为是主要责任方。Lee（2004）在研究危机发生原因时也发现，组织边界内的危机发生原因经常被认为是可控的；反之，组织边界之外的危机原因则经常被视作不可控因素。因此，他认为可控性和稳定性两个维度，已经包含了失误归因的大部分信息。

（三）服务失误归因对顾客购后行为影响研究

服务失误的归因会引起顾客在情感上产生变化，对此学界已基本达成共识。如果顾客在解释推断过程中，将服务失误的原因归为自身因素所导致的，那么他就会产生内疚后悔的情感反应。相反，一旦顾客将失误的原因归为自身以外的因素，他便会产生气愤、仇恨的情感反应。Folks 等（1987）对航空公司的实证研究发现，当顾客将航班延误归因为航空公司的疏忽所导致时，顾客就极易产生不满的情绪，继而产生不满和抱怨。当顾客将航班延误解释为是天气原因所导致时，他们则会对该次失误表现出更高程度的容忍。Oliver（1989）在总结已有研究文献后，提出顾客对服务失误的归因会引起他们的情感变化，继而导致顾客对本次服务做出评判（满意或不满意）。Bitner（1990）的研究发现，服务失误归因还会对顾客的二次满意（即顾客对服务补救是否满意）产生影响，顾客对服务失误的可控性和稳定性归因，与服务补救后的顾客满意度呈显著的负相关关系。

还有学者在服务失误归因与满意之间的关系研究基础上，进一步探讨了失误归因对顾客行为的直接或间接影响。服务失误归因既可能通过影响顾客满意度而间接影响顾客行为；同时也可能对顾客行为产生直接的影响。概括而言，顾客对服务失误做出归因后的行为反应，主要有向商家抱怨、更换商家、负面口碑和重购行为等（参见表9.1）。大量研究表明，对服务失误不同责任主体的归因，会引发顾客不同程度和方向的行为反应。顾客越是认为企业应该对服务失误负主要责任，其归因后的行为反应程度就越强烈，有时甚至会激发对服务企业十分不利的顾客不当行为。Gregoire 和 Robert（2006）的研究发现，当顾客将服务失误归因于企业且失误较严重而难以接受时，就很容易在报复心理的驱使下，产生顾客不当行为或意向。因此，深入开展服务失误归因和顾客行为反应研究，能为服务企业更好地处理服务失误并预防顾客不当行为，提供有益的思路借鉴。

表9.1 归因后的行为反应研究

归因后的行为反应	研究者（年份）
向商家抱怨	Folks（1984）
	Folks 等（1987）、Curren 和 Folks（1987）
	曹丽娟（2007）
更换商家	Bitner（1990）
	Blodgett 和 Tax（1993）
	Keaveney（1995）
负面口碑	Blodgett 等（1995）
	Bitner（1990）
	Wirt 和 Mattila（2004）

续表

归因后的行为反应	研究者（年份）
重购行为	Weiner 等（1982）
	Folks 等（1987）
	Blodgett 等（1995）
	Wirt 和 Mattila（2004）
	曹丽娟（2007）

资料来源：作者根据相关文献整理。

第二节　服务失误模糊情境下顾客不当行为意向访谈研究

一　研究背景

迄今为止，已有顾客不当行为及其意向的形成机制相关研究，基本以服务失误责任归属于企业为前提。然而在现实中，服务失误的责任归属却存在较大的模糊性。如 2013 年 3 月 26 日晚，一架计划于当日 20 时 20 分从广州飞往三亚的航班发生延误，导致 3 名旅客于 27 日凌晨冲闯停机坪，阻碍民警执行公务，严重扰乱机场秩序。[①] 在该案例中，当航班延误发生时，顾客并不清楚是由自然因素（如极端天气条件）、机场调配失误还是机械事故所导致。Laufer 和 Coombs（2006）指出，某些服务失误具有特定的情境模糊性，尤其在服务失误的最初阶段，顾客往往并不完全清楚服务失误的真正责任方，但他们很有可能在第一时间对谁将为此负责做出定论。一旦顾客将服务失误的责任归因于企业，就很可能引发顾客对企业的负面态度和不当行为意向。因此，服务失误模糊情境下顾客不当行为意向的形成机制研究，具有较大的现实意义。

二　访谈设计

为更深入地了解服务失误模糊情景下的顾客实际行为反应，并使研究设计及理论模型更具科学性和说服力，我们围绕主要研究内容开展了前期

---

① 资料来源：新民网（news. xinmin. cn）。

顾客访谈。顾客访谈主要由两个部分组成：访谈一是对所选服务失误模糊情境的测试，以检验研究设计中所列举的服务失误模糊情境的合理性及常见性；访谈二是在第一部分的基础上，选取部分访谈一中的访谈对象，针对服务失误模糊情境下，顾客不当行为意向的形成机制的构成要素进行深入访谈。结合访谈结果及对已有文献的梳理，构建本书的理论模型。

访谈一的对象主要来自高校教师、在校大学生、事业单位及企业等。访谈对象的基本信息如表9.2所示。

表9.2　　　　　　　　访谈一对象信息的描述性统计

编号	称呼	年龄层	职业	学历
U01	姜先生	21—25 岁	研究生	研究生
U02	王女士	21—25 岁	研究生	研究生
U03	张先生	21—25 岁	研究生	研究生
U04	郑先生	21—25 岁	大学生	本科
U05	熊先生	21—25 岁	研究生	研究生
U06	柯先生	21—25 岁	大学生	本科
T01	周女士	31—35 岁	大学教师	研究生
T02	费先生	26—30 岁	大学教师	研究生
T03	刘先生	26—30 岁	大学教师	研究生
T04	陈女士	51—55 岁	中学教师	大专
T05	冯先生	51—55 岁	中学教师	大专
E01	李先生	51—55 岁	电厂职工	高中
E02	许先生	46—50 岁	电厂职工	大专
E03	章女士	51—55 岁	电厂职工	大专
E04	付女士	51—55 岁	电厂职工	本科
E05	邱女士	56—60 岁	电厂职工	高中
E06	魏先生	56—60 岁	电厂职工	大专
E07	罗女士	21—25 岁	电力局职工	本科
B01	邱女士	26—30 岁	银行职员	本科
B02	陶先生	21—25 岁	银行职员	本科
B03	尚女士	26—30 岁	银行职员	本科
B04	刘女士	26—30 岁	银行职员	本科
B05	黄先生	26—30 岁	银行职员	本科
O01	王先生	26—30 岁	房地产销售	本科

续表

编号	称呼	年龄层	职业	学历
O002	叶先生	21—25 岁	房地产销售	本科
O003	王先生	21—25 岁	房地产销售	本科
O004	唐先生	26—30 岁	秘书	本科
O005	戴先生	31—35 岁	企业负责人	专科
O006	俞女士	26—30 岁	培训机构员工	本科
O007	卢女士	26—30 岁	自由职业者	本科

访谈二的对象是根据其职业及是否遭遇过类似的服务失误模糊情境的经历,从访谈一的对象中选取,他们均至少遭遇过 1 种以上类似于我们列举的服务失误模糊情境(参见表9.3)。

表9.3   访谈二对象信息的描述性统计

编号	称呼	年龄层	职业	学历
U01	姜先生	21—25 岁	研究生	研究生
T02	费先生	26—30 岁	大学教师	研究生
T04	陈女士	51—55 岁	中学教师	大专
E04	付女士	51—55 岁	电厂职工	本科
E06	魏先生	56—60 岁	电厂职工	大专
B02	陶先生	21—25 岁	银行职员	本科
O001	王先生	26—30 岁	房地产销售	本科
O004	唐先生	26—30 岁	秘书	本科
O005	戴先生	31—35 岁	企业负责人	专科
O007	卢女士	26—30 岁	自由职业者	本科

三 访谈结果

(一)访谈一结果

访谈一结果的描述性统计分析如表9.4所示,各访谈对象对我们列举的 12 种服务失误模糊情境的常见性,进行了分别判断。本书将频次达到访谈对象总数 1/3 的服务失误模糊情境予以保留,并删除了未能达到访谈对象总数 1/3 的情境(S04、S07、S12)。

表 9.4　　　　　　　　　访谈一结果的描述性统计

编号	拟用情境	频次
S01	在美发店剪的发型让我很不满意。原因可能是技师未询问我的需求、技师水平有限、技师不能明白我的表达、我未能很好表达我的需求等	24
S02	商场电梯夹到手或随身物品，造成一定伤害。原因可能是电梯故障、商场没有做好危险提示工作、我自身没有提高安全意识等	12
S03	银行信用卡还款未还清，导致利益受损。原因可能是我未正确计算还款金额、银行系统出错、银行并未提醒正确的还款金额等	15
S04	在商场购物时，滑倒造成身体受伤。原因可能是商场保洁人员未及时清洁地面液态物质、商场在安全隐患处放置危险提醒标识、自身没注意到危险提醒标识等	5
S05	银行转账时转错账号。原因可能是我输错账号、柜员操作失误、柜员并未提示核对账号、系统出错等	12
S06	乘坐航班时遭遇航班延误。原因可能是天气原因、机场调配失误、空中流量管制、其他旅客迟到、机械故障等	20
S07	在餐馆用餐时，发现所点菜品中有忌口食材或调料。原因可能是服务生未咨询有无相关忌口、菜单上未清楚罗列菜品所用食材及调料、自身疏忽未注意到该细节等	3
S08	住酒店时，酒店未能按时把我叫醒。原因可能是我错报房号、我没把电话听筒放好无法振铃、接线生漏叫、总机忘记登记等	10
S09	旅游过程中，发现旅游线路与期望有差。原因可能是我没有去搜集相关信息、我没有与员工交流我对旅行路线的期望、员工没有领会我的需求、旅行社临时更改替换行程等	18
S10	在商场购物时，行李失窃。原因可能是我自身不慎、服务人员没有做出相应提示、商场安保不力等	16
S11	乘坐航班，行李延误或丢失。原因可能是机场工作人员工作失职、行李登记操作失误、我自身失误等	13
S12	商场购买的电器短时间内损坏。原因可能是机器本身有瑕疵、工作人员未告知使用注意事项、自身操作不当等	6

（二）访谈二结果

对访谈二的结果进行整理后发现，10 名参加深度访谈对象遭遇的服务失误情境中，除 2 名访谈对象遭遇的服务失误情境具有明确的责任归属之外（参见表 9.5），其余 8 名访谈对象遭遇的服务失误情境均具有责任归属模糊性的特征（参见表 9.6）。

表 9.5　　　　　　　访谈遭遇的有明确责任归属的失误情境

编号	称呼	服务失误情境
O01	王先生	购买电视埋单时，发现结算价格与自己所见价签标价不一致
O07	卢女士	随团旅游时，发现实际旅游路线与宣传时的路线有出入

表9.6　　　　　　　　　　　访谈对象遭遇的服务失误模糊情境

编号	称呼	服务失误模糊情境
U01	姜先生	自己将浸泡的衣服送去洗衣店清洗，取衣服时发现衣服染上色块。原因可能是洗衣店操作不当与其他褪色衣物混洗、衣物在浸泡时已经发生褪色等
T02	费先生	就餐时，邻桌小孩打闹撞翻传菜员的菜，造成自身衣服染上污渍。原因可能是餐厅管理人员未告知带领小孩的顾客要管住小孩、服务员见小孩打闹未及时制止、经提醒后小孩家人仍未履行管理小孩的责任等
T04	陈女士	在商场购物埋单时，发现结算错误。原因可能是收银员未唱收唱付、现场太过喧闹无法听清收银员声音、自身疏忽未现场核对等
E04	付女士	在某品牌店试衣时，其他顾客突然闯入。原因可能是服务员没有做好试衣间管理工作、自己未关好门等
E06	魏先生	买了一条免烫裤子，晾干后严重起皱缩水。原因可能是裤子本身质量问题、服务员未提醒正确清洗方式、自身清洗过程中未按要求进行清洗等
B02	陶先生	在加油站加油过程中，自己去便利店买包烟，回来后发现手机失窃。原因可能是服务人员未提醒注意财物安全、自身麻痹大意、第三者伺机行窃等
O04	唐先生	去酒店吃饭，迎宾代我们停车，饭后发现车钥匙丢失了。原因可能是迎宾失误，也可能是自身迷糊状态下无意丢失
O05	戴先生	餐厅取号排队，见等候队伍长，便去其他地方打发时间，回来后被告知已经错过叫号，须重新排队。原因可能是服务员未告知过号不候、自己没在意服务员提醒、自己没把握好时间等

（1）遭遇服务失误模糊情境后的行为倾向。通过对访谈结果的整理发现，在本书所选取的10名参加深入访谈的对象中，均表示曾有过激行为的意向，甚至是直接的过激行为（无论他们遭遇的服务失误情境是责任归属模糊还是明确的）。以下是部分访谈对象的回答：

唐先生："我当时实在是气得受不了了，那么多朋友在场，所以我就直接把服务员骂了一顿。"（O04）

戴先生："我和服务员说来说去说了很多遍，但她们还是不同意。所以我就直接坐电梯上去自己找位置了。"（O05）

魏先生："我们拿着裤子去找该牌子的店员，我们说他们的裤子质量有问题，店员却一个劲说是我们自己洗不来，说别人买去都没这样的情况。后来，我老婆火了，就大声和店员在那里吵了起来。"（E06）

（2）对服务失误的责任归属认知。当被问及他们身处当时情境的第一反应，以及他们认为哪一方最应该为该次失误承担责任时，由于遭受的具体情境的不同，访谈对象的回答的重点也具有一定的差异，以下是他们的回答：

姜先生："当时我一看到自己的衣服时，说实话还没缓过神来。一开始一件卡其色的呢大衣，洗好之后就变成乌七八糟的衣服。心里的情绪一下子就起来了，也没多想，就觉得一定是老板给我的衣服和其他褪色衣服混在一起洗了。然后就没好气地要求老板赔偿。你知道，冬天的一件大衣还是有点贵的对吧。"（U01）

费先生："我的身上被洒了之后，发现原来是小孩子打闹造成的。我想也是小孩不懂事、贪玩，并没什么恶意。再加上服务员事后马上和我道歉，小孩的家长也过来道歉，我也就说算了算了，没再去纠缠了。"（T02）

陈女士："说实话，当时那个收银员有没唱收唱付我也没太大印象了。小票拿过来签字时我也没认真看，平时一般不会出现这种情况的，所以也就养成习惯了，我直接把字签了就给她了。谁知道，这次就被我碰上了，算错的金额还不小。这种事情弄错了，总是她的错吧，总不可能说是我的问题吧。"（T04）

付女士："这种情况我也不止一次遇到。每次来杭州，我都会到这家店买点衣服带回去，因为这个牌子台州没有。那天也正好周末吧，店里客人也多。我估计是店里客人太多，他们人手也挺紧的。他们要不停地把客人翻乱的衣服、试过的衣服重新折好，一般来这里的顾客一次购买量都比较大，一次试五六件、七八件都很正常。所以我也还可以理解，那个顾客也有点太直接了，看我帘子没完全拉好，就问也不问直接闯进来了。"（E04）

王先生："价格标错了，本来就是他们企业的责任啊。好点的卖家肯定会按照我看到的价格来卖给我的，而且这也算是有道理的吧。我有次在百思买买电脑就是这样的。如果不是百思买关门了，我这次也不会到这里买，那里购物环境也好，现在嘛还弄得我一肚子火。"（O01）

卢女士："这种缩水的旅游其实啊老早在电视上看到过，现在好像说是他们旅行社价格战打得太厉害，没办法只能靠这种办法来赚钱了。但是，我不管你什么竞争激烈不激烈，做不下去不要做啊，对不

对? 现在哪个行业竞争不激烈, 我自己的生意也不好做啊, 那他们还骗我的钱。这肯定说不过去嘛。"(OO7)

综合他们对服务失误责任归属认知的回答, 以及他们遭遇服务失误后的行为倾向。可以发现, 姜先生、陈女士、王先生、卢女士明显将服务失误的责任归属于服务企业(其中王先生、卢女士的情境是失误责任有明确归属的情境); 费先生和付女士则是没有直接将失误责任归咎给企业, 而是比较理性地看待该次失误。对照他们的行为倾向, 姜先生、陈女士、王先生、卢女士4位访谈对象均出现了不当行为意向或是不当行为, 而费先生和付女士则没有。其他4位访谈对象的回答, 也基本与上述的情况类似。

(3) 影响服务失误责任归属的因素。综观访谈对象关于何种因素影响其对服务失误责任归属的判断问题的回答, 可以发现有以下三个特点:

一是访谈对象倾向于借助过往的经历或经验。如王先生和付女士, 王先生根据其先前在百思买的类似购物经历, 觉得价签更换不及时本就是企业的责任, 作为消费者的他有权根据其所看到的价格来成交。付女士则借助其个人对于该门店情况的了解, 相对理性地看待该次失误, 觉得该次失误并非服务企业负有完全责任, 从而并未产生明显的顾客不当行为意向。

二是访谈对象与服务人员之间的敌对关系是重要诱因。陈女士、魏先生、唐先生、王先生、陶先生均表示在出现服务失误后, 企业及其服务人员的不友好甚至有些敌意的态度, 让他们感觉很不舒服, 这就在一定程度上恶化了自己对该次失误的评价。

魏先生: "我花那么多钱买了条那么差的裤子, 本来就不是很舒服了。就算是我们可能清洗过程有问题, 那他们的态度也要诚恳一点, 不要那么不三不四的。他们越是这样, 我们会觉得他们在逃避责任。"(E06)

陈女士、唐先生和王先生在回答过程中也表示出了相同的意思, 他们认为如果服务人员能够以一种更加积极的方式来处理问题的话, 可能局面不会闹僵。费先生的例子则从反面印证了这一观点。

三是服务失误造成的损失大小也是重要的影响因素之一。通过对所有访谈的分析发现，如果失误造成损失较小的话，访谈对象并没有将服务失误的责任归咎于企业，而是能够较理性地看待该次失误（如费先生、付女士）。相反，如果损失较大，访谈对象将服务失误责任归咎于企业的倾向就更加强烈。

（4）对服务企业的响应措施的评价及期望。访谈的最后一部分，我们询问了访谈对象对相应服务企业当时应对措施的看法和评价。其中 9 个人表示不满意，1 人表示还算过得去。他们不满意的重点是，企业在面对服务失误时响应速度缓慢，且没有提供有效的解决方案；企业一线服务人员处理能力差，无法控制局面；企业及其服务人员存在明显逃避责任的倾向等。同时他们认为，企业在处理服务失误模糊情境时，最重要的是能够让顾客了解真实情况。他们表示，如果企业能以恳切地解决问题的姿态，提供充足的证据证明确实不是企业的主要责任，他们也愿意接受企业的解释。

第三节　研究假设和模型构建

一　概念界定

（一）服务失误及其归因

Bitner 等（1990）认为服务失误是服务接触过程中发生的各种类型的低服务质量，如企业未能提供顾客所要求的服务，服务未能按照标准程序提供，服务因故拖延或核心内容低于可接受服务标准等。Hess 等（2003）和彭艳君（2011）从期望层面解释服务失误，并指出服务所具有的无形性、不可分离性、变异性、易逝性等特性，使企业在服务传递过程中无法达到"零失误"的境界。当服务企业未能按顾客期望提供服务，并由此导致顾客的不满意，服务失误就发生了。Grove 等（2003）认为服务失误是指服务表现低于顾客对服务的评价标准。本书采用 Grove 等（2003）对服务失误的定义。

根据归因理论（attribution theory），服务失误归因就是顾客对服务失误发生原因的判断，即将失误归因于自身还是外部因素的信息处理过程。Weiner（1985）认为服务失误归因是顾客对服务失误原因的归属性、稳定性和控制性的判断。其中归属性即服务失误的责任归属方；控制性即导致服务失误发生的因素是否可控；稳定性即失误发生是常态还是偶发的。Coombs 和 Holladay（2002）的研究表明，可控性和稳定性是判断失误责任归属的主要依据，越是可控、稳定的失误，企业就越被视为是主要责任方。综合已有研究，本书将服务失误归因定义为：顾客对服务失误发生原因进行推断的过程，并从可控性和稳定性两个维度来分析服务失误归因。

（二）社会距离

Trope 和 Liberman（2010）认为心理距离是人对事物接近或远离参照点所形成的一种主观感受，并将其分为时间距离、物理距离和社会距离三个构面。作为心理距离的一个重要构面，社会距离在管理学、心理学、社会学、政治学、人类学等研究领域中得到了广泛应用（Fiedler 等，2011）。Antonakis 和 Atwater（2002）从领导与下属关系的角度，将社会距离定义为：影响领导与下属之间社会亲密性和社会契约形成的地位、层级、权威、社会立场和权利的差异。Dufwenberg 和 Muren（2006）认为社会距离是个体或团体间互动时的感知距离或感知亲密性。由此可见，社会距离非常强调互动的亲密性。社会亲密性又与相似性紧密关联，这一关联关系在社会心理学界得到了广泛认同（Liviatan 等，2008）。同时，相似性是感知者和目标之间社会距离的重要决定因素（Jones，2004）。Liviatan 等（2008）的实验证实发现，目标与自我越少相似，则视为有更远的社会距离，即相似性的解释效应。综合已有研究，本书将社会距离定义为：目标个人或群体与自我互动过程中，相似性与亲密性的整体水平。

（三）顾客知识

Gibbert 等（2002）将顾客与企业接触过程中，所需要关于产品或服务的相关信息，以及顾客自身信息和向企业提出的意见和建议等统称为顾客知识。Gebert 等（2003）认为顾客知识是顾客与企业在交易及交流过程中，需要、产生或拥有的经验、价值、情境信息和专家洞察力的动态组合，并将其分为"顾客需要的知识"、"关于顾客的知识"和"来自顾客的知识"三类。其中"顾客需要的知识"是指有关企业产品、服务及市场状况等信息，是顾客在交易过程中需要了解的知识；"关于顾客的知识"是指关于顾客的个性化信息，如顾客的人口统计信息、历史购买信息等；"来自顾客的知识"是指顾客描述企业或竞争对手的产品或服务的信息，如顾客对产品或服务的反馈、建议、抱怨等。这三类顾客知识中，"顾客需要的知识"会影响顾客主体的态度，并进而影响"关于顾客的知识"和"来自顾客的知识",在本书中,顾客知识特指 Gebert 等（2003）所描述的"顾客需要的知识"。

（四）内外控人格特质

内外控（locus of control）人格特质是个体对其行为所产生后果强化后所得的信念（LePine 和 Dyne,2001）。内外控是一种稳定的个人特质,影响着个体的情绪、动机和认知行为过程。LePine 和 Dyne（2001）指出,内控人格倾向者往往认为事情的发生是由个人能力所致并可加以控制,他们相信自己能决定结果；外控人格倾向者则认为事情的发生不是其本人的行为结果,而是运气、机会或命运所致,他们往往相信结果是不受自身能力所控制的。参考 Lepine 和 Dyne（2001）的观点,本书将内外控人格特质定义为个体对事件结果是由自身因素还是外部因素所导致的信念。

二　研究假设

（一）社会距离与失误归因

根据解释水平理论,个体用抽象解释表征心理距离远的事件,用具体、详细的解释表征心理距离近的事件（Liberman 和 Trope,2008；Trope 和 Liberman,2010）。Eyal 等（2008）、Mencl 和 May（2009）认为,心理距离中的社会距离构面,是影响对抽象道德问题评判的重要影响因素。在近社会距离情境中,周全的考虑（如功利性考量等）会调节个体的道德立场,从而减少对道德违背的严厉遣责。Tumasjan 等（2011）进一步指出,在诸多情境下,社会距离对发动者、受害者、外部评价者的推理和评价过程有重要预测作用。服务失误本身就是一种典型的社会交换失衡状态,顾客承受了服务失误对自身造成的损失。因此,在服务失误模糊情境下,社会距离也会对顾客的评判和归因产生显著影响。顾客与服务企业的社会距离越远,其对服务失误的评判就越严厉,并认为企业应对服务失误负更多的责任。即较近的社会距离会导致顾客较低的可控性和稳定性归因,较远的社会距离会导致顾客更高的可控性和稳定性归因。基于上述理论分析,提出如下研究假设：

H1a：在服务失误模糊情境下,社会距离正向影响可控性归因。

H1b：在服务失误模糊情境下,社会距离正向影响稳定性归因。

（二）顾客知识与失误归因

在复杂的决策场景中,经验和精力的缺乏使主体往往需要刻板信息来帮助决策（Laufer 等，2009）。在服务失误模糊情境下，对失误的归因是一种复杂决策。此时，顾客知识便成为顾客在失误归因中常用的刻板信息，影响着顾客对于服务失误的认知水平（Daunt 和 Harris，2012）。拥有较多与服务相关的顾客知识，能促进顾客更深入了解自身参与行为对服务共同生产活动结果的影响，即更加明确失误产生的原因，而不是一味地将失误直接归因于服务企业。此外，自我服务偏见理论指出，顾客往往将服务共同生产活动中的积极结果归因于自身，而将消极结果归因于服务企业。拥有较多的顾客知识，会有助于缓解自我服务偏见对企业带来的不利影响（Bendapudi 和 Leone，2003）。因此，在服务失误模糊情境下，拥有更多服务相关知识的顾客，会更少地将失误责任归因于服务企业，即更多的顾客知识将导致顾客更低的可控性和稳定性归因。基于上述理论分析，提出如下研究假设：

H2a：在服务失误模糊情境下，顾客知识负向影响可控性归因。

H2b：在服务失误模糊情境下，顾客知识负向影响稳定性归因。

（三）失误归因与顾客不当行为意向

在产品伤害危机中，顾客的责任归因对其后续行为意向有重要的预测作用（汪兴东等，2013）。Wirtz 和 Mattila（2004）将产品失败研究拓展到服务失误领域，并验证了当顾客将失误归因于服务企业时，顾客负面口碑的发生概率会显著增大。彭艳君（2011）指出，在服务失误情境下，顾客越认为失误是可控、稳定的，就越倾向于发生抱怨、转换等不利于服务企业的行为意向。Gregoire 和 Robert（2006）的研究发现，当顾客认为服务企业可以避免某一失误发生却没有采取相应的控制措施，且失误难以接受时，就很容易产生较强的报复倾向，如在服务场所喧哗、破坏服务设施、辱骂服务员工等顾客不当行为及其意向。因此，在服务失误模糊情境下，顾客越是将失误归因于服务企业，即顾客对失误的可控性和稳定性归因越强，就越可能产生顾客不当行为意向。基于上述理论分析，提出如下研究假设：

H3a：在服务失误模糊情境下，可控性归因正向影响顾客不当行为意向。

H3b：在服务失误模糊情境下，稳定性归因正向影响顾客不当行为意向。

（四）内外控人格特质的调节效应

Harris 和 Mowen（2011）将内外控人格特质引入服务失误情境下的顾

客抱怨等行为研究，并指出在同样的失误情境下，外控人格倾向者会更多地将失误原因归于服务企业，并由此表现出更多的抱怨甚至破坏性行为；而内控人格倾向者则会同时考虑自身的原因，从而有可能采取积极的方式解决问题。Bendapudi 和 Leone（2003）指出，在参与服务共同生产过程中，具有不同内外控人格特质的顾客，会对同样的服务失误做出差异性的归因决策。与外控人格倾向者相比，内控人格倾向者更大程度上认为事件的发生是由个人属性或能力决定，具有更高的自信水平。而自信水平较高的决策主体会更倾向于关注抽象信息，并更习惯于应用高解释水平对认知客体进行解释（Wan 和 Rucker，2013）。在服务失误模糊情境下，顾客的内控人格倾向越强烈，就会以更积极、自信、理性的态度和方式审视服务失误事件，即会更倾向于以高解释水平对服务失误进行归因。此时，顾客也就更不会轻易地受社会距离和顾客知识的影响，而贸然做出对服务失误的可控性和稳定性归因决策。基于上述理论分析，提出如下研究假设：

H4a：内控人格倾向越强，社会距离对可控性归因的正向影响越弱。

H4b：内控人格倾向越强，社会距离对稳定性归因的正向影响越弱。

H4c：内控人格倾向越强，顾客知识对可控性归因的负向影响越弱。

H4d：内控人格倾向越强，顾客知识对稳定性归因的负向影响越弱。

（五）社会距离与顾客不当行为意向

Edwards 等（2009）认为缩短心理距离可以有效减少对危险的感知，降低障碍及自我防御机制，同时还能产生真实的、开放的、坦诚的信任的感觉。Dickson 和 Maclachlan（1990）的实证研究，检验了顾客与超市更远的社会距离（通过社会阶层变换测量）会导致对该超市的规避行为。Hraba 等（1999）的实证研究发现，感知外部群体威胁（out - group）与更远的社会距离相关联，资源靠近与更近的社会距离相关联。Trope 等（2007）认为，相较于那些近社会距离的群体或事件，远社会距离的群体或事件会显著增加顾客的风险感知，并降低他们的信任水平。因此，在服务失误模糊情境下，与服务企业较远的社会距离会导致顾客较高的感知风险与较低的信任水平，顾客就越可能会产生实施不当行为的意向，并试图以此来挽回失误给自己造成的损失。即顾客感知与服务企业及其人员社会距离越近，就越不可能产生顾客不当行为意向；社会距离越远，则越可能产生顾客不当行为意向。基于上述理论分析，提出如下假设：

H5：在服务失误模糊情境下，社会距离正向影响顾客不当行为意向。

（六）顾客知识与顾客不当行为意向

Gibbert（2002）在对顾客购买行为的研究中发现，顾客的知识水平与顾客购买意向相关联。顾客对产品或服务的知识水平越高，其感知模糊性和风险水平就越低，购买意向也就越高。Gebert（2003）认为顾客知识水平会影响顾客购后的后悔和抱怨倾向，拥有高知识水平的顾客更倾向于自己承担此失败购买行为的后果。Huefner 和 Hunt（2000）的实证研究表明，当顾客对服务不满意时，企业如能及时向顾客说明原因，就可有效降低顾客产生极端报复行为的可能性。因此，在服务失误模糊情境下，拥有更多与服务相关的知识的顾客，能够更加理性客观地看待此次服务失误，其产生不当行为意向的可能性就越低。即顾客知识水平越高，越不可能产生顾客不当行为意向。基于上述理论分析，提出如下假设：

H6：在服务失误模糊情境下，顾客知识负向影响顾客不当行为意向。

三　模型构建

在文献回顾、概念界定和理论假设基础上，本书以失误归因为中介变量，内外控人格特质为调节变量，构建了服务失误模糊情境下社会距离和顾客知识对顾客不当行为意向作用关系的概念模型（参见图9.1）。

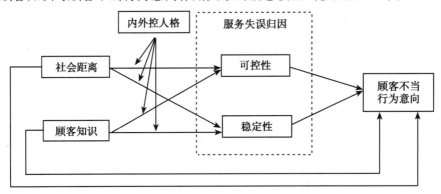

图9.1　研究的概念模型

第四节　研究设计和实证结果

一　数据获取

本书通过问卷调查方式获取样本数据。问卷由三个部分组成，请被试根据自身情况如实填写。第一部分列举了9种具有代表性的服务失误模糊情境（参见表9.7），请被试阅读完后回答是否遭遇过类似的服务失误情境。如没有遭遇过，则该被试不符合填答本问卷的被试标准，不纳入本书样本；如有，则根据自身印象最深的一次经历，继续回答产生相应的顾客不当行为意向的程度。第二部分对被试的顾客知识、社会距离、失误归因、顾客不当行为意向及内外控人格特质进行测量。第三部分为被试的基本资料。通过预检验和问项净化后形成李克特7点量表和调查问卷。

表9.7　　　　　　　　　　　服务失误模糊情境

编号	服务失误模糊情境
S01	在美发店剪的发型让我很不满意。原因可能是技师未询问我的需求、技师水平有限、技师不能明白我的表达、我未能很好表达我的需求等
S02	商场电梯夹到手或随身物品，造成一定伤害。原因可能是电梯故障、商场没有做好危险提示工作、我自身没有提高安全意识等
S03	银行信用卡还款未还清，导致利益受损。原因可能是我未正确计算还款金额、银行系统出错、银行并未提醒正确的还款金额等
S04	银行转账时转错账号。原因可能是我输错账号、柜员操作失误、柜员并未提示核对账号、系统出错等
S05	乘坐航班时遭遇航班延误。原因可能是天气原因、机场调配失误、空中流量管制、其他旅客迟到、机械故障等
S06	住酒店时，酒店未能按时把我叫醒。原因可能是我错报房号、我没把电话听筒放好无法振铃、接线生漏叫、总机忘记登记等
S07	旅游过程中，发现旅游线路与期望有差。原因可能是我没有去收集相关信息、我没有与员工交流我对旅行路线的期望、员工没有领会我的需求、旅行社临时更改替换行程等
S08	在商场购物时，行李失窃。原因可能是我自身不慎、服务人员没有做出相应提示、商场安保不力等
S09	乘坐航班，行李延误或丢失。原因可能是机场工作人员工作失职、行李登记操作失误、我自身失误等

问卷调查于2013年4—5月在杭州市图书馆进行，采用随机抽取、自愿填答方式，当场发放和回收。共发放问卷400份，回收382份，其中有效问卷346份。受访者中，男性占37.0%，女性占63.0%；16—20岁占7.8%，21—30岁占80.3%，31—40岁占6.9%，41—50岁占4.9%；政府机关或事业单位工作人员占18.5%，企业员工占22.8%，学生占56.9%，自由职业者占1.7%；高中学历占5.5%，大学学历占79.2%，硕士及以上学历占15.3%（参见表9.8）。

表 9.8 样本基本特征统计

项目	类别	统计个数	比例（%）
性别	男	128	37.0
	女	218	63.0
年龄	16—20 岁	27	7.8
	21—30 岁	278	80.3
	31—40 岁	24	6.9
	41—50 岁	17	4.9
职业	政府机关或事业单位人员	64	18.5
	企业员工	79	22.8
	学生	197	56.9
	自由职业者	6	1.7
受教育程度	高中	19	5.5
	大学	274	79.2
	硕士及以上	53	15.3

二 变量测量

（一）社会距离的测量

对社会距离的测量在综合梳理已有文献基础上，选取 Jones（2004）所使用的测量量表为参考依据，同时结合本书的实际情况，设计出 3 个具体的测量问项，如表 9.9 所示。

表 9.9 社会距离的测量问项

变量	测量问项	参考来源
社会距离	SD1：我过去和现在与该服务企业及其员工很少有接触	Jones（2004）
	SD2：一般来说，我认为我与该服务企业员工很不一样	
	SD3：一般来说，我持有与该服务企业员工不同的观点	

（二）顾客知识的测量

对顾客知识的测量主要是针对 Gebert 等（2003）所描述的"顾客需要的知识"，在参考 Laroche（2003）、Moorman（2004）等学者的研究基础上，根据服务失误情境下的顾客知识特点，设计出 4 个具体的测量问项，如表 9.10 所示。

表 9.10   顾客知识的测量问项

变量	测量问项	参考来源
顾客知识	CK1：和我身边熟悉的朋友相比，我对该服务企业提供的服务比较了解	Laroche（2003）；Moorman（2004）
	CK2：总的来说，我对该服务企业的服务比较了解	
	CK3：我收集了很多该服务企业的信息	
	CK4：和我身边熟悉的朋友相比，我对运用有关服务信息有信心	

（三）服务失误归因的测量

本书将服务失误归因划分为可控性归因和稳定性归因两个维度，主要参考了 Weiner（1985）、Hess（2003）的测量量表，并结合服务失误模糊情境，设计出 7 个测量问项。其中可控性归因有 4 个测量问项，稳定性归因有 3 个测量问项（参见表 9.11）。

表 9.11   服务失误归因的测量问项

变量	测量问项	参考来源
可控性	FAC1：我认为这次失误是服务企业可以控制的	Weiner（1985）；Hess（2003）
	FAC2：我认为这次失误是服务企业可以预防的	
	FAC3：我认为这次失误的发生是不可避免的	
	FAC4：我认为其他同类服务企业也无法避免发生类似失误	
稳定性	FAA1：我认为这次失误的发生不是偶然性的	
	FAA2：我认为未来还会发生同样或类似的失误	
	FAA3：我认为导致这次失误的原因是经常发生的	

（四）顾客不当行为意向的测量

对顾客不当行为意向的测量主要参考了 Reynolds 和 Harris（2009）、邬金涛和江盛达（2011）等学者的测量量表，共 4 个测量问项（参见表 9.12）。

表 9.12   顾客不当行为意向的测量问项

变量	测量问项	参考来源
顾客不当行为意向	MB1：在此情境下，我会做出其他顾客认为不合适的行为	Reynolds 和 Harris（2009）；邬金涛和江盛达（2011）
	MB2：在此情境下，我会做出超出服务企业预期的顾客反应行为	
	MB3：在此情境下，我会做出让其他顾客难以接受的行为	
	MB4：在此情境下，我会做出较为偏激甚至影响服务正常运转的行为	

（五）内外控人格特质的测量

Judge 等（1998）关于内外控人格特质的测量量表在学界受到普遍认可，被广泛应用于各学科的研究中。本书对内外控人格特质的测量也参考 Judge 等（1998）的成熟的测量量表，共 7 个测量问项（参见表9.13）。

表9.13　　　　　　　　内外控人格特质的测量问项

变量	测量问项	参考来源
内外控人格特质	LOC1：我通常能够保护自己的利益	Judge（1998）
	LOC2：我认为我的命运如何取决于自身的行动	
	LOC3：我能够决定我的生活将会发生什么事情	
	LOC4：当我制订计划后，我几乎能确定使他们成功实现	
	LOC5：我觉得突发事件控制着我大部分的生活	
	LOC6：我认为我想要的东西，通常是因为运气所致	
	LOC7：我经常认为那些要发生的事情迟早会发生	

三　信度和效度分析

（一）信度分析

使用 SPSS 18.0 软件对样本数据进行信度检验，结果显示（参见表9.14、表9.15、表9.16、表9.17、表9.18），各变量或维度的 Cronbach's α 系数均大于 0.8，各个测量问项的 CITC 值均在 0.6 以上，删除该项后的 Cronbach's α 系数均低于总体的 Cronbach's α 系数，说明测量量表具有较好的内部一致性。

表9.14　　　　　　　　社会距离的信度分析结果

变量	测量问项	CITC 值	删除该项后的 α 系数	Cronbach's α 系数
社会距离	SD1	0.746	0.824	0.854
	SD2	0.778	0.789	
	SD3	0.738	0.831	

表 9.15　　　　　　　　　　　顾客知识的信度分析结果

变量	测量问项	CITC 值	删除该项后的 α 系数	Cronbach's α 系数
顾客知识	CK1	0.748	0.822	0.869
	CK2	0.755	0.818	
	CK3	0.701	0.840	
	CK4	0.679	0.849	

表 9.16　　　　　　　　　　　服务失误归因的信度分析结果

维度	测量问项	CITC 值	删除该项后的 α 系数	Cronbach's α 系数
可控性	FAC1	0.776	0.861	0.895
	FAC2	0.824	0.843	
	FAC3	0.743	0.874	
	FAC4	0.732	0.878	
稳定性	FAA1	0.660	0.781	0.825
	FAA2	0.696	0.745	
	FAA3	0.690	0.751	

表 9.17　　　　　　　　　　　顾客不当行为意向的信度分析结果

变量	测量问项	CITC 值	删除该项后的 α 系数	Cronbach's α 系数
顾客不当行为意向	MB1	0.756	0.832	0.876
	MB2	0.708	0.851	
	MB3	0.778	0.823	
	MB4	0.692	0.858	

表 9.18　　　　　　　　　　　内外控人格特质的信度分析结果

变量	测量问项	CITC 值	删除该项后的 α 系数	Cronbach's α 系数
内外控人格特质	LOC1	0.748	0.890	0.906
	LOC2	0.722	0.892	
	LOC3	0.696	0.896	
	LOC4	0.703	0.895	
	LOC5	0.724	0.892	
	LOC6	0.794	0.884	
	LOC7	0.671	0.898	

（二）探索性因子分析

（1）社会距离的探索性因子分析。对社会距离测量量表的 KMO 值和巴特利特球体检验分析结果显示（参见表 9.19），KMO 值为 0.738，巴特利特球体检验的显著性水平为 0.000，说明适合对变量社会距离进行探索性因子分析。进一步的因子分析结果显示（参见表 9.20），社会距离的 3 个测量问项均很好地聚合在一个因子下，且每个测量问项的因子载荷均大于 0.8，说明对社会距离的测量具有较好的效度。与此同时，该因子的累计解释变异达到 79.589%，说明该因子已经包含了测量变量的大部分信息。

表 9.19　　　　　　社会距离的 KMO 值及巴特利特球体检验值

评价指标		社会距离
KMO		0.738
巴特利特球体	Approx. chi – Square	517.315
	df	3
	Sig.	0.000

表 9.20　　　　　　　社会距离的因子分析结果

变量	问项	因子 1
社会距离	SD1	0.887
	SD2	0.905
	SD3	0.884
特征值		2.388
解释变异（%）		79.589
累计解释变异（%）		79.589

（2）顾客知识的探索性因子分析。对顾客知识测量量表的 KMO 值和巴特利特球体检验分析结果显示（参见表 9.21），KMO 值为 0.821，巴特利特球体检验的显著性水平为 0.000，说明适合对变量顾客知识进行探索性因子分析。进一步的因子分析结果显示（参见表 9.22），顾客知识的 4 个测量问项均很好地聚合在一个因子下，且每个测量问项的因子载荷均大于 0.8，说明对顾客知识的测量具有较好的效度。与此同时，该因子的累计解释变异达到 71.834%，说明该因子已经包含了测量变量的大部分信息。

表 9.21　　　　　　　顾客知识的 KMO 值及巴特利特球体检验值

评价指标		顾客知识
KMO		0.821
巴特利特球体	Approx. chi – Square	665.053
	df	6
	Sig.	0.000

表 9.22　　　　　　　　　顾客知识的因子分析结果

变量	问项	因子 1
顾客知识	CK1	0.866
	CK2	0.872
	CK3	0.833
	CK4	0.817
特征值		2.873
解释变异（%）		71.834
累计解释变异（%）		71.834

（3）服务失误归因两维度的探索性因子分析。对服务失误归因测量量表的 KMO 值和巴特利特球体检验分析结果显示（参见表 9.23），KMO值为 0.848，巴特利特球体检验的显著性水平为 0.000，说明适合对变量服务失误归因进行探索性因子分析。进一步的因子分析结果显示（参见表9.24），服务失误归因的 7 个测量问项产生了 2 个因子，量表中同一变量下属的各测量问项均分布于同一因子，其因子载荷均大于 0.7，在其他变量下的因子载荷则均小于 0.5，说明对服务失误归因的测量具有较好的效度。与此同时，提取出的 2 个因子的累计解释变异达到 75.411%，说明已经包含了测量变量的大部分信息。

表 9.23　　服务失误归因的 KMO 值和巴特利特球体检验分析结果

评价指标		服务失误归因
KMO		0.848
巴特利特球体	Approx. chi – Square	1408.873
	df	21
	Sig.	0.000

表 9.24　　　　　　　服务失误归因两维度的因子分析结果

维度	问项	因子 1	因子 2
可控性	FAC1	0.842	
	FAC2	0.855	
	FAC3	0.822	
	FAC4	0.816	
稳定性	FAA1		0.770
	FAA2		0.837
	FAA3		0.857
特征值		4.160	1.119
解释变异（%）		59.429	15.592
累计解释变异（%）		59.429	75.411

（4）顾客不当行为意向的探索性因子分析。对顾客不当行为测量量表的 KMO 值和巴特利特球体检验分析结果显示（参见表 9.25），KMO 值为 0.832，巴特利特球体检验的显著性水平为 0.000，说明适合对变量顾客不当行为进行探索性因子分析。进一步的因子分析结果显示（参见表 9.26），顾客不当行为的 4 个测量问项均很好地聚合在一个因子下，且每个测量问项的因子载荷均大于 0.8，说明对顾客不当行为的测量具有较好的效度。与此同时，该因子的累计解释变异达到 72.951%，说明该因子已经包含了测量变量的大部分信息。

表 9.25　顾客不当行为意向的 KMO 值和巴特利特球体检验分析结果

评价指标		顾客不当行为意向
KMO		0.832
巴特利特球体	Approx. chi – Square	696.488
	df	6
	Sig.	0.000

表 9.26　　　　　　　　　　顾客不当行为意向的因子分析结果

变量	问项	因子 1
顾客不当行为意向	MB1	0.870
	MB2	0.837
	MB3	0.883
	MB4	0.825
特征值		2.918
解释变异（%）		72.951
累计解释变异（%）		72.951

（5）内外控人格特质的探索性因子分析。对内外控人格特质测量量表的 KMO 值和巴特利特球体检验分析结果显示（参见表 9.27），KMO 值为 0.907，巴特利特球体检验的显著性水平为 0.000，说明适合对变量内外控人格特质进行探索性因子分析。进一步的因子分析结果显示（参见表 9.28），内外控人格特质的 7 个测量问项均很好地聚合在一个因子下，且每个测量问项的因子载荷均大于 0.7，说明对内外控人格特质的测量具有较好的效度。与此同时，该因子的累计解释变异达到 64.359%，说明该因子已经包含了测量变量的大部分信息。

表 9.27　　　内外控人格特质的 KMO 值和巴特利特球体检验分析结果

评价指标		内外控人格特质
KMO		0.907
巴特利特球体	Approx. chi – Square	1391.353
	df	21
	Sig.	0.000

表 9.28　　　　　　　　　　内外控人格特质的因子分析结果

变量	问项	因子 1
内外控人格特质	LOC1	0.826
	LOC2	0.804
	LOC3	0.784
	LOC4	0.790
	LOC5	0.799
	LOC6	0.855
	LOC7	0.755
特征值		4.505
解释变异（%）		64.359
累计解释变异（%）		64.359

（6）所有变量的探索性因子分析。通过 KMO 样本测度和巴特利特球体检验后，对所有变量进行探索性因子分析。结果显示（参见表9.29），25 个问项共提取出 6 个因子，量表中同一变量下的问项均分布于同一因子，因子载荷均大于 0.6，在其他变量下的因子载荷均小于 0.5，说明量表有较好的效度。6 个因子的累计解释变异为 72.019%（参见表9.30），表明量表具有较好的解释效力。

表 9.29　　　　　　　　　所有变量的探索性因子分析结果

变量	维度	测量问项	因子载荷					
			因子 1	因子 2	因子 3	因子 4	因子 5	因子 6
社会距离	社会距离	SD1					0.770	
		SD2					0.773	
		SD3					0.793	
顾客知识	顾客知识	CK1			0.795			
		CK2			0.805			
		CK3			0.752			
		CK4			0.698			
服务失误归因	可控性	FAC1				0.735		
		FAC2				0.727		
		FAC3				0.704		
		FAC4				0.669		
	稳定性	FAA1						0.700
		FAA2						0.785
		FAA3						0.816
顾客不当行为意向	顾客不当行为意向	MB1		0.743				
		MB2		0.736				
		MB3		0.829				
		MB4		0.703				
内外控人格特质	内外控人格特质	LOC1	0.791					
		LOC2	0.800					
		LOC3	0.757					
		LOC4	0.775					
		LOC5	0.796					
		LOC6	0.851					
		LOC7	0.737					

表 9.30 量表的总方差解释情况

因子	提取平方和载入			旋转平方和载入		
	特征值	解释变异（%）	累计解释变异（%）	特征值	解释变异（%）	累计解释变异（%）
1	10.254	39.438	39.438	4.631	17.812	17.812
2	3.674	14.132	53.570	3.119	11.997	28.809
3	1.514	5.822	59.392	3.064	11.784	41.593
4	1.232	4.737	64.130	3.060	11.770	53.363
5	1.130	4.346	68.476	2.461	9.465	62.828
6	0.921	3.543	72.019	2.390	9.191	72.019

（三）验证性因子分析

使用 AMOS 17.0 软件对测量模型进行验证性因子分析（CFA）。结果显示（参见图 9.2、表 9.31、表 9.32），所有测量问项在其所属变量上的标准化载荷系数均大于 0.7，t 值均远大于 2.0，组合信度 CR 值均大于 0.8，平均提取方差 AVE 均大于 0.5，说明测量模型具有充分的聚合效度；对角线上 AVE 的平方根均大于相应行列中的相关系数，说明测量模型具有充分的区别效度；测量模型各拟合指数也均达到要求，显示模型拟合良好。由此可见，本书使用的测量量表具有较好的信度和效度，关系模型和研究假设有一定合理性，可对各变量作用关系做进一步分析。

表 9.31 各变量的信度检验和验证性因子分析结果

变量	测量问项	因子载荷	t 值	CR 值	AVE
社会距离（α=0.854）	我过去和现在与该服务企业及其员工很少有接触	0.819	16.51	0.87	0.69
	一般来说，我认为我与该服务企业员工很不一样	0.874	17.62		
	一般来说，我持有与该服务企业员工不同的观点	0.806	—		
顾客知识（α=0.869）	和我身边的朋友相比，我对该服务企业提供的服务比较了解	0.823	14.99	0.87	0.63
	总的来说，我对该服务企业的服务比较了解	0.830	15.10		
	我收集了很多该服务企业的信息	0.764	13.90		
	和我身边熟悉的朋友相比，我对运用有关服务信息有信心	0.747	—		

续表

变量	测量问项	因子载荷	t 值	CR 值	AVE
可控性 ($\alpha = 0.895$)	我认为这次失误是服务企业可以控制的	0.857	16.92	0.90	0.68
	我认为这次失误是服务企业可以预防的	0.905	17.96		
	我认为这次失误的发生是不可避免的	0.776	15.04		
	我认为其他同类服务企业也无法避免发生类似失误	0.764	—		
稳定性 ($\alpha = 0.825$)	我认为这次失误的发生不是偶然性的	0.777	13.88	0.83	0.61
	我认为未来还会发生同样或类似的失误	0.793	14.12		
	我认为导致这次失误的原因是经常发生的	0.778	—		
顾客不当行为意向 ($\alpha = 0.876$)	在此情境下,我会做出其他顾客认为不合适的行为	0.838	15.77	0.88	0.64
	在此情境下,我会做出超出服务企业预期的顾客反应行为	0.777	14.54		
	在此情境下,我会做出让其他顾客难以接受的行为	0.829	15.60		
	在此情境下,我会做出较为偏激甚至影响服务正常运转的行为	0.759	—		
内外控人格特质 ($\alpha = 0.906$)	我通常能够保护自己的利益	0.798	14.06	0.91	0.59
	我认为我的命运如何取决于自身的行动	0.763	13.44		
	我能够决定我的生活将会发生什么事情	0.737	13.01		
	当我制订计划后,我几乎能确定使他们成功实现	0.740	13.06		
	我觉得突发事件控制着我大部分的生活	0.766	13.50		
	我认为我想要的东西,通常是因为运气所致	0.833	14.63		
	我经常认为那些要发生的事情迟早会发生	0.711	—		

拟合指数:$\chi^2 = 163.141$(p = 0.000),$\chi^2/df = 1.295$,RMSEA = 0.029,NFI = 0.960,CFI = 0.991,GFI = 0.951,AGFI = 0.933。

表 9.32　　　　　　　　　　AVE 的平方根和相关系数矩阵

变量	1	2	3	4	5	6
1 社会距离	0.834					
2 顾客知识	− 0.464 **	0.782				
3 可控性	0.637 **	− 0.612 **	0.828			
4 稳定性	0.497 **	− 0.535 **	0.565 **	0.783		
5 顾客不当行为意向	0.566 **	− 0.535 **	0.669 **	0.524 **	0.801	
6 内外控人格特质	− 0.285 **	0.296 **	− 0.293 **	− 0.206 **	− 0.265 **	0.765

注:对角线上的数值为 AVE 的平方根;* 、** 分别表示 $p < 0.05$、$p < 0.01$。

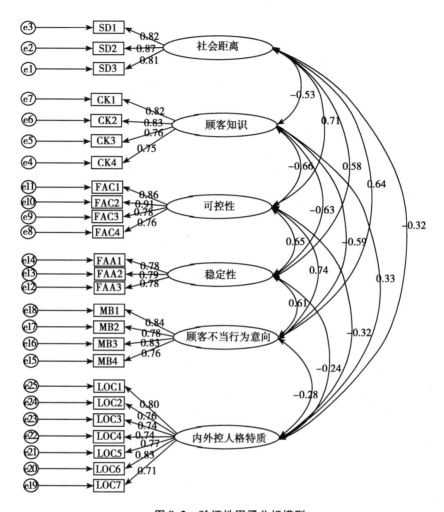

图9.2　验证性因子分析模型

四　结构方程模型分析

（一）结构方程初始模型分析

采用结构方程模型分析法（SEM），对各研究假设进行检验。根据理论分析及相关研究假设，使用 AMOS 17.0 软件构建结构方程模型，对样本数据进行统计分析。在结构方程初始模型中，SD、CK、FAC、FAA、MB 分别代表社会距离、顾客知识、可控性、稳定性、顾客不当行为意向；同理，SD1—SD3、CK1—CK4、FAC1—FAC4、FAA1—FAA3、MB1—MB4 分别代表社会距离、顾客知识、可控性、稳定性、顾客不当行为意向的测量指标。

结构方程初始模型的分析结果显示（参见图 9.3、表 9.33），p 值为 0.02，小于 0.05 的标准值；χ^2/df 的值为 1.279，小于 2 的标准值；RMSEA 值为 0.028，远小于 0.08 的标准值；CFI 的值为 0.991，GFI 的值为 0.952，NFI 的值为 0.961，均大于 0.9 的标准值，说明结构方程初始模型的拟合度良好。8 条假设路径中，有 7 条路径的 C. R. 值的绝对值均大于 1.96，p 值也均小于 0.05，即在 p = 0.05 的水平上具有统计显著性；但假设路径"顾客不当行为意向←顾客知识"（C. R. 值 = − 1.066 < 1.96，p = 0.287 > 0.05），未通过显著性检验。由此可见，结构方程初始模型虽然拟合较好，但仍有进一步修正的空间。

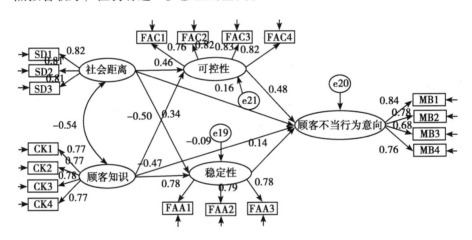

图 9.3　结构方程初始模型

表 9.33　　　　　　　　　　初始模型运行结果

假设路径	标准化路径系数	C. R. 值	p 值
可控性←社会距离	0.460	7.771	***
稳定性←社会距离	0.339	5.153	***
可控性←顾客知识	− 0.497	− 8.024	***
稳定性←顾客知识	− 0.471	− 6.730	***
顾客不当行为意向←可控性	0.480	4.580	***
顾客不当行为意向←稳定性	0.145	2.001	0.045
顾客不当行为意向←社会距离	0.160	2.041	0.041
顾客不当行为意向←顾客知识	− 0.095	− 1.066	0.287

拟合指标	p	χ^2/df	RMSEA	IFI	TLI	NFI	GFI	CFI
具体数值	0.02	1.279	0.028	0.991	0.989	0.961	0.952	0.991

（二）结构方程修正模型分析

本书主要通过路径限制方法来对结构方程初始模型进行修正，即删除或限制初始模型中未通过显著性检验的假设路径。删除初始模型中的假设路径"顾客不当行为意向←顾客知识"（C. R. 值 = − 1. 066 < 1. 96，p = 0. 287 > 0. 05）后，并对样本数据进行重新拟合运算，形成结构方程修正模型一。分析结果显示（参见图 9. 4、表 9. 34），p 值为 0. 019，小于 0. 05 的标准值；χ^2/df 的值为 1. 278，小于 2 的标准值；RMSEA 值为 0. 028，小于 0. 08 的标准值；CFI、NFI、GFI 的值分别为 0. 991、0. 961、0. 952，大于 0. 9 的标准值。由此可见，修正模型一的拟合度总体较初始模型有所提高。但修正模型一中仍有一条假设路径"顾客不当行为意向←社会距离"（C. R. 值 = 1. 842 < 1. 96，p = 0. 066 > 0. 05）未通过显著性检验，说明有必要对模型进行第二次修正。

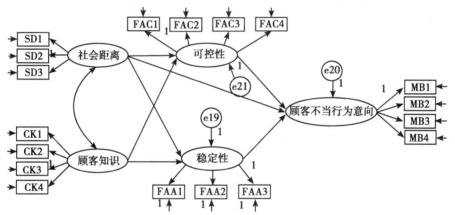

图 9.4　结构方程修正模型一

表 9.34　　　　　　　　　　结构方程修正模型一运行结果

假设路径				标准化路径系数	C. R. 值	p 值	
可控性←社会距离				0. 457	7. 755	***	
稳定性←社会距离				0. 337	5. 120	***	
可控性←顾客知识				− 0. 503	− 8. 137	***	
稳定性←顾客知识				− 0. 474	− 6. 673	***	
顾客不当行为意向←可控性				0. 550	6. 610	***	
顾客不当行为意向←稳定性				0. 178	2. 781	0. 005	
顾客不当行为意向←社会距离				0. 139	1. 842	0. 066	
拟合指标	p	χ^2/df	RMSEA	IFI	TLI	NFI	GFI	CFI
具体数值	0. 019	1. 278	0. 028	0. 991	0. 989	0. 961	0. 952	0. 991

采用同样方法，将结构方程修正模型一中未通过显著性检验的假设路径"顾客不当行为意向←社会距离"删除后，并对样本数据进行重新拟合运算，形成结构方程修正模型二。分析结果显示（参见图 9.5、表9.35），结构方程修正模型二的各个拟合指标均在标准值范围之内，具有良好的拟合度。与此同时，结构方程修正模型二中 6 条假设路径的 C. R.值的绝对值均大于 1.96，p 值也均远小于 0.05，完全达到路径成立要求。由此可见，结构方程修正模型二拟合良好，且比初始模型和修正模型一均有所改善，已无进一步修正的必要。结构方程修正模型二即社会距离、顾客知识对失误归因和顾客不当行为意向影响作用的关系模型。

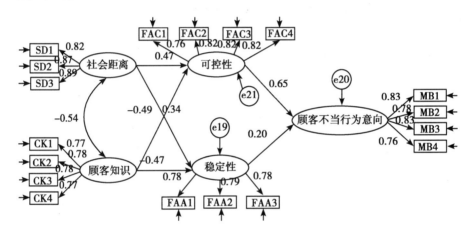

图 9.5   结构方程修正模型二

表 9.35   结构方程修正模型二运行结果

假设路径	标准化路径系数	C. R. 值	p 值
可控性←社会距离	0.475	8.127	***
稳定性←社会距离	0.344	5.241	***
可控性←顾客知识	−0.493	−8.143	***
稳定性←顾客知识	−0.469	−6.723	***
顾客不当行为意向←可控性	0.645	9.077	***
顾客不当行为意向←稳定性	0.202	3.212	0.001

拟合指标	p	χ^2/df	RMSEA	IFI	TLI	NFI	GFI	CFI
具体数值	0.000	1.295	0.029	0.991	0.989	0.960	0.951	0.991

（三）总效应、直接效应、间接效应分析

根据结构方程修正模型二的分析结果，进一步对变量间的总效应、直接效应、间接效应进行分析。结果显示（参见表9.36），社会距离和顾客知识对顾客不当行为意向的直接效应为0，对顾客不当行为意向的间接效应和总效应均分别为0.376和−0.413；可控性、稳定性对顾客不当行为意向的直接效应分别为0.645、0.202。由此可见，社会距离和顾客知识是通过影响失误归因的两个维度（可控性、稳定性），而分别对顾客不当行为产生显著的正向和负向间接影响。即在服务失误模糊情境下，失误归因的可控性、稳定性维度，在社会距离、顾客知识与顾客不当行为意向作用关系中起完全中介作用。

表9.36　　　　　　　总效应、直接效应、间接效应的标准化结果

效果类型	变　量	社会距离	顾客知识	可控性	稳定性	顾客不当行为意向
总效应	可控性	0.475	− 0.493	—	—	—
	稳定性	0.344	− 0.469	—	—	—
	顾客不当行为意向	0.376	− 0.413	0.645	0.202	-
直接效应	可控性	0.475	− 0.493	—	—	—
	稳定性	0.344	− 0.469	—	—	—
	顾客不当行为意向	—	—	0.645	0.202	
间接效应	可控性			—	—	
	稳定性			—	—	
	顾客不当行为意向	0.376	− 0.413	—	—	

五　内外控人格特质的调节效应分析

本书采用SPSS 18.0软件对样本数据进行分层回归分析，来检验内外控人格特质的调节效应。为减少变量之间的多重共线性问题，事先对各变量的值进行了中心化处理。分别以可控性和稳定性为因变量，以社会距离、顾客知识及其与调节变量内外控人格特质的交互项为自变量，逐次纳入回归方程，形成了4个回归模型。回归模型分析结果显示（参见表9.37），内外控人格特质在社会距离与失误归因的作用关系中起显著的调节作用，在顾客知识与失误归因作用关系中的调节作用则并不显著。由此可见，假设H4a、H4b得到有效验证，假设H4c、H4d则未得到有效验证。

表 9.37   调节变量的回归分析结果

自变量	因变量：可控性		因变量：稳定性	
	模型 1	模型 2	模型 3	模型 4
社会距离	0.449 ***	0.404 ***	0.316 ***	0.258 ***
顾客知识	− 0.404 ***	− 0.361 ***	− 0.388 ***	− 0.340 ***
社会距离 × 内外控		0.108 *		0.153 **
顾客知识 × 内外控		− 0.045		0.036
R^2	0.533	0.545	0.386	
ΔR^2	0.533	0.012	0.021	
ΔF	195.723 ***	4.686 *	98.468 ***	5.837 **

注：*、**、*** 分别表示，$p < 0.05$、$p < 0.01$、$p < 0.001$。

六 假设验证

根据结构方程修正模型二和分层回归分析结果，得出了各研究假设的检验结果（参见表 9.38）。结果显示，除假设 H4c、H4d、H5、H6 之外，其余研究假设均得到了有效验证。

表 9.38   假设检验结果

假设	假设内容	验证结果
H1a	在服务失误模糊情境下，社会距离正向影响可控性归因	支持
H1b	在服务失误模糊情境下，社会距离正向影响稳定性归因	支持
H2a	在服务失误模糊情境下，顾客知识负向影响可控性归因	支持
H2b	在服务失误模糊情境下，顾客知识负向影响稳定性归因	支持
H3a	在服务失误模糊情境下，可控性归因正向影响顾客不当行为意向	支持
H3b	在服务失误模糊情境下，稳定性归因正向影响顾客不当行为意向	支持
H4a	内控人格倾向越强，社会距离对可控性归因的正向影响越弱	支持
H4b	内控人格倾向越强，社会距离对稳定性归因的正向影响越弱	支持
H4c	内控人格倾向越强，顾客知识对可控性归因的负向影响越弱	不支持
H4d	内控人格倾向越强，顾客知识对稳定性归因的负向影响越弱	不支持
H5	在服务失误模糊情境下，社会距离正向影响顾客不当行为意向	不支持
H6	在服务失误模糊情境下，顾客知识负向影响顾客不当行为意向	不支持

第五节　研究结论和管理启示

一　研究结论

（一）社会距离对服务失误归因有显著正向影响

实证分析结果显示，社会距离对服务失误的可控性归因和稳定性归因均有显著的正向影响（路径系数分别为 0.475 和 0.344，p 值均小于 0.001）。由此可见，在服务失误模糊情境下，社会距离是顾客判断失误责任在多大程度上归属于服务企业的重要依据之一。根据解释水平理论，当顾客感知到与服务企业的关系较为疏远时，就会倾向于将企业视为远距离的评价对象。尤其在服务失误责任归属不是太明确的情况下，顾客就会更轻易地做出服务企业应对失误负责的直接判断。这与 Liviatan 等（2008）关于个体对不相似目标行为表征水平较高的研究结论是基本一致的。

（二）顾客知识对服务失误归因有显著负向影响

实证分析结果显示，顾客知识对服务失误的可控性归因和稳定性归因均有显著的负向影响（路径系数分别为 -0.493 和 -0.469，p 值均小于 0.001）。在本书中，顾客知识特指顾客在交易活动中需要的关于企业产品、服务及市场状况等信息，即 Gebert 等（2003）所描述的"顾客需要的知识"。在服务失误模糊情境下，如果顾客对上述信息并不完全了解或知之甚少，就会因缺乏对服务失误进行客观评判的知识基础，而很难清晰识别失误发生的真实原因，并由此导致顾客做出将失误责任直接归因于服务企业的倾向性判断。

（三）服务失误归因对顾客不当行为意向有显著正向影响

实证分析结果显示，服务失误的可控性归因和稳定性归因对顾客不当行为意向均有显著的正向影响（路径系数分别为 0.645 和 0.202，p 值分别为 *** 和 0.001），且可控性归因的影响程度相对更强一些。由此可见，在服务失误模糊情境下，顾客对服务失误责任在多大程度上归属于企业的判断，是影响其产生不当行为意向的直接原因。尤其当顾客认为服务失误原因是企业可以控制的，但企业却并未及时采取相应的措施去避免失误发生时，他们会对失误更加无法容忍，从而萌发较为极端的顾客不当行为意向。

（四）内外控人格特质对社会距离与失误归因间作用关系起调节作用

在服务失误模糊情境下，具有较强内控人格倾向的顾客，能够对失误责任归属做出相对更为自信、客观和冷静的判断；与服务企业间社会距离的远近，对其失误归因决策的影响程度则相对较弱。实证分析结果同时显示，内外控人格特质对顾客知识与失误归因间作用关系的调节效应并不显著。究其原因，可能是与带有更多情感和关系成分的社会距离相比，基于顾客知识而对服务失误归因做出判断，是一种较为理性客观的分析过程；且顾客知识水平高低是影响认知局限性的重要因素，会导致认知的框架效应。如果顾客以自身对服务的认知为依据对失误归因做出明确判断，其对归因决策具有较强的信念，一般不会轻易受到自身内外控人格特质的影响。

二　管理启示

根据研究结论及已有相关研究成果，本书主要从服务企业角度出发，就如何缓解服务失误模糊情境下顾客对企业不利的失误归因，以有效预防和避免顾客不当行为，提出如下管理启示：

（一）不断提高服务沟通质量，拉近与顾客的社会距离

研究显示，顾客与服务企业间的社会距离，是服务失误模糊情境下顾客失误责任归因的重要影响因素之一。与服务企业较为疏远的社会距离感知，会导致顾客对企业的不利的失误归因，继而引发顾客不当行为意向。尤其当顾客具有外控人格倾向时，这种不利影响还会进一步加大。因此，服务企业应充分利用各种机会，与顾客进行深入、对等的沟通和互动，让顾客感知到企业不仅是交易对象，更是合作生产的伙伴，从而增加顾客对企业的认同感，拉近顾客与企业间的社会距离。尤其当服务失误发生时，服务企业更应及时倾听和回应顾客的抱怨，向顾客充分表达企业的诚意，设身处地为顾客着想，以迅速消除顾客心中的排斥和对立情绪。

（二）高度重视顾客教育，促进顾客知识积累

研究显示，顾客知识对服务失误归因有显著的负向影响。在服务失误模糊情境下，拥有较多的服务相关知识，能有助于顾客对失误责任归因做出更为客观理性的判断。因此，服务企业应高度重视顾客教育工作，帮助顾客更深入地了解服务相关知识，熟悉服务消费流程和消费内容，掌握服

务消费的相关技能。通过促进顾客知识的不断积累，使顾客进一步明确自身在服务中所扮演的角色，建立起客观理性的服务评价标准，能够在服务失误模糊情境下准确判断失误责任的真正归属。此外，在服务失误发生后的第一时间，企业就应向顾客提供相关的真实信息，以及时缓解顾客的疑虑；而不是给顾客一个敷衍了事的含糊解释，更不能一味推卸自身责任。

（三）不断加强服务过程控制，持续改进服务质量

研究显示，在服务失误模糊情境下，顾客对服务失误的控制性和稳定性归因，是引发其不当行为意向的重要因素。即当顾客认为服务失误是因企业没有及时采取有效控制手段所导致，或某类服务失误总是频繁发生而不是个别或偶然现象时，顾客就会表现出较为强烈的不当行为意向。进一步追根溯源，服务失误的发生及由此给顾客带来的精神或物质损失，是导致顾客产生不当行为意向的最根本原因。因此，服务企业应不断强化对服务的过程控制意识，通过流程监控、预案制订、服务补救、危机管理等手段，来降低服务失误的发生概率，减少服务失误给企业和顾客带来的损失和不利影响。同时，当服务失误发生以后，企业应及时响应，认真排查失误原因并积极采取整改措施，以持续改进服务质量，避免同类失误的连续发生。

三　研究局限和展望

本章的研究同时也存在一定的局限性：一是仅讨论了社会距离、顾客知识对服务失误归因及顾客不当行为意向的影响机制，未考虑其他可能的影响因素，如顾客期望、顾客涉入、服务补救、其他顾客态度等；二是社会距离和顾客知识之间可能存在一定的协同或交互效应，本书未对此做深入剖析；三是仅以顾客不当行为意向为研究对象，而不是真正的顾客不当行为。在后续研究中，应充分考虑上述问题，通过更深入的理论和实证分析，来全面探明服务失误模糊情境下顾客不当行为的形成机制。

附录 9.1　服务失误归因和顾客不当行为调查问卷

尊敬的女士/先生：

您好！首先感谢您在百忙之中抽出时间来完成这份调查问卷。我们是×××大学×××学院的，现正在进行一项课题研究，需要您的配合和支

持。本次调查所得到的数据只用于科学研究，不会用于商业用途。本调查采用匿名的方式进行，您个人的回答将会受到严格的保密，问卷不涉及个人隐私，请放心回答。感谢您的合作和支持！

服务失误是指服务企业未能按照顾客期望提供服务。即服务表现低于顾客对服务的评价标准。

某些服务失误具有模糊性，即在服务失误发生的最初阶段，可能不清楚真正的责任方，无法确定谁应该为此失误负责。

例如：在美发店剪的发型让我很不满意。原因可能是技师未询问我的需求、技师水平有限、技师不能明白我的表达、我未能很好表达我的需求等。

商场电梯夹到手或随身物品，造成一定伤害。原因可能是电梯故障、商场没有做好危险提示工作、我自身没有提高安全意识等。

银行信用卡还款未还清，导致利益受损。原因可能是我未正确计算还款金额、银行系统出错、银行并未提醒正确的还款金额等。

银行转账时转错账号。原因可能是我输错账号、柜员操作失误、柜员并未提示核对账号、系统出错等。

乘坐航班时遭遇航班延误。原因可能是天气原因、机场调配失误、空中流量管制、其他旅客迟到、机械故障等。

住酒店时，酒店未能按时把我叫醒。原因可能是我错报房号、我没把电话听筒放好无法振铃、接线生漏叫、总机忘记登记等。

旅游过程中，发现旅游线路与期望有差。原因可能是我没有去收集相关信息、我没有与员工交流我对旅行路线的期望、员工没有领会我的需求、旅行社临时更改替换行程等。

在商场购物时，行李失窃。原因可能是我自身不慎、服务人员没有做出相应提示、商场安保不力等。

乘坐航班，行李延误或丢失。原因可能是机场工作人员工作失职、行李登记操作失误、我自身失误等。

您在服务场所（如美发店、餐馆、银行、商场、机场、旅游景区、酒店等）接受服务时是否遭遇过与上述类似服务失误模糊情境的情况？请在所要选答案处画"√"

A. 遭遇过（　　　）　　　B. 未曾遭遇过（　　　）

您在遭遇服务失误后是否曾出现过如下行为意向（本调查只用于科学

研究，不涉及个人道德评判，请您放心回答），请在所要选答案处画"√"

A. 要求减免或退还服务费用（　）　B. 越过服务流程和规矩（　）

C. 辱骂服务场所工作人员（　）　D. 殴打工作人员（　）　E. 在服务场所大声吵闹，引起注意（　）

请您回忆一下服务失误发生时的场景，填写以下相关题目

本问卷采用 7 级打分，1—7 依次表示不同意向同意过渡，您只需要根据服务失误发生时的实际情况在相应的数字框内打"√"。

一　失误归因

问项	非常不同意→非常同意						
FAC1. 我认为这次失误是服务企业可以控制的	1	2	3	4	5	6	7
FAC2. 我认为这次失误是服务企业可以预防的	1	2	3	4	5	6	7
FAC3. 我认为这次失误的发生是不可避免的	1	2	3	4	5	6	7
FAC4. 我认为其他同类服务企业也无法避免发生类似失误	1	2	3	4	5	6	7
FAA1. 我认为这次失误的发生不是偶然性的	1	2	3	4	5	6	7
FAA2. 我认为未来还会发生同样或类似的失误	1	2	3	4	5	6	7
FAA3. 我认为导致这次失误的原因是经常发生的	1	2	3	4	5	6	7

二　社会距离

问项	非常不同意→非常同意						
SD1. 我过去和现在与该服务企业及其员工很少有接触	1	2	3	4	5	6	7
SD2. 一般来说，我认为我与该服务企业员工很不一样	1	2	3	4	5	6	7
SD3. 一般来说，我持有与该服务企业员工不同的观点	1	2	3	4	5	6	7

三　顾客知识

问项	非常不同意→非常同意						
CK1. 和我身边熟悉的朋友相比，我对该服务企业提供的服务比较了解	1	2	3	4	5	6	7
CK2. 总的来说，我对该服务企业的服务比较了解	1	2	3	4	5	6	7
CK3. 我收集了很多该服务企业的信息	1	2	3	4	5	6	7
CK4. 和我身边熟悉的朋友相比，我对运用有关服务信息有信心	1	2	3	4	5	6	7

四　顾客行为意向

问项	非常不同意→非常同意						
MB1. 在此情境下，我会做出其他顾客认为不合适的行为	1	2	3	4	5	6	7
MB2. 在此情境下，我会做出超出服务企业预期的顾客反应行为	1	2	3	4	5	6	7
MB3. 在此情境下，我会做出让其他顾客难以接受的行为	1	2	3	4	5	6	7
MB4. 在此情境下，我会做出较为偏激甚至影响服务正常运转的行为	1	2	3	4	5	6	7

五　内外控人格特质

问项	非常不同意→非常同意						
LOC1. 我通常能够保护自己的利益	1	2	3	4	5	6	7
LOC2. 我认为我的命运如何取决于自身的行动	1	2	3	4	5	6	7
LOC3. 我能够决定我的生活将会发生什么事情	1	2	3	4	5	6	7
LOC4. 当我制订计划后，我几乎能确定使他们成功实现	1	2	3	4	5	6	7
LOC5. 我觉得突发事件控制着我大部分的生活	1	2	3	4	5	6	7
LOC6. 我认为我想要的东西，通常是因为运气所致	1	2	3	4	5	6	7
LOC7. 我经常认为那些要发生的事情迟早会发生	1	2	3	4	5	6	7

六　请您提供简单的个人资料

1. 性别：A. 男　　　B. 女

2. 年龄：A. 16—20 岁　B. 21—30 岁　C. 31—40 岁　D. 41—50 岁　E. 51 岁及以上

3. 职业：A. 政府机关或事业单位工作人员　B. 企业员工　C. 学生　D. 自由职业　E. 其他

4. 受教育程度：A. 初中及以下　B. 高中　C. 大学　D. 硕士及以上

5. 月收入：A. 3000—5000 元　B. 5001—7000 元　C. 7001—9000 元　D. 9001 元及以上

再次感谢您的合作！

参考文献

[1] Abbasi, A., Safarnia, H., Baradaran, M., et al., "Study of Factors Effecting Customer Citizenship Behavior", *Interdisciplinary Journal of Contemporary Research in Business*, Vol. 3, No. 1, 2011, pp. 1169 – 1190.

[2] Ackfeldt, A. L., Coote, L. V., "A Study of Organizational Citizenship Behaviors in a Retail Setting", *Journal of Business Research*, Vol. 58, No. 2, 2005, pp. 151 – 159.

[3] Adelman, M. B., Ahuvia, A. C., "Social Support in the Service Sector: The Antecedents, Process, and Outcome of Social Support in an Introductory Service", *Journal of Business Research*, Vol. 32, No. 5, 1995, pp. 273 – 282.

[4] Ahearne, M., Bhattacharya, C. B. Gruen, T., "Antecedents and Consequences of Customer – Company Identification: Expanding the Role of Relationship Marketing", *Journal of Applied Psychology*, No. 90, 2005, pp. 574 – 585.

[5] Ajzen, I., "Perceived Behavioral Control, Self – efficacy, Locus of Control, and the Theory of Planned Behavior", *Journal of Applied Social Psychology*, No. 32, 2002, pp. 665 – 683.

[6] Algesheimer, R., Dholakia, U. M. and Herrmann, A., "The Social Influence of Brand Community: Evidence from European Car Clubs", *Journal of Marketing*, Vol. 69, No. 3, 2005, pp. 19 – 34.

[7] Almquist, E., Pierce, A., "Customer Knowledge and Business Strategy", *Marketing Research*, Vol. 12, No. 1, 2000, pp. 8 – 16.

[8] Anderson, J. C., Gerbing, D. W., "Structural equation Modeling in Practice: A Review and Recommended Two – step Approach", *Psychol-*

ogy Bulletin, Vol. 103, No. 3, 1988, pp. 411 – 423.

[9] Antonakis, J. , Atwater, L. , "Leader Distance: a Review and a Proposed Theory", *The Leadership Quarterly*, Vol. 13, No. 6, 2002, pp. 673 – 704.

[10] Aquino, K. , Lewis, M. U. , Bradfield, M. , "Justice Constructs, Negative Affectivity, and Employee Deviance: A Proposed Model and Empirical Test", *Journal of Organizational Behavior*, Vol. 20, No. 7, 1999, pp. 1073 – 1091.

[11] Areni, N. , Charles, S. , "Exploring Managers' Implicit Theories of Atmospheric Music: Comparing Academic Analysis to Industry Insight", *Journal of Services Marketing*, Vol. 17, No. 2, 2003, pp. 161 – 184.

[12] Armstrong, A. , Hagel, J. , "The Real Value of Online Communities", *Harvard Business Review*, Vol. 74, No. 13, 1996, pp. 134 – 141.

[13] Aryee, S. , Chen, Z. X. , "Leader – member Exchange in a Chinese Context: Antecedents, the Mediating Role of Psychological Empowerment and Outcomes", *Journal of Business Research*, Vol. 59, No. 7, 2006, pp. 793 – 801.

[14] Bagozzi, R. P. , "Reflections on Relationship Marketing in Consumer Markets", *Journal of the Academy of Marketing Science*, Vol. 23, No. 4, 1995, pp. 272 – 277.

[15] Bagozzi, R. P. , Dholakia, U. M. , "Antecedents and Purchase Consequences of Customer Participation in Small Group Brand Communities", *International Journal of Research in Marketing*, Vol. 23, No. 1, 2006, pp. 45 – 61.

[16] Bagozzi, R. P. , Dholakia, U. M. , "Intentional Social Action in Virtual Communities", *Journal of Interactive Marketing*, Vol. 16, No. 2, 2002, pp. 2 – 21.

[17] Bailey, J. J. , McCollough, M. A. , "Emotional Labor and the Difficult Customer: Coping Strategies of Service Agents and Organizational Consequences", *Journal of Professional Service Marketing*, Vol. 20, No. 2, 2000, pp. 51 – 72.

[18] Bandura, A. , *Social Learning Theory: Englewood Cliffs*, NJ: Prentice –

Hall, 1977.

[19] Bartikowski, B. , Walsh, G. , "Investigating Mediators Between Corporate Reputation and Customer", *Journal of Business Research*, No. 9, 2009, pp. 39 – 44.

[20] Batson, C. D. , Shaw L. L. , "Evidence for Altruism: Toward a Pluralism of Prosocial Motives", *Journal for the Advancement of Psychological Theory*, Vol. 2, No. 2, 1991, pp. 107 – 122.

[21] Beckerman, W. , "Distance and the Pattern of intra – European Trade", *The Review of Economics and Statistics*, Vol. 38, No. 1, 1956, pp. 31 – 40.

[22] Benapudi, N. , Leone, R. P. , "Psychological Implications of Customer Participation in Co – production", *Journal of Marketing*, Vol. 67, No. 1, 2003, pp. 14 – 28.

[23] Berry, L. L. , Seiders, K. , "Serving Unfair Customers", *Business Horizons*, Vol. 51, No. 1, 2008, pp. 29 – 37.

[24] Berry, L. , Parasuraman, A. , *Marketing Service*, New York: Free Press, 1991.

[25] Bettencourt, L. A. , "Customer Voluntary Performance: Customer as Partner in Service Delivery", *Journal of Retailing*, Vol. 73, No. 3, 1997, pp. 383 – 406.

[26] Beverley, S. , Liz, F. , "Providing Art Explanation for Service Failure: Context, Content and Customer Responses", *Journal of Hospitality & Tourism Research*, No. 31, 2007, pp. 241 – 262.

[27] Bies, R. J. , Joseph, S. M. , "Interactional Justice: Communication Criteria of Fairness", *Research on Negotiation in Organizations*, No. 1, 1986, pp. 43 – 45.

[28] Bitner M. J. , Tetreault M. S. , "The Service Encounter: Diagnosing Favorable and Unfavorable Incidents", *Journal of Marketing*, Vol. 54, No. 1, 1990, pp. 71 – 84.

[29] Bitner, M. J. , "Servicescapes: the Impact of Physical Surroundings on Customers and Employees", *Journal of Marketing*, Vol. 58, No. 10, 1992, pp. 95 – 106.

［30］ Bitner, M. J. , Booms, B. H. , Mohr, L. , "Critical Service Encounters: The Employee's Viewpoint", *Journal of Marketing*, Vol. 58, No. 10, 1994, pp. 95 – 106.

［31］ Blancero, D. , Ellram, L. , "Strategic Supplier Partnering: A Psychological Contract Perspective", *International Journal of Physical Distribution & Logistics Management*, No. 27, 1997, pp. 616 – 629.

［32］ Blau, F. D. , Kahn, L. M. , Changes in the Labor Supply Behavior of Married Women: 1980 – 2000, National Bureau of Economic Research, 2005.

［33］ Blau, P. M. , *Exchange and Power in Social Life*, New York: John Wiley & Sons, 1964.

［34］ Blodgett, J. G. , Tax, S. S. , "The Effects of Distributive and Interactional Justice of Complainants' Repatronage Intentions and Negative Word – of – mouth Intentions", *Journal of Consumer Satisfaction, Dissatisfaction and Complaining Behavior*, No. 6, 1993, pp. 100 – 110.

［35］ Blodgett, J. G. , Wakefield, K. L. , Barnes, J. H. , "The Effects of Customer Service on Consumer Complaining Behavior", *Journal of Service Marketing*, Vol. 9, No. 4, 1995, pp. 31 – 42.

［36］ Bove, L. L. , Pervan, S. J. , Beatty, S. E. , Shiu, E. , "Service Worker Role in Encouraging Customer Organizational Citizenship Behaviors", *Journal of Business Research*, Vol. 62, No. 7, 2009, pp. 698 – 705.

［37］ Bowen, D. E. , "Interdisciplinary Study of Service: Some Progress, Some Prospects", *Journal of Business Research*, Vol. 20, No. 1, 1990, pp. 71 – 79.

［38］ Bowen, D. E. , "Managing Customers as Human Resources in Service Organization", *Human Resource Management*, Vol. 25, No. 3, 1986, pp. 371 – 383.

［39］ Bowen, S. W. , Gilliland, R. F. , "HRM and Service Fairness: How Being Fair with Employees Spills Over to Customers", *Organizational Dynamics*, Vol. 27, No. 3, 1999, pp. 7 – 21.

［40］ Bradley, J. A. , Gary, A. B. , Subrahmaniam, T. , et al. , "Information Privacy in Organizations: Empowering Creative and Extra – Role Performance", *Journal of Applied Psychology*, Vol. 91, No. 1, 2006, pp. 221 – 232.

[41] Cardy, R. L., Gove, S., DeMatteo, J., "Dynamic and Customer – Oriented Workplaces: Implications for HRM Practice and Research", *Journal of Quality Management*, Vol. 5, No. 2, 2000, pp. 159 – 186.

[42] Casaló, L. V., Flavián, C., Guinalíu, M., "Relationship Quality, Community Promotion and Brand Loyalty in Virtual Communities: Evidence from Free Software Communities", *International Journal of Information Management*, Vol. 30, No. 4, 2010, pp. 357 – 367.

[43] Cermak, D. S. P., File, K. M., Prince, R. A., "Customer Participation in Service Specification and Delivery", *Journal of Applied Business Research*, Vol. 10, No. 2, 1994, pp. 90 – 97.

[44] Chu, K. H. L., Murrmann, S. K., "Development and Validation of the Hospitality Emotional Labor Scale", *Tourism Management*, Vol. 27, No. 6, 2006, pp. 1181 – 1191.

[45] Chu, K. M., Chan, H. C., "Community Based Innovation: its Antecedents and its Impact on Innovation Success", *Internet Research*, Vol. 19, No. 5, 2009, pp. 496 – 516.

[46] Churchill, G. A., Surpenant, C., "An Investigation into the Determinants of Customer Satisfaction", *Journal of Marketing Research*, Vol. 19, No. 4, 1982, pp. 491 – 504.

[47] Claycomb, C., Lengnick, C. A., Inks, L. W., "The Customer as a Productive Resource: A Pilot Study and Strategic Implications", *Journal of Business Strategies*, Vol. 18, No. 1, 2001, pp. 47 – 68.

[48] Colquitt, J. A., Conlon, D. E., Wesson, M., "Justice at the Millennium: A Metaanalytic Review of 25 Years of Organizational Justice Research", *Journal of Applied Psychology*, No. 86, 2001, pp. 425 – 445.

[49] Coombs, W. T., Holladay, S. J., "Helping Crisis Managers Protect Reputational Assets Initial Tests of the Situational Crisis Communication Theory", *Management Communication Quarterly*, Vol. 16, No. 2,

2002, pp. 165 – 186.

[50] Cooper, R. G. , *Product Leadership: Creating and Launching Superior New Products*, Da Capo Press, 1999.

[51] Cunnan, M. J. , Robert, J. , Bies. , "Consumer Privacy Balancing Economic and Justice Considerations", *Journal of Social Issues*, Vol. 59, No. 2, 2003, pp. 323 – 342.

[52] Curren, M. T. , Folks, V. S. , "Attributional Influence on Consumer' Desires to Communicate about Products", *Psychology and Marketing*, Vol. 4, No. 1, 1987, pp. 31 – 45.

[53] Dholakia, U. M. , Bagozzi, R. P. , Pearo, L. K. , "A Social Influence Model of Consumer Participation in Network and Small – group – based Virtual Communities", *International Journal of Research in Marketing*, Vol. 21, No. 3, 2004, pp. 241 – 263.

[54] Dickson, J. P. , MacLachlan, D. L. , "Social Distance and Shopping Behavior", *Journal of the Academy of Marketing Science*, Vol. 18, No. 2, 1990, pp. 153 – 161.

[55] Dong, B. , Evans, K. , Zou, S. , "The Effects of Customer Participation in Co – created Service Recovery", *Journal of the Academy of Marketing Science*, Vol. 36, No. 1, 2008, pp. 123 – 137.

[56] Dufwenberg, M. , Muren, A. , "Generosity, Anonymity, Gender", *Journal of Economic Behavior & Organization*, Vol. 6, No. 1, 2006, pp. 42 – 49.

[57] Eddleston, K. A. , Kidder, D. L. , Litzky, B. E. , "Who is the boss? Contending with Competing Expectations from Customers and Management", *Academy of Management Executive*, Vol. 16, No. 4, 2002, pp. 85 – 95.

[58] Edwards, S. M. , Lee, J. K. , Ferle, C. L. , "Does Place Matter When Shopping Online? Perception of Similarity and Familiarity as Indicators of Psychological Distance", *Journal of Interactive Advertising*, Vol. 10, No. 1, 2009, pp. 35 – 50.

[59] Ennew, C. , Binks, M. R. , "Impact of Participative Service Relationships on Quality, Satisfaction and Retention: An Exploratory Study",

Journal of Business Research, No. 46, 1999, pp. 121 – 132.

[60] Evans, K. R. , Stan, S. , Murray, L. , "The Customer Socialization Paradox: The Mixed Effects of Communicating Customer Role Expectations", *Journal of Services Marketing*, Vol. 22, No. 3, 2008, pp. 213 – 223.

[61] Eyal, T. , Liberman, N. , Trope, Y. , "Judging Near and Distance Virtue and Vice", *Journal of Experimental Social Psychology*, Vol. 44, No. 4, 2008, pp. 1204 – 1209.

[62] Eysenck, H. , Fulker, D. , "The Components of Type Behaviour and Its Genetic Determinants", *Personality and Individual Differences*, Vol. 4, No. 5, 1983, pp. 499 – 505.

[63] Fiedler, M. , Haruvy, E. , Li, S. X. , "Social Distance in a Virtual World Experiment", *Games and Economic Behavior*, Vol. 72, No. 2, 2011, pp. 400 – 426.

[64] Finkelstein, M. A. , "Dispositional Predictors of Organizational Citizenship Behaviors: Motives, Motive Fulfillment, and Role Identity", *Social Behavior and Personality: An international Journal*, Vol. 34, No. 6, 2006, pp. 603 – 614.

[65] Fishbein, M. , Middlestadt, S. , "Noncognitive Effects on Attitude Formation and Change: Fact or Artifact", *Journal of Consumer Psychology*, Vol. 4, No. 2, 1995, pp. 181 – 202.

[66] Fisk, R. , Grove, S. , Harris, L. G. , et al. , "Customer Behaving Badly: a State of the Art Review, Research Agenda and Implications for Practitioners", *Journal of Service Marketing*, Vol. 24, No. 6, 2010, pp. 417 – 442.

[67] Fitzsimmons, J. A. , Fitzsimmons, M. J. , *Service Management: Operations, Strategy, and Information Technology*, New York: McGraw – Hill, 2001.

[68] Folkes, V. S. , "Consumer Reactions to Product Failure: an Attributional Approach", *Journal of Consumer Research*, Vol. 10, No. 4, 1984, pp. 398 – 409.

[69] Folks, V. S. , Koletsky, S. , Graham, J. L. , "A Field Study of Casu-

al Inferences and Consumer Reaction: The View from the Airport",
Journal of Consumer Research, Vol. 13, No. 4, 1987, pp. 534 – 539.

[70] Ford W. S. Z. , "Evaluation of the Indirect Influence of Courteous Service on Customer Discretionary Behavior", *Human Communication Research*, Vol. 22, No. 1, 1995, pp. 65 – 69.

[71] Foster, J. , Ronald, S. , Friedman, et al. , "Temporal Construal Effects on Abstract and Concrete Thinking: Consequences for Insight and Creative Cognition", *Journal of Personality and Social Psychology*, Vol. 87, No. 2, 2004, pp. 177 – 189.

[72] Frank, M. G. , Gilovich, T. , "Effect of Memory Perspective Causal Attribution", *Journal of Personality and Social Psychology*, Vol. 57, No. 3, 1989, pp. 399 – 403.

[73] Frei, X. F. , "The Four Things a Service Business Must Get Right", *Harvard Business Review*, No. 4, 2008, pp. 70 – 80.

[74] Fuller, J. Bartl, M. Ernst, H. , "Community Based Innovation: How to Integrate Members of Virtual Communities into New Product Development", *Electronic Commerce Research*, Vol. 6, No. 1, 2006, pp. 57 – 73.

[75] Fullerton, R. A. , Punj, G. , "Choosing to Misbehave: A Structural Model of Aberrant Consumer Behavior", *Advances in Consumer Research*, No. 20, 1993, pp. 570 – 574.

[76] Fullerton, R. A. , Punj, G. , "Repercussions of Promoting an Ideology of Consumption: Consumer Misbehavior", *Journal of Business Research*, Vol. 57, No. 11, 2004, pp. 1239 – 1249.

[77] Fumham, A. , Drakeley, R. J. , "Work Locus of Control and Perceived Organizational Climate", *European Work and Organizational Psychologist*, Vol. 3, No. 1, 1993, pp. 1 – 9.

[78] Gebert, H. , Geib, M. , Kolbe, L. , Brenner, W. , "Knowledge – enabled Customer Relationship Management: Integrating Customer Relationship Management and Knowledge Management Concepts", *Journal of Knowledge Management*, Vol. 7, No. 5, 2003, pp. 107 – 123.

[79] Gibbert, M. , Leibold, M. , Probst, G. , "Five Styles of Customer

Knowledge Management, and How Smart Companies Use them to Create Value", *Europe Management Journal*, Vol. 20, No. 5, 2002, pp. 459 – 469.

[80] Gill, M., Moon, C., Seaman, P., et al., "Security Management and Crime in Hotels", *International Journal of Contemporary Hospitality Management*, Vol. 14, No. 2, 2002, pp. 58 – 64.

[81] Gilly, Mary, C., Gelb, Betsy, D., "Post – purchase Consumer Processes and the Complaining Consumer", *Journal of Consumer Research*, Vol. 9, No. 3, 1982, pp. 323 – 328.

[82] Grandey, A. A., David, N. D., Hock, P. S., "The Customer is 'Not' Always Right: Customer Aggression and Emotion Regulation of Service Employees", *Journal of Organizational Behavior*, Vol. 25, No. 3, 2004, pp. 397 – 418.

[83] Gregoire, Y., Robert, J. F., "The Effects of Relationship Quality on Customer Retaliation", *Marketing Letters*, Vol. 17, No. 1, 2006, pp. 31 – 46.

[84] Gregory, B. T., Albritton, M. D., Osmonbekov, T., "The Mediating Role of Psychological Empowerment on the Relationships between P – O Fit, Job satisfaction, and in – role Performance", *Journal of Business and Psychology*, Vol. 25, No. 4, 2010, pp. 639 – 647.

[85] Gronroos, C. A., *Service Management and Marketing: Managing of Trust in Service Competition*, MA: Lexington Books, 1992.

[86] Groth, M., "Customers as Good Soldiers: Examining Citizenship Behaviors in Internet Service Deliveries", *Journal of Management*, Vol. 31, No. 1, 2005, pp. 7 – 27.

[87] Groth, M., *Managing Service Delivery on the Internet: Facilitating Customers' Coproduction and Citizenship Behaviors in Service*, Arizona: The University of Arizona, 2001.

[88] Grove, S. J., Fisk, R. P., "The Impact of Other Customer on Service Experience: a Critical Incident Examination of ' Getting Along '", *Journal of Retailing*, Vol. 73, No. 1, 1997, pp. 63 – 85.

[89] Grove, S. J., Fisk, R. P., John J., "The Future of Service Market-

ing: Forecasts from Ten Service Experts", *Journal of Service Marketing*, Vol. 17, No. 2, 2003, pp. 107 – 121.

[90] Gruen, T. W., Osmonbekov, T., Czaplewski, A. J., "WOM: The Impact of Customer – to – Customer Online Know – how Exchange on Customer Value and Loyalty", *Journal of Business Research*, Vol. 59, No. 4, 2006, pp. 449 – 456.

[91] Gruen, T. W., "The Outcome Set of Relationship Marketing in Consumer Market", *International Business Review*, Vol. 4, No. 4, 1995, pp. 447 – 469.

[92] Gruen, T. W., Summers J. O., Acito F., "Relationship Marketing Activities, Commitment, and Membership Behaviors in Professional Associations", *Journal of Marketing*, Vol. 64, No. 3, 2000, pp. 34 – 49.

[93] Guilherme, D. P., John, S., Paulo, R., "The Internet, Consumer Empowerment and Marketing Strategies", *European Journal of Marketing*, Vol. 40, No. 9 – 10, 2006, pp. 936 – 958.

[94] Halbesleben, J. R. B., Buckley, M. R., "Managing Customers as Employees of the Firm: New Challenges for Human Resources Management", *Personnel Review*, Vol. 33, No. 3, 2004, pp. 351 – 372.

[95] Harris, E. G., Mowen, J. C., "The Influence of Cardinal –, Central –, and Surface – lever Personality Trait on Consumer' Bargaining and Complaint intentions", *Psychology and Marketing*, Vol. 18, No. 11, 2001, pp. 1155 – 1185.

[96] Harris, L. C., Reynolds, K. L., "Jaycustomer Behavior: An Exploration of Types and Motives in the Hospitality Industry", *Journal of Service Marketing*, Vol. 18, No. 5, 2004, pp. 339 – 357.

[97] Harris, L. C., Reynolds, K. L., "The Consequences of Dysfunctional Customer Behavior", *Journal of Services Marketing*, Vol. 6, No. 2, 2003, pp. 144 – 161.

[98] Hartline, M. D., Ferrell, O. C., "The Management of Customer – contact Employees: An Empirical Investigation", *Journal of Marketing*, No. 60, 1996, 52 – 70.

[99] Hess, R. L. Jr. , Ganesan, S. , Klein, N. M. , "Service Failure and Recovery: The Impact of Relationship Factors on Customer Satisfaction", *Journal of the Academy of Marketing Science*, Vol. 31, No. 2, 2003, pp. 127 – 145.

[100] Hoffman, K. D. , Bateson, J. E. G. , *Essentials of Services Marketing*, Fort Worth: Dryden Press, 1997.

[101] Holloway, B. B. , Wang, S. , Parish, J. T. , "The Role of Cumulative Online Purchasing Experience in Service Recovery Management", *Journal of Interactive Marketing*, Vol. 19, No. 3, 2005, pp. 54 – 66.

[102] Hraba, J. , Radloff, T. , Gray – Ray, P. , "A Comparison of Black and White Social Distance", *The Journal of Social Psychology*, Vol. 139, No. 4, 1999, pp. 536 – 539.

[103] Huang, J. , Hsu, C. H. C. , "The Impact of Vustomer – to – customer Interaction on Cruise Experience and Vacation Satisfaction", *Journal of Travel Research*, Vol. 49, No. 1, 2010, pp. 79 – 92.

[104] Huang, M. , "The Theory of Emotions in Marketing", *Journal of Business and Psychology*, Vol. 16, No. 2, 2001, pp. 239 – 247.

[105] Huang, W. H. , "The Impact of Other – customer Failure on Service Satisfaction", *International Journal of Service Industry Management*, Vol. 19, No. 4, 2008, pp. 521 – 536.

[106] Huang, W. H. , Lin, Y. C. , Wen, Y. C. , "Attributions and Outcomes of Customer Misbehavior", *Journal Business Psychology*, Vol. 25, No. 1, 2010, pp. 151 – 161.

[107] Huefner, J. C. , Hunt, K. H. , "Consumer Retaliation as a Response to Dissatisfaction", *Journal of Consumer Satisfaction, Dissatisfaction and Complaining Behavior*, Vol. 13, No. 11, 2000, pp. 61 – 82.

[108] Izard, C. E. , "Translating Emotion Theory and Research into Preventative Interventions", *Psychological Bulletin*, Vol. 35, No. 9, 2002, pp. 796 – 824.

[109] Johne, A. , Storer, Y. C. , "New Service Development: A Review of the Literature and Annotated Bibliography", *European Journal of Marketing*, Vol. 32, No. 4, 1998, pp. 184 – 251.

[110] Jones, P., Groenenboom, K., "Crime in London", *Tourism and Hospitality Research*, Vol. 4, No. 1, 2002, pp. 21 – 35.

[111] Judge, T. A., Locke, E. A., Durham, C. C., et al., "Dispositional Effects on Job and Life Satisfaction: The Role of Core Evaluations", *Journal of Applied Psychology*, Vol. 83, No. 1, 1998, pp. 17 – 34.

[112] Juttner, U., Wehrh, H. P, "Relationship Marketing from a Value System Perspective", *International Journal of Service Industry Management*, No. 5, 1994, 54 – 73.

[113] Kabanoff, B., "Equity, Equality, Power, and Conflict", *Academy of Management Review*, Vol. 16, No. 2, 1991, pp. 416 – 441.

[114] Kacmar, K., Michele, D. S., Carlson, R. A. Brymer, "Antecedents and Consequences of Organizational Commitment: A Comparison of Two Scales", *Educational and Psychological Measurement*, Vol. 59, No. 6, 1999, pp. 976 – 994.

[115] Kang, Y. S., Ridgway, N. M., "The Importance of Consumer Market Interactions as a Form of Social Support for Elderly Consumers", *Journal Public Policy & Marketing*, Vol. 15, No. 1, 1996, pp. 108 – 117.

[116] Karaosmanoglu, E., Bas, A. B. E., Zhang, J. K., "The Role of other Customer Effect in Corporate Marketing: its Impact on Corporate Image and Consumer – company Identification", *European Journal of Marketing*, Vol. 45, No. 9 – 10, 2011, pp. 1416 – 1445.

[117] Karatepe, O. M., Yorganci, I., Haktanir, M., "Outcomes of Customer Verbal Aggression among Hotel Employees", *International Journal of Contemporary Hospitality Management*, Vol. 21, No. 6, 2009, pp. 713 – 733.

[118] Keaveney, S. M., "Customer Switching Behavior in Service Industries: an Exploratory Study", *Journal of Marketing*, Vol. 59, No. 2, 1995, pp. 71 – 82.

[119] Kelley, S. W., Skinner, S. J., Donnelly, J. H., "Organizational Socialization of Service Customers", *Journal of Business Research*, Vol. 25, No. 3, 1992, pp. 197 – 214.

[120] Kelly, S. W. , Hoffman, D. K. , Davis, M. A. , "Typology of Retail Failures and Recovery", *Journal of Retailing*, Vol. 69, No. 4, 1993, pp. 429 – 452.

[121] Kinicki, A. J. , Vecchio, R. P. , "Influences on the Quality of Supervisor – subordinate Relations: the Role of Time – pressure, Organizational Commitment, and Locus of Control", *Journal of Organizational Behavior*, Vol. 15, No. 1, 1994, pp. 75 – 82.

[122] Koh, J. , Kim, Y. G. , "Knowledge Sharing in Virtual Communities: an e – business Perspective", *Expert Systems with Applications*, Vol. 26, No. 2, 2004, pp. 155 – 166.

[123] Kovach, B. E. , "Predicting Leaders and Team Leaders in Times of Great Change", *Journal of the American Academy of Business*, Vol. 1, No. 2, 2002, pp. 356 – 362.

[124] Kozinets, R. V. , "The Field Behind the Screen: Using Net – nography for Marketing Research in Online Communities", *Journal of Marketing Research*, Vol. 39, No. 1, 2002, pp. 61 – 72.

[125] Kucuk, S. U. , "Consumer Empowerment Model: From Unspeakable to Undeniable", *Direct Marketing: An International Journal*, Vol. 3, No. 4, 2009, pp. 327 – 342.

[126] Kumar, V. , Aksoy, L. , Donkers, B. , et al. , "Undervalued or Overvalued Customers: Capturing Total Customer Engagement Value", *Journal of Service Research*, Vol. 13, No. 3, 2010, pp. 297 – 310.

[127] Laroche, M. , Bergeron, J. , Goutaland, C. , "How Intangibility Affects Perceived Risk: The Moderating Role of Knowledge an Involvement", *Journal of Service Marketing*, Vol. 17, No. 2, 2003, pp. 122 – 140.

[128] Lee, B. K. , "Audience – oriented Approach to Crisis Communication: A Study of Hong Kong Consumers' Evaluation of an Organizational Crisis", *Communication Research*, Vol. 31, No. 5, 2004, pp. 600 – 618.

[129] Lefcourt, H. M. , *Locus of Control: Current Trends in Theory and Research*, London: Hillsdale, New Jersey, 1982, pp. 1 – 40.

[130] Lepine, J. A. , Dyne, L. V. , "Voice and Cooperative Behavior as

Contrasting Forms of Contextual Performance: Evidence of Differential Relationships with Big Five Personality Characteristics and Cognitive Ability", *Journal of Applied Psychology*, Vol. 86, No. 2, 2001, pp. 326 – 336.

[131] Leung, L., "Impacts of Net – generation Attributes, Seductive Properties of the Internet, and Gratifications – obtained on Internet Use", *Telematics and Informatics*, Vol. 20, No. 2, 2003, pp. 107 – 129.

[132] Li, T., Calantone, R. J., "The Impact of Market Knowledge Competence on New Product Advantage: Conceptualization and Empirical Examination", *Journal of Marketing*, Vol. 62, No. 4, 1998, pp. 13 – 29.

[133] Liberman, N., Sagristano, M., Trope, Y., "The Effect of Temporal Distance on Level of Construal", *Journal of Experimental Social Psychology*, Vol. 38, No. 6, 2002, pp. 523 – 534.

[134] Liberman, N., Trope, Y., "The Psychology of Transcending Here and Now", *Science*, Vol. 322, No. 5905, 2008, pp. 1201 – 1205.

[135] Lin, J. S. C., Liang, H. Y., "The Influence of Service Environments on Customer Emotion and Service Outcome", *Managing Service Quality*, Vol. 21, No. 4, 2011, pp. 350 – 362.

[136] Liviatan, I., Trope, Y., Liberman, N., "Interpersonal Similarity as a Social Distancedimension: Implication for Perception of others' Actions", *Journal of Experimental Social Psychology*, Vol. 44, No. 5, 2008, pp. 1256 – 1269.

[137] Llewellyn, N., "The Role of Psychological Contracts within Internal Service Networks", *The Service Industries Journal*, Vol. 21, No. 1, 2001, pp. 211 – 226.

[138] Lovelock, C. H., *Product Plus: How Product and Service Competitive Advantage*, New York: McGraw – Hill, 1994.

[139] Lovelock, C. H., *Service Marketing: People, Technology, Strategy*, NJ: Prentice Hall, 2001.

[140] Lovelock, C. H., *Services Marketing*, Englewood Cliffs, NJ, Prentice – Hall, 1996.

[141] Lusch, R. F., Brown, J. R., "Interdependercy, Contracting and Relational Behavior in Marketing Channels", *Journal of Marketing*, Vol. 60, No. 4, 1996, pp. 19 – 38.

[142] Ma, Q. H., Liu, R. P., Liu, Z. D., "Customer Social Norm Attribute of Services: Why Does it Matter and How Do We Deal with It?", *International Journal of Services Technology and Management*, Vol. 12, No. 2, 2009, pp. 175 – 191.

[143] Martin, C. L., "Consumer – to – consumer Relationships: Satisfaction with Other Consumers' Public Behavior", *The Journal of Consumer Affairs*, Vol. 30, No. 1, 1996, pp. 146 – 169.

[144] Mattsson, J., Lemmink, J., Mccoll, R., "The Effect of Verbalized Emotions on Loyalty in Written Complaints", *Total Quality Management*, Vol. 15, No. 7, 2004, pp. 941 – 958.

[145] Maxwell, S., "Rule – based Price Fairness and its Effect on Willingness to Purchase", *Journal of Economic Psychology*, Vol. 23, No. 2, 2002, pp. 191 – 212.

[146] McFarlin, D. B., Sweeney, P. D., "Distributive and Procedural Justice as Predictors of Satisfaction with Personal and Organizational Outcomes", *Academy of Management Journal*, No. 35, 1992, pp. 626 – 637.

[147] McGrath, H., Goulding, A., "Part of the Job: Violence in Public Libraries", *New Library World*, Vol. 97, No. 1127, 1996, pp. 4 – 13.

[148] McShane, F., Noonan, B. A., "Classification of Shoplifters by Cluster Analysis", *International Journal of Offenders Therapy and Comparative Criminology*, Vol. 37, No. 1, 1993, pp. 29 – 40.

[149] Mencl, J., May, D. R., "The Effects in a Time of Proximity and Empathy on Ethnical Decision – making: an Exploratory Investigation", *Journal of Business Ethnics*, Vol. 85, No. 2, 2009, pp. 201 – 226.

[150] Menon, K., Dubé, L., "Ensuring Greater Satisfaction by Engineering Salesperson Response to Customer Emotions", *Journal of Retailing*, Vol. 76, No. 3, 2000, pp. 285 – 307.

[151] Michel, S., "Analyzing Service Failure and Recoveries: A Process

Approach", *International Journal of Service Industry Management*, Vol. 12, No. 1, 2001, pp. 20 – 33.

[152] Mills, M. K., Bonoma, T. V., "Deviant Consumer Behavior: A Different View", *Advances in Consumer Research*, No. 6, 1979, pp. 347 – 352.

[153] Mills, P. K., Morris, J. H., "Clients as Partial Employees of Service Organization: Role development in Cilent Participation", *Academy of Management Review*, No. 11, 1986, 726 – 735.

[154] Moore, R. H., "Shoplifting in Middle America: Patterns and Motivational Correlates", *International Journal of Offender Therapy and Comparative Criminology*, Vol. 28, No. 1, 1984, pp. 53 – 64.

[155] Moore, R., Moore, M. L., Capella, M., "The Impact of Customer – to – customer Interaction in a High Personal Contact Service Setting", *Journal of Service Marketing*, Vol. 19, No. 7, 2005, pp. 482 – 491.

[156] Moorman, C., Diehl, K., Brinberg, D., et al., "Subjective Knowledge, Search Location, and Consumer Choice", *Journal of Consumer Research*, Vol. 31, No. 3, 2004, pp. 673 – 680.

[157] Muncy, J. A., Vitell, S. J., "Consumer Ethnics: an Investigation of the Ethnical Beliefs of the Final Consumers", *Journal of Business Research*, Vol. 24, No. 6, 1992, pp. 297 – 311.

[158] Murray, M., Berwick, M. D., "Advanced Access: Reducing Waiting and Delay in Primary Care", *Journal of the American Medical Association*, No. 8, 2003, pp. 289 – 297.

[159] Nussbaum, S., Trope, Y., Liberman, N., "Creeping Dispositionism: the Temporal Dynamics of Behavior Prediction", *Journal of Personality and Social Psychology*, Vol. 84, No. 3, 2003, pp. 485 – 497.

[160] Nyer, P. A., "Study of the Relationships between Cognitive Appraisals and Consumption Emotions", *Journal of the academy of Marketing Science*, Vol. 25, No. 4, 1997, pp. 296 – 304.

[161] Oliver, R. L., Swan, J. E., "Equity and Disconfirmation Perceptions as Influences on Merchant and Product Satisfaction", *Journal of Consumer Research*, No. 16, 1989, pp. 372 – 383.

[162] Oliver, R. L. , "Cognitive, Affective, and Attribute Bases of the Sat-
isfaction Response", *Journal of Consumer Research*, Vol. 20, No. 12,
1993, pp. 418 – 430.

[163] Oliver, R. L. , "Processing of the Satisfaction Response in Consump-
tion: a Suggested Framework and Research Propositions", *Journal of
Consumer Satisfaction, Dissatisfaction and Complaint Behavior*, Vol. 2,
No. 1, 1989, pp. 1 – 16.

[164] Oliver, R. L. , "Whence Consumer Loyalty?", *Journal of Marketing*,
Vol. 63, No. 4, 1999, pp. 33 – 44.

[165] Oliver, R. L. , Shor, M. , "Digital Redemption of Coupons: Satisfy-
ing and dissatisfying Effects of Promotion Codes", *Journal of Product
and Brand Management*, Vol. 12, No. 2, 2003, pp. 121 – 134.

[166] Oliver, R. L. , Swan, J. E. , "Consumer Perceptions of Interpersonal
Equity and Satisfaction in Transactions: A Field Survey Approach",
Journal of Marketing, No. 53, 1989, pp. 1 – 35.

[167] Palmer, A. , Beggs, R. , Keown – McMullan C. , "Equity and Re-
purchase Intention Following Service Failure", *Journal of Service Mar-
keting*, Vol. 14, No. 6, 2000, pp. 513 – 528.

[168] Penaloza, L. , Price, L. , "Consumer Resistance: a Conceptual O-
verview", *Advances in Consumer Research*, No. 20, 1993, pp. 123 –
128.

[169] Pentina, I. , Prybutok, V. R. and Zhang, X. , "The Role of Virtual
Communities as Shopping Reference Groups", *Journal of Electronic
Commerce Research*, Vol. 9, No. 2, 2008, pp. 114 – 136.

[170] Phillips, D. M. , Baumgartner, H. , "The Role of Consumption Emo-
tions in the Satisfaction Response", *Journal of Consumer Psychology*,
No. 3, 2002, pp. 243 – 252.

[171] Pires, G. D. , Stanton, J. , Rita, P. , "The Internet, Consumer
Empowerment and Marketing Strategies", *European Journal of Market-
ing*, Vol. 40, No. 9 – 10, 2006, pp. 936 – 949.

[172] Plymire, J. , "Complaints as Opportunities", *Journal of Consumer
Marketing*, Vol. 8, No. 2, 1993, pp. 39 – 43.

[173] Prim, I., Pras, B., "Friendly Complaining Behaviors: Toward a Relational Approach", *Journal of Market Focused Management*, Vol. 3, No. 3, 1999, pp. 331 – 350.

[174] Pyon, C. U., Lee, M. J., Park, S. C., "Decision Support System for Service Quality Management Using Customer Knowledge in Public Service Organization", *Expert Systems with Applications*, Vol. 36, No. 4, 2009, pp. 8227 – 8238.

[175] Ramani, G., Kumar, V., "Interaction Orientation and Firm Performance", *Journal of Marketing*, Vol. 72, No. 1, 2008, pp. 27 – 45.

[176] Reagans, R., Mcevily, B., "Network Structure and Knowledge Transfer: The Effects of Cohesion and Range", *Administrative Science Quarterly*, Vol. 48, No. 2, 2003, pp. 240 – 267.

[177] Remy, E., Kopel, S., "Social Linking and Human Resources Management in the Service Sector", *The Service Industries Journal*, Vol. 22, No. 1, 2002, pp. 35 – 56.

[178] Reynolds, K. L., Harris, L. C., "Deviant Customer Behavior: an Exploration of Frontline Employee Tactics", *Journal Marketing Theory Practice*, Vol. 14, No. 2, 2006, pp. 95 – 111.

[179] Reynolds, K. L., Harris, L. C., "Dysfunctional Customer Behavior Severity: An Empirical Examination", *Journal of Retailing*, Vol. 85, No. 3, 2009, pp. 321 – 335.

[180] Richins, M., "Measuring Emotions in the Consumption Experience", *Journal of Customer Research*, Vol. 24, No. 2, 1997, pp. 127 – 146.

[181] Rioux, S. M., Penner, L. A., "The Causes of Organizational Citizenship Behavior: A Motivational Analysis", *Journal of Applied Psychology*, Vol. 86, No. 6, 2001, pp. 1306 – 1314.

[182] Robyn, O., Jillian, S., Lester, J., "Customer Empowerment and Relationship Outcomes in Healthcare Consultations", *European Journal of Marketing*, Vol. 40, No. 9 – 10, 2006, pp. 1068 – 1086.

[183] Roehling, M. V., "The Origins and Early Development of the Psychological Contract Construct", *Academy of Management Proceedings*, 1996, pp. 202 – 206.

[184] Rose, R. L. , Neidermeyer M. , "From Rudeness to Road Rage: The Antecedents and Consequences of Consumer Aggression", *Advances in Consumer Research*, No. 26, 1999, pp. 12 – 17.

[185] Roseenbaum, M. S. Massish, C. A. , "When Customer Receive Support from Other Customers: Exploring the Influence of Inter – customer Social Support on Customer Voluntary Performance", *Journal of Service Research*, Vol. 9, No. 3, 2007, pp. 257 – 270.

[186] Rosenbaum, M. S. , "Exploring the Social Supportive Role of Third Places in Consumers' Lives", *Journal of Service Research*, Vol. 9, No. 1, 2006, pp. 59 – 72.

[187] Rotter, J. B. , "Generalized Expectations for Internal Versus External Control of Reinforcements", *Psychology Monographs*, Vol. 80, No. 1, 1966, pp. 1 – 28.

[188] Sagristano, M. D. , Trope, Y. , Liberman, N. , "Time – dependent Gambling: Odds Now, Money Later", *Journal of Experimental Psychology: General*, Vol. 131, No. 3, 2002, pp. 364 – 376.

[189] Schlesinger, L. A. , Heskett, L. J. , "The Service – driven Service Company", *Harvard Business Review*, Vol. 69, No. 5, 1991, pp. 71 – 81.

[190] Schneider, B. , Bowen, D. E. , "The Service Organization: Human Resources Management is Crucial", *Journal of Retailing*, Vol. 85, No. 3, 1993, pp. 321 – 335.

[191] Schoefer, K. , Ennew, C. , "The Impact of Perceived Justice on Consumers' Emotional Responses to Service Complaint Experiences", *Journal of Service Marketing*, Vol. 19, No. 5, 2005, pp. 263 – 281.

[192] Scholl, R. W. , "Differentiating Organizational Commitment for Expectancy as a Motivating Force", *Academy of Management Review*, Vol. 6, No. 4, 1981, pp. 589 – 599.

[193] Seiders, K. , Berry, L. L. , "Service Fairness: What it is and Why it Matters", *Academy of Management Executive*, Vol. 2, No. 2, 1998, pp. 8 – 20.

[194] Silpakit, P. , Fisk, R. P. , Services Marketing Environment American Marketing Proceedings Series, Chicago: American Marketing Associa-

tion, 1985, pp. 117 – 121.

[195] Smith, A. K., Bolton, R. N., "An Experimental Investigation of Customer Reactions to Service Failure and Recovery Encounter: Paradox or Peril", *Journal of Service Research*, Vol. 1, No. 1, 1998, pp. 65 – 81.

[196] Smith, A. K., Bolton, R. N., Wagner, J., "A Model of Customer Satisfaction with Service Encounters Involving Failure and Recovery", *Journal of Marketing Research*, No. 3, 1999, pp. 66 – 72.

[197] Spreizer, G. M., *When Organizations Dare: the Dynamics of Individual Empowerment in Workplace*, *Unpublished Doctoral Dissemination*. Michigan: University of Michigan, 1992.

[198] Steel, R. P., "Turnover Theory at the Empirical Interface: Problems of Fit and Function", *Academy of Management Review*, Vol. 27, No. 3, 2002, pp. 346 – 360.

[199] Sweeney, P. D., McFarlin, D. B., Cotton, J. L., "Locus of Control as a Moderator of the Relationship between Perceived Influence and Procedural Justice", *Human Relations*, Vol. 44, No. 4, 1991, pp. 333 – 342.

[200] Tajfel, H., Turner, J. C., *Psychology of Intergroup Relations*, Chicago: Nelson – Hall, 1985.

[201] Tax, S. S., Brown, S. W., *Handbook of Service Marketing and Management*, London: Sage Publications Inc., 2000: 273 – 275.

[202] Teo, T. S. H., Lim, V. K. G., "The Effects of Perceived Justice on Satisfaction and Behavioral Intentions: the Case of Computer Purchase", *International Journal of Retail & Distribution Management*, Vol. 29, No. 2, 2001, pp. 109 – 125.

[203] Terry, D. J., Hogg, M. A., White, K. M., "The Theory of Planned Behavior: Self – identity, Social identity, and Group Norms", *Journal of Social Psychology*, No. 38, 1999, pp. 225 – 244.

[204] Thomas, K. W. Velthouse, B. A., "Cognitive Elements of Empowerment: an 'interpretative' Model of Intrinsic Task Motivation", *Academy of Management Review*, Vol. 15, No. 4, 1990, pp. 666 – 681.

[205] Trope, Y., Liberman, N., "Construal – level Theory of Psychological

Distance", *Psychological Review*, Vol. 117, No. 2, 2010, pp. 440 – 463.

[206] Trope, Y., Liberman, N., "Temporal Construal", *Psychological Review*, Vol. 110, No. 3, 2003, pp. 403 – 421.

[207] Trope, Y., Liberman, N., "Temporal Construal and Time – dependent Changes in Preference", *Journal of Personality and Social Psychology*, Vol. 79, No. 6, 2000, pp. 876 – 889.

[208] Trope, Y., Liberman, N., Wakslak, C., "Construal Levels and Psychological Distance: Effects on Representation, Prediction, Evaluation, and Behavior", *Journal of Consumer Psychology*, Vol. 17, No. 2, 2007, pp. 83 – 95.

[209] Tumasjan, A., Strobel, M., Welpe, I., "Ethnic Leadership Evaluations afterMmoral Transgression: Social Distance Makes the Difference", *Journal of Business Ethnics*, Vol. 99, No. 4, 2011, pp. 609 – 622.

[210] Valck, K., *Virtual Communities of Consumption: Net – works of Consumer Knowledge and Companionship*, Rotterdam: Erasmus University, 2005, pp. 68 – 95.

[211] Vallacher, R. R., Wegner, D. M., "Levels of Personal Agency: Individual Variation in Action Identification", *Journal of Personality and Social Psychology*, Vol. 57, No. 4, 1989, pp. 660 – 671.

[212] Van, D., Jenny, L., Katherine, N., et al., "Customer Engagement Behavior: Theoretical Foundations and Research Directions", *Journal of Service Research*, Vol. 13, No. 3, 2010, pp. 253 – 266.

[213] Wakslak, C. J., Trope, Y., Liberman, N., et al., "Seeing the Forest when Entry is Unlikely: Probability and the Mental Representation of Events", *Journal of Experimental Psychology: General*, Vol. 135, No. 4, 2006, pp. 641 – 653.

[214] Wan, E. W., Rucker, D. D., "Confidence and Construal Framing: When Confidence Increases Versus Decreases Information Processing", *Journal of Consumer Research*, Vol. 39, No. 5, 2013, pp. 977 – 992.

[215] Wathieu, L., Brenner, L., Carmon, Z., et al., "Consumer Con-

trol and Empowerment: a Primer", *Marketing Letters*, Vol. 13, No. 3, 2002, pp. 297 – 305.

[216] Weiner, B., "An Attributional Theory of Achievement Motivation and Emotion", *Psychology Review*, Vol. 92, No. 4, 1985, pp. 548 – 573.

[217] Westbrook, R. A., "Product Consumption Based Affective Responses and Post Purchase Processes", *Journal of Marketing Research*, Vol. 24, No. 3, 1987, pp. 258 – 270.

[218] Williams, L. J., Anderson, S. E., "Job Satisfaction and Organizational Commitment as Predictors of Organizational Citizenship Behavior and in Role Behaviors", *Journal of Management*, No. 17, 1991, pp. 601 – 607.

[219] Wirtz, J., Mattila, A. S., "Consumer Responses to Compensation, Speed of Recovery and Apology After a Service Failure", *International Journal of Service Industry Management*, Vol. 15, No. 2, 2004, pp. 150 – 166.

[220] Withiam, G., "Customer from Hell: What Do they Do", *The Cornell Hotel and Restaurant Administrative Quarterly*, Vol. 39, No. 5, 1998, pp. 11 – 15.

[221] Wu, C. H. J., "The Impact of Customer – to – customer Interaction and Customer Homogeneity on Customer Satisfaction in Tourism Service—the Encounter Perspective", *Tourism Management*, Vol. 28, No. 3, 2007, pp. 1518 – 1528.

[222] Wu, C. H. J., "The Influence of Customer – to – customer Interactions and Role Typology on Customer Reaction", *The Service Industries Journal*, Vol. 28, No. 10, 2008, pp. 1501 – 1513.

[223] Yagil, D., "When the Customer is Wrong: A Review of Research on Aggression and Sexual Harassment in Service Encounters", *Aggression and Violent Behavior*, No. 13, 2008, pp. 141 – 152.

[224] Yen, H. J. R., Gwinner, K. P., Su, W., "The Impact of Customer Participation and Service Expectation on Locus Attributions Following Service Failure", *International Journal of Service Industry Management*,

Vol. 15, No. 1, 2004, pp. 7 – 26.

[225] Yi, Y., Gong, T., "If Employees 'Go to extra mile,' Do Customers Reciprocate with Similar Behavior?", *Psychology and Marketing*, Vol. 25, No. 10, 2008, pp. 961 – 986.

[226] Yi, Y., Gong, T., "The Antecedents and Consequences of Service Customer Citizenship Behavior and Badness Behavior", *Seoul Journal of Business*, Vol. 12, No. 2, 2006, pp. 145 – 176.

[227] Yi, Y., Gong, T., "The Effect of Customer Justice Perception and Effect on Customer Citizenship Behavior and Customer Dysfunctional Behavior", *Industrial Marketing Management*, Vol. 37, No. 7, 2008, pp. 767 – 783.

[228] Zeithaml, V. A., Berry, L. L., Parasuraman, A., "The Behavioral Consequences of Service Quality", *Journal of Marketing*, Vol. 60, No. 2, 1996, pp. 31 – 46.

[229] Zemke, R., Anderson, K., "Customers from Hell", *Training*, Vol. 27, No. 2, 1990, pp. 25 – 33.

[230] Zhang, J. Y., Beatty, S. E., Mothersbaugh, D., "A CIT Investigation of Other Customers' Influence in Services", *Journal of Services Marketing*, Vol. 24, No. 5, 2010, pp. 389 – 399.

[231] 白琳:《顾客感知价值、顾客满意和行为倾向的关系研究述评》,《管理评论》2009 年第 2 卷第 11 期。

[232] 曹丽娟:《美发业顾客参与、服务失败归因和行为反应的关系研究》, 硕士学位论文, 浙江大学, 2007 年。

[233] 柴俊武、赵广志、周大海:《解释水平和认知需求对品牌归类的影响》,《营销科学学报》2010 年第 6 卷第 3 期。

[234] 陈伟、魏亮瑜:《医患主导型医疗纠纷协商解决方式的重建》,《中华医院管理杂志》2011 年第 27 卷第 4 期。

[235] 戴肖黎、何超:《注重医疗质量和患者安全的医疗服务模式探讨》,《中华医院管理杂志》2009 年第 25 卷第 9 期。

[236] 范钧、孔静伟:《国外顾客公民行为研究》,《外国经济与管理》2009 年第 9 期。

[237] 范钧、林帆:《服务失误模糊情境下顾客不当行为意向的形成机制

研究：基于归因视角》，《管理评论》2014 年第 26 卷第 7 期。

[238] 范钧、邱宏亮、葛米娜：《医院服务设计缺陷对患者不当行为意向的影响》，《商业经济与管理》2013 年第 8 期。

[239] 范钧：《顾客参与对顾客满意和顾客公民行为的影响研究》，《商业经济与管理》2011 年第 1 卷第 1 期。

[240] 范晓屏、马庆国：《基于虚拟社区的网络互动对网络购买意向的影响研究》，《浙江大学学报》（人文社会科学版）2009 年第 4 期。

[241] 范秀成、张彤宇：《顾客参与对服务企业绩效的影响》，《当代财经》2004 年第 8 期。

[242] 费显政、肖胜男：《同属顾客对顾客不当行为反应模式的探索性研究》，《营销科学学报》2013 年第 9 卷第 2 期。

[243] 韩小芸、冯欣：《旅行社顾客心理授权、顾客参与及服务质量关系研究》，《旅游学刊》2012 年第 27 卷第 4 期。

[244] 韩小芸、黎耀奇：《授权的多层次运用研究》，《中山大学学报》（社会科学版）2011 年第 5 卷第 51 期。

[245] 韩小芸、温碧燕、伍小弈：《顾客消费情感对顾客满意度的影响》，《南开管理评论》2004 年第 7 期。

[246] 韩小芸、谢礼珊、杨俊峰：《顾客心理授权及其与服务公平性关系的实证研究》，《营销科学学报》2011 年第 3 期。

[247] 何国正、陈荣秋：《消费品行业领先用户识别方法研究》，《统计与决策》2009 年第 4 期。

[248] 纪文波、彭泗清：《广告导向与说服力：一项基于心理距离的研究》，《营销科学学报》2011 年第 7 卷第 2 期。

[249] 贾薇、张明立、王宝：《顾客价值在顾客参与和顾客满意关系中的中介效应研究》，《中国工业经济》2009 年第 4 期。

[250] 金立印：《基于服务公正性感知的顾客不良行为研究》，《营销科学学报》2006 年第 2 卷第 1 期。

[251] 金立印：《虚拟品牌社群的价值维度对成员社群意识、忠诚度及行为倾向的影响》，《管理科学》2007 年第 4 期。

[252] 李超平、李晓轩：《授权的测量及其与员工工作态度的关系》，《心理学报》2006 年第 38 卷第 1 期。

[253] 李国鑫、李一军、陈易思：《虚拟社区成员线下互动对线上知识贡

献的影响》，《科学学研究》2010 年第 9 期。

[254] 李庆、陶红兵：《临床路径管理对医疗服务流程的影响及优化策略》，《中华医院管理杂志》2011 年第 27 卷第 8 期。

[255] 刘洪深、汪涛、张辉：《从顾客参与行为到顾客公民行为——服务中顾客角色行为的转化研究》，《华东经济管理》2012 年第 26 卷第 4 期。

[256] 刘汝萍、马钦海、赵晓煜：《其他顾客不当行为对顾客满意及行为倾向的影响：关系质量的调节效应》，《营销科学学报》2012 年第 8 卷第 2 期。

[257] 刘汝萍、马钦海：《顾客不当行为研究回顾与展望》，《外国经济与管理》2010 年第 10 期。

[258] 刘微：《服务型企业顾客心理授权对顾客满意的影响研究》，硕士学位论文，中山大学，2010 年。

[259] 刘云、石金涛：《授权理论的研究逻辑——心理授权的概念发展》，《上海交通大学学报》（哲学社会科学版）2010 年第 8 卷第 1 期。

[260] 楼天阳：《虚拟社区成员联结机制研究》，博士学位论文，复旦大学，2009 年。

[261] 卢俊义、王永贵、黄永春：《顾客参与服务创新与顾客知识转移的关系研究——基于社会资本视角的理论综述和模型构建》，《财贸经济》2009 年第 12 期。

[262] 卢俊义、王永贵：《顾客参与服务创新、顾客人力资本与知识转移的关系研究》，《商业经济与管理》2010 年第 3 期。

[263] 罗海成、范秀成：《基于心理契约的关系营销机制服务业实证研究》，《南开管理评论》2005 年第 8 卷第 6 期。

[264] 罗海成：《基于心理契约的服务忠诚决定因素实证研究》，《经济管理》2008 年第 4 期。

[265] 吕瑛：《顾客参与、授权及顾客认同对角色外行为的影响研究》，博士学位论文，暨南大学，2012 年。

[266] 彭艳君、景奉杰：《服务中的顾客参与及其对顾客满意的影响研究》，《经济管理》2008 年第 30 卷第 10 期。

[267] 彭艳君：《旅游业顾客参与对服务失误归因及行为意向的影响研究——以旅游形式为调节变量》，《营销科学学报》2011 年第 7 卷

第 4 期。

［268］邱溆：《营销情境中的心理契约管理》，《管理世界》2008 年第 6 期。

［269］任金中、景奉杰：《产品伤害危机模糊情境下自我一致对归因及行为意向的作用机制》，《营销科学学报》2012 年第 8 卷第 3 期。

［270］沙振权、蒋雨薇、温飞：《虚拟品牌社区体验对社区成员品牌认同影响的实证研究》，《管理评论》2010 年第 12 期。

［271］宋扬、马钦海：《服务环境感知与顾客公民行为倾向关系的实证研究》，《东北大学学报》2012 年第 3 卷第 9 期。

［272］涂铭、景奉杰、鄢丙胜等：《得道者多助：企业社会责任与顾客公民行为》，《经济与管理研究》2013 年第 3 期。

［273］汪涛、望海军：《顾客参与一定会导致顾客满意吗？——顾客自律倾向及参与方式的一致性对满意度的影响》，《南开管理评论》2008 年第 11 卷第 3 期。

［274］汪涛、张辉、刘洪深：《顾客组织社会化研究综述与未来展望》，《外国经济与管理》2011 年第 2 期。

［275］望海军、汪涛：《顾客参与、感知控制与顾客满意度关系研究》，《管理科学》2007 年第 20 卷第 3 期。

［276］温碧燕、汪纯孝：《服务公平性对储户与银行之间关系的影响》，《南开管理评论》2005 年第 8 卷第 3 期。

［277］邬金涛、江盛达：《顾客逆向行为强度的影响因素研究》，《营销科学学报》2011 年第 7 卷第 2 期。

［278］吴思、凌咏红、王璐：《虚拟品牌社区中互动、信任和参与意愿之间关系的研究》，《情报杂志》2011 年第 10 期。

［279］谢礼珊、韩小芸、顾赞：《服务公平性、服务质量、组织形象对游客行为意向的影响——基于博物馆服务的实证研究》，《旅游学刊》2007 年第 22 卷第 1 期。

［280］谢礼珊、申文果、梁晓丹：《顾客感知的服务公平性与顾客公民行为关系研究》，《管理评论》2008 年第 6 期。

［281］谢礼珊、汪纯孝：《服务性企业员工心理受权与工作绩效实证研究》，旅游教育出版社 2004 年版。

［282］徐皓、樊治平、刘洋：《服务设计中确定服务要素组合方案的方

法》，《管理科学》2011 年第 2 期。

[283] 薛海波：《品牌社群的组织界定与形成机制研究》，《外国经济与管理》2011 年第 33 卷第 10 期。

[284] 杨峰、黄琼：《医患信息交互平台促进患者满意度改善的实践》，《中华医院管理杂志》2011 年第 27 卷第 8 期。

[285] 翟森竞、黄沛、高维和：《渠道关系中的感知不公平研究——基于心理契约及不公平容忍区域的视角》，《南开管理评论》2008 年第 11 卷第 6 期。

[286] 张红琪、鲁若愚：《顾客知识管理对服务创新能力影响的实证研究》，《科学学与科学技术管理》2012 年第 33 卷第 8 期。

[287] 朱国玮、杨玲：《虚拟品牌社区、口碑信息与消费者行为——基于扎根理论的研究》，《经济管理》2010 年第 5 期。